はじめに

本書は、太平洋という海洋世界のうえにある国や地域の歴史を扱う。ことに本書の副題にあるように、「日本とのかかわり」という視点から太平洋諸島の歴史を知る・学ぶことを目的としている。日本との関係を焦点に据えるに至った経緯について触れたい。まず指摘できるのは、日本人の読者に太平洋をより身近に感じてもらうためである。ほかならぬ日本も太平洋に浮かぶ島国の一つであるだけでなく、太平洋の国や地域のなかには日本と歴史的に関係が深いところも多い。現在では観光地として比較的身近な存在となっている場所もあろう。実際、明石書店のエリア・スタディーズにおいて太平洋に関する書籍は「ミクロネシア」「南太平洋」「ハワイ」「グァム・サイパン・マリアナ諸島」「ニュージーランド」など多数刊行されているが、それらのなかでも太平洋と日本とのつながりに触れた章は好評であったという。そこで太平洋の島々と日本の関係の歴史について包括的に扱う手軽な読み物として、本書の企画が持ち上がった。

もう一つは、通常の太平洋の歴史からは漏れてしまうことがある日本との関係を強調するためである。学術書などで描かれるオーソドックスな太平洋の歴史では、先住民の太平洋への定着、大航海時代のヨーロッパによる「発見」、植民地化、そして独立へという編年をたどることが通例である。こうした形式では、先住民かヨーロッパ系の人々が中心となり、ミクロネシアなどの一部の例外を除き日本との関係が傍系的にならざるを得ない。そうした不備を補うことを念頭に置いている。

そこで本書では、あえて太平洋と日本との関係を踏まえた五つの時代区分から成る編年体の形式をとっている。それぞれが「植民地時代以前」「植民地時代を中心に」「太平洋戦争」「戦争の傷跡を乗り越えて」「新たな関係性の構築」という本書の五つの部に相当し、本書全体を通して太平洋の通時的かつ包括的な理解が進むような構成となっている。植民地時代というのは、日本によるミクロネシア統治の時期を念頭に置いてさしあたりの時代区分としている。

日本とのかかわりに軸足を置くとはいえ、本書の主題は太平洋の島々にある。したがって日本人が太平洋で行ってきたことを記述するだけではなく、そこで太平洋の人々が果たしてきた役割を可能な限り引き出し、個々の歴史的な特色を活かせるよう工夫を凝らした。章のテーマに応じて濃淡はあるものの、可能な限り太平洋の人々の視点を取り入れながら、太平洋と日本の歴史的な関係性を描き出すことに留意したつもりである。

ところで、本書全体の構成を見ると、植民地支配および太平洋戦争とかかわるテーマが多くを占めることにあらためて気づかされる。もちろん本書の構成は編者の発案によるものではあるが、やはり日本とのかかわりといえば帝国主義的拡大という側面がぬぐい難くあったことを示唆していよう。本書では、戦争のテーマを扱うにしても、太平洋の人々が戦争をどのように見ていたのかという彼らの視点を取り入れて描こうとしている。いわゆる戦記物を期待されている読者には肩透かしとなるかもしれないが、戦争の舞台となった地域の人々の視点にも配慮する近年の太平洋における戦争の研究の動向を紹介できるいい機会ではないかとも考えている。

一方で戦後の太平洋と日本の関係となると、その動向を一つにまとめることは難しい。第Ⅳ部「戦争の傷跡を乗り越えて」で紹介するように、戦争観光（戦争遺物観光から戦争博物館まで）、慰霊活動、遺骨収集など、植民地支配や戦争に関するものが現在でもやはり見受けられる。とはいえ、太平洋と日本の歴史はそこに留まるものではない。第Ⅴ部「新たな関係性の構築」でまとめたように、政治、経済、文化のさまざまな局面において、そうした過去の関係性に縛られるだけでない新たな交流や協力の関係を深めてきた。第Ⅴ部では、やや雑多ながら太平洋と日本がともに切り拓こうとするそうした新しい関係について取り上げている。このような交流の積み重ねが、既存のイメージにとらわれない、新しい太平洋像の創造にもつながると思われるからである。

最後に、本書で採用されている地名について若干の説明を付記したい。太平洋とは、インド洋、大西洋と並ぶ世界三大海洋の一つであることからもわかるように、通常、海の世界を指す言葉である。その範囲は、ユーラシア、オーストラリア、南極、南北アメリカの各大陸に囲まれる海洋となる。本書のタイトルの太平洋諸島とは、そうした海の世界に浮かぶ島々の意味である。また、太平洋と似た意味の言葉としてオセアニア（大洋州）がある。こちらには太平洋諸島に加えてオーストラリア大陸が含まれている。したがって太平洋を主題とする本書ではニュージーランドが含まれることになるが、前述の通りニュージーランドは明石書店エリア・スタディーズですでに取り上げられているため、本書で取り上げることはしなかった。

本書の各章では、太平洋の地域区分として、ミクロネシア、メラネシア、ポリネシアという用語がよく使われている。ミクロネシアとは、フィリピン諸島よりも東側で日付変更線よりも西側、そしておもに赤道以北のエリアを指す。ミクロは小さい、ネシアは島々を意味するギリシャ語であり、小さなサンゴ島や火山島が点在することにちなんで名づけられたとされる。メラネシアは同様に日付変更線の西側に位置するが、赤道以南のエリアを指す。メラとは黒い色の意味で、豊かな熱帯林に覆われたやや大きな島々が黒く見えたという説や、住民の肌の色が相対的に黒いからつけられたという語源の説がある。ポリネシアは、ハワイ諸島、イースター島（ラパヌイ）、ニュージーランドを結んだ三角形のエリアを指す。ポリとは数が多いことを意味しており、文字通り島々の数が多いことが命名の由来とされる。

本書が太平洋諸島の歴史や文化に対する興味を喚起し、日本にとっての隣人、それも同じ島国である太平洋の国や地域をより身近に感じるきっかけになれば望外の喜びである。

２０１９年12月

編　者

太平洋諸島の歴史を知るための60章
——日本とのかかわり

目次

はじめに　3

第Ⅰ部　植民地時代以前

第Ⅱ部　植民地時代を中心に

第Ⅲ部　太平洋戦争

※本文中、特に出所の記載のない写真については、執筆者の撮影・提供による。

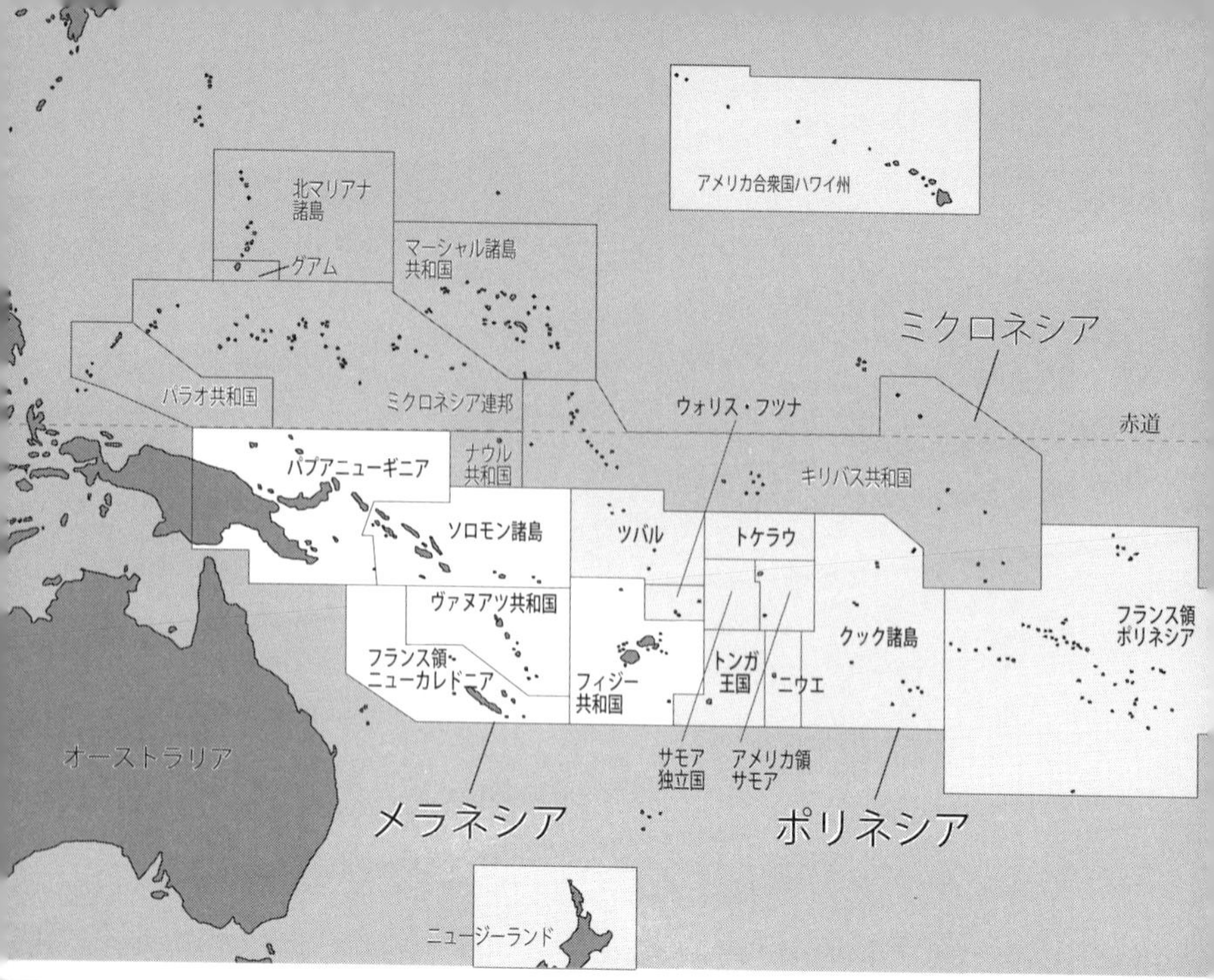
アメリカ合衆国ハワイ州
北マリアナ
諸島
グアム
マーシャル諸島
共和国
ミクロネシア
パラオ共和国
ミクロネシア連邦
ウォリス・フツナ
赤道
ナウル
共和国
パプアニューギニア
キリバス共和国
ソロモン諸島
ツバル
トケラウ
フランス領
ポリネシア
ヴァヌアツ共和国
クック諸島
フランス領
ニューカレドニア
フィジー
共和国
トンガ
王国
ニウエ
オーストラリア
サモア
独立国
アメリカ領
サモア
メラネシア
ポリネシア
ニュージーランド

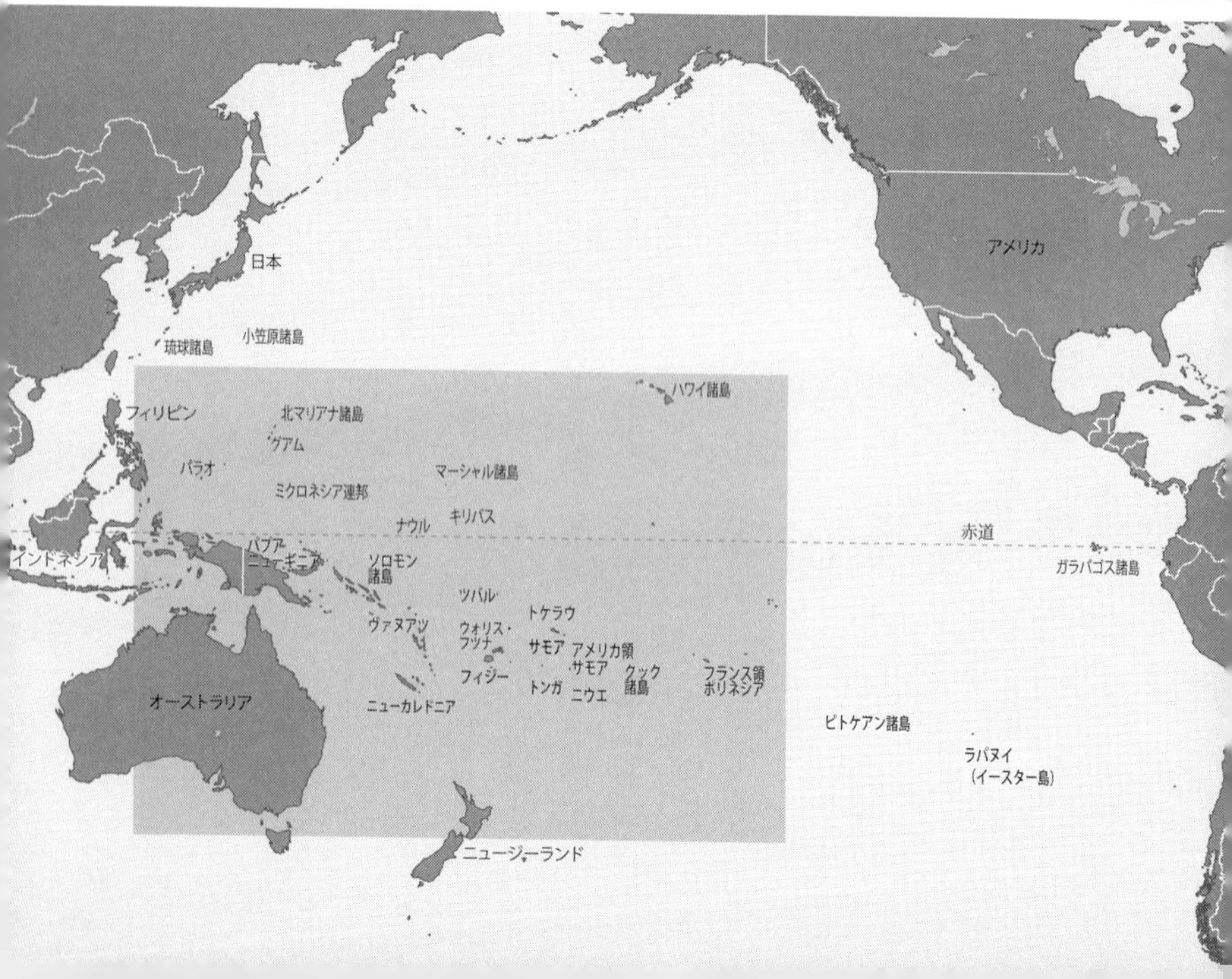
アメリカ
日本
琉球諸島
小笠原諸島
ハワイ諸島
フィリピン
北マリアナ諸島
グアム
パラオ
マーシャル諸島
ミクロネシア連邦
ナウル
キリバス
赤道
インドネシア
パプア
ニューギニア
ソロモン
諸島
ガラパゴス諸島
ツバル
トケラウ
ヴァヌアツ
ウォリス・
フツナ
サモア
アメリカ領
サモア
フィジー
クック
諸島
フランス領
ポリネシア
トンガ
ニウエ
オーストラリア
ニューカレドニア
ピトケアン諸島
ラパヌイ
(イースター島)
ニュージーランド

第Ⅰ部

植民地時代以前

1 神話にみる太平洋と日本の接点

――基層文化を探る

日本の『古事記』や『日本書紀』における世界の始まりや神々の誕生を描く創世神話が、太平洋、とくにポリネシアのそれに類似していることは戦前から知られていた。たとえば『古事記』冒頭では湿地帯のような世界、『日本書紀』では卵のような状態からさまざまな原理を体現する神々が次々と生まれてくる。

インドネシアやオーストラリアまでを含めオセアニア神話を整理したアメリカの人類学者R・ディクソンはポリネシアの創世神話を発生型（エマージェンス）ないし進化型（エボリューション）と創造型（クリエーション）に大別した。前者は無の世界から光や大地の原理、あるいは「思考」などが出現し、その延長上に神々が生まれてくる形態をとる。後者は最初に存在する創世神が大地や宇宙あるいは海などを作り出すところから出発する形態である（Dixon 1916）。

前者の典型例はハワイの『クムリポ』やニュージーランド・マオリ、またトンガなどの創世神話があげられる。また断片的だがマルケサスやツアモツにも類似の神話があったようだ。後者はタヒチとその影響のある中央ポリネシアに見出され、創世神はタンガロアとされることが多い。しかしディクソンの提唱した二形態には重複がないわけではない。たとえばハワイでは『クムリポ』に見られる発生型の宇宙創生以外に、カーネ（タヒチやマオリではタネ神）が宇宙の中に天体を配置するところから世界が始まるという創造型のバージョンも知られている。

同様に日本神話でも抽象的な状態からの世界の出現と無性別な神々の出現のあと、最初の男女神イザナキ・イザナミが生まれる。二人の神は原初大海をかき混ぜたときに生じた滴りからできた最初の島オノゴロ島に降臨し、交合して淡路島を皮切りに日本列島の八島を生んでいく。原初大海をかき混ぜたのが矛とされているが、それはもともと魚叉《ヤス》のような漁具であり、滴りから島ができるのはポリネシアのマウイ神が行った「島釣り」モチーフとも重なる。また男女神が交合して島を生み出すモチーフは世界的に事例が少なく、その類似例はハワイのワーケアとパパという最初の男女神の所業の島生みである。

死んだ神の体から作物など有用植物が生まれるのは『古事記』のオオゲツヒメ、あるいは『日本書紀』の保食（ウケモチ）の神の話である。このモチーフがココヤシ、芋あるいは稲（おそらく陸稲）など

ニュージーランド・マオリの彫刻。マウイ神が島を釣り上げる様子が描かれている［出所：Orbell, Margaret, *The Illustrated Encyclopedia of Maori Myth and Legend*, Canterbury University Press, 1995.］

の作物が死んだ神の体から生じるという死体化成型《したいけしょう》神話としてインドネシア、オセアニアあるいは南米アマゾンなど熱帯の焼き畑民の間で広く知られている。

また天孫降臨した天津神のニニギノミコト（アマテラスの孫）が娶った国津神がコノハナサクヤビメであるが、この結婚には「バナナ・モチーフ」が含まれることが知られている。インドネシアのトラジャ族などの祖先が岩ではなく甘美なバナナを選んだことで人間は死ぬ運命になったとする話である。オオヤマツミの二人の娘のうち、姉のイワナガヒメ（岩が永遠であるが如くの女神）ではなく、美しいコノハナノサクヤビメ（木に花が咲くが如く美しい、しかし必ず萎れてしまうことを意味する女神）を選んだために子孫である天皇一族にも死が訪れると説く神話である。

さらに日本神話の神世時代の最後を飾る海幸・山幸の神話に伴う釣り針喪失譚がある。弟の山幸彦（ホオリノミコト）が兄の海幸彦（ホデリノミコト）から釣り針を借りて漁に出るが針を失ってしまう。兄から責められた山幸彦は釣り針を探しにいった海神（ワタツミノカミ）の宮でなくした釣り針を見つけたが、同時に意地悪な兄を屈服させる呪術（珠）を授かる。山幸彦はその珠で洪水を起こし、兄を屈服させる。海神の宮で出会った豊玉姫との間に生まれた子供はやがて豊玉姫の妹の玉依姫との間に4人の息子を産み、その末っ子が神武天皇である。負けた海幸彦の子孫は隼人族になり、朝廷に服属する。

これに似た釣針喪失譚がインドネシアからオセアニアに広がる。その骨子は男子の中の年少者、すなわち弟や息子が年長者すなわち兄や父親から釣り針を借りてなくしてしまう。そして年長者からいじめを受けるが釣り針を海の神の助力などで取り返し、年長者を屈服させる、あるいは見返す、などの結末になる。日本神話では結末はきわめて政治的で天皇家の始まりと隼人族の服属の形になる（後藤、2002年）。

一方、釣り針ではなく、狩人の間で借りた銛や弓矢をなくしてしまうという話がインドネシアのトバ・バタックやトラジャ、さらに北方でも類似した話がアイヌ民族や北米北西海岸民に見られる。なくした狩猟具は獲物であるイノシシや海獣に刺さっているが、異界の存在にはそれが見えない。主人公がそれを抜いてやるとご褒美に嫁をもらってこの世に帰る、という展開である。筆者はこの種の話を「狩猟＝呪医」型と考え、釣り針喪失譚の古層であると主張した。そして件《くだん》の釣り針喪失譚は「漁撈＝王権」型として、オーストロネシア（南島）語族など首長制社会が進展したのちに生み出された新層だとした（後藤、2003年）。

このようにオセアニアあるいは東南アジアのオーストロネシア社会に見出される日本神話との類似点は、「縄文人がポリネシアへ船で渡った」式の単純な話ではないだろう。かつて神話学者大林太良が述べたように、オーストロネシアの源境が中国南部付近にあり、台湾を経由して東南アジア島嶼部からオセアニアへ拡散し、一方、その一部は何度かの波になって日本列島にも渡来したというストーリーが考えられる（大林、1990年、1991年）。

冒頭で述べたように日本神話ともっとも類似しているのはポリネシアの神話である。メラネシアの神話とは一部共通性が見いだせるものの、アボリジニ神話とは程遠い。メラネシアとアボリジニ神話の大きな特徴は世界が最初からあったところから話が始まる点である。アボリジニの神話で最初の頃、夢の時代（ドリーム・タイム）で最初の神が動き回って地形を作る話は多いが、世界自体は最初から存在していると語られる。さらに一つ一つの神話が独立峰であり、日本神話やギリシャ神話のように叙事詩的なつながりが希薄である。

考古学や言語学、また遺伝学では、ポリネシア文化はメラネシアから西部ポリネシアに存在したラピタ文化から発達してきたというのが通説である。かつてのドイツ・オーストリア学派の文化圏論仮説では、ポリネシア人はメラネシアではなく、首長制が見られるミクロネシアを通って到来したという説が唱えられた。そしてポリネシア人は文明世界の末裔であるという。

現在この説を信じる研究者はほとんど見当たらないが、神話に限ってみると筆者もポリネシア神話がメラネシア神話から直接生まれてきたようには思えないのである。前述の「釣り針喪失譚」であるがワニやカバを捕えようとして槍を失い、それを貸した友人からいじめを受けるような話がアフリカ中南部にも多く存在する事例がある。もしそれが同じ系統なら人類の「アウト・オブ・アフリカ」も視野にいれたより壮大な仮説「世界神話学仮説」も検討に値するだろう（後藤、２０１７年）。

（後藤　明）

2 日本への人類移住と南方起源説
――その魅力と可能性

最新の人類・考古学的成果に基づくなら、日本への人類移住は約4万年前の最終氷期（あるいは更新世後期）までは遡ることができる。考古学的には旧石器時代に相当する時期でもある。その移住ルートとして古くから注目されてきたのが、北海道を経路とする北方ルートと琉球列島を経路とする南方ルートである。このほかに北九州方面を経路とする対馬ルートもある。現在、想定されている主な移住ルートはこの三つである（海部、２０１６年）。

いずれの移住ルートでも、部分的に海を渡らないと日本列島には到達できなかった。たとえば北方ルートの場合、気候が寒く海水面が低かった最終氷期だと北海道は樺太を経由して大陸と陸橋で繋がったが、北海道と青森の間にある津軽海峡は完全には消えなかった。同じく朝鮮半島と九州を分ける玄界灘も最終氷期にはかなり狭まったが、両地域が陸橋で繋がることはなかったようだ。しかしこの二つのルート上で求められる渡海距離は、せいぜい数十キロ程度で大した距離ではなかった。

これに対し、琉球列島を経由する南方ルートの場合、どの方向からでも１００～２００キロ近い渡海が必要となる。それにもかかわらず、日本国内において最終氷期まで遡る古人骨のほとんどは、琉球列島の島々でのみ発見されてきた。とくに沖縄本島で発見された港川人骨（計4個体）や、近年に石垣島の白保竿根田原《しらほさおねたばる》洞穴遺跡で発見された白保人骨（最小で19人分が報告され、うち4個体が頭蓋骨も含めて復元）のように複数の個体が同時に確認されていることも特筆に値する。また両遺跡では、完全に復元可能な頭蓋骨や四肢骨を含む個体も発見されており、アジア全域においても人類学的にきわめて貴重な資料となっている。その年代も港川人が約1万8000年前、白保人が2万8000年前頃まで遡る。これらの事実からも、人類が最終氷期の時代までには海を越え、琉球の島々にも移住したことは間違いない。

それではこの南方ルートを通って琉球列島の各地に移住してきた人々が、私たち日本人の祖先となったのであろうか。現時点でのその答えはイエスでもあり、ノーでもある。たとえば従来の出土人骨に基づく南方起源説は、港川人の頭蓋骨と縄文時代に日本の各地で出土が確認されている縄文人の頭蓋骨に共通性が認められる点が重要であった。さらに港川人の頭蓋骨は、インドネシアで発見されたほぼ同時代の古人骨となるワジャク人や、オーストラリアのアボリジニに代表されるようなオーストラロ－メラネシア系の人々との共通性が高いとされてきた。ゆえに港川人＝縄文人＝南方系という仮説が成り立つ。

しかしこの仮説の致命点は、縄文人以前に遡る全体骨格がわかる古人骨が沖縄島で発見された港川人しかいなかったという条件に基づいている点にある。実際、年代的にも港川人は1万8000年前頃とそれほど古いわけでもなく、この年代は現在では縄文時代の草創期の年代とも一致する。一方で、土器に基づくなら縄文草創期まで遡る古い土器は、東北から九州にかけて分布が確認されており、東北のものが最も古い年代をもつ。さらに旧石器時代の状況も、日本国内で4万年前頃まで遡る遺跡の多くは、基本的に石器のみが発見されている遺跡群で、日本国内では本州を中心に400近い遺跡が見つかっている。古人骨こそ出土していないものの、遺跡の年代そのものでは沖縄以北の方が古い。なお九州以北の日本列島で古人骨がなかなか出土しないのは、活発な火山活動により酸性土壌が卓越するため、有機物の残存率が低いことが要因とされる。このためアルカリ性の強い石灰岩地形が豊富な琉球列島や一部の地域を除き、最終氷期以前まで遡る古人骨がきわめて残りにくい。

つまり琉球列島で発見された港川人や白保人は、更新世期、あるいは最終氷期の時代まで遡る古人骨ではあるが、その年代を考慮するなら、彼らが日本列島に最初に移住した集団とは断定できないのである。それでも港川人と縄文人の頭蓋骨に形態的な共通性が認められることや、港川人とインドネシアや南太平洋で発見された古人骨に類似性が認められることは、どこかのタイミングで南方へと移住・拡散した集団の一部が日本列島にも進出してきた可能性を示唆している。同時に私たちは、日本人の起源や成り立ちを考える際、単に最初に移住した集団のみに注目するのではなく、異なる時代に複数にわたって、複数のルートから日本列島へと移住してきた人々がいた可能性を無視してはならないだろう。

近年、人類学の世界では古人骨の形態的な比較分析に加え、古人骨から直接的に得られた遺伝子情報に基づく研究も盛んである。客観的にも判断がしやすい遺伝子レベルでのデータが増えれば、日本人の起源論が解明される日も近いと思われてきた。しかし、縄文人や弥生人を中心とする古人骨の遺伝子研究が進むにつれ、日本人の遺伝的多様性が明らかとなりつつある。遺伝子に基づく起源論や研究にも様々な説や主張があるが、縄文時代より日本列島には多様な遺伝的特徴をもった人々が暮らしていたことは、彼らの起源地が一つではなかったことを如実に語っている。

琉球列島を経由したとされる南方ルートは、旧石器時代、あるいは更新世期の時代から、日本列島への主要な移住ルートの一つだったが、このルートのみが日本列島への入り口ではなかった。南北に長く、海によって隔てられてきた日本列島への人類移住は、様々な方面から行われてきたと考えるのが最も妥当であろう。それでも私たちが南方起源説にロマンを感じるのは、このルートを通る移住にはまさに波濤をこえての、長距離渡海が求められたからかもしれない。

同じく人類史上、長距離渡海により人類の移住・拡散が行われたのが、海と島からなる南太平洋であった。琉球列島への移住と同じように、南太平洋への移住にも最低80キロ以上の渡海が求められ、3万年前頃のメラネシアの離島域への移住には200キロ近い渡海が必要になる場合もあった（小野、2018年）。ほぼ同時期に南太平洋の島々と琉球列島で、長距離渡海による面積の小さい島々への人類移住が行われたことはきわめて興味深い。この二つの移住を成功させた人々は、もしかすると共通の祖先集団を母体とし、各地に拡散した可能性もある。その学問的追究こそ、南太平洋や日本の人類学における今後の課題である。この点においても、南方起源説は今も私たちを魅了し、研究の発展をうながす原動力として存在し続けているといえよう。

（小野林太郎）

3 人類史からみた縄文人と南太平洋の人々
――海を越えた私たちの祖先とその関係性

かつてメラネシアのヴァヌアツで縄文土器が見つかったという報道があった。1996年のことである。実際に土器が土中で発見されたのではない。フランス人による報告書の中に写真掲載されていた土器片に、縄文土器にそっくりなものが混じっていたことを、日本人の考古学者が再発見したものだった。これらの土器片は、東北の縄文前期円筒下層より出土する縄文土器と瓜二つだった。そこでオセアニア考古学の重鎮でもあったハワイにあるビショップ博物館の故篠遠喜彦博士が、ヴァヌアツでの再発掘も実施したが、ついに縄文土器がヴァヌアツの土中から出土することはなかった。

その後の追跡調査の結果、これらに類似する縄文土器片がかつて慶應義塾大学よりパリの人類博物館に寄贈された事実が判明する。あくまでも状況証拠であり、またフランス側が認めた訳でもないが、日本より寄贈された土器片が何らかの手違いでヴァヌアツの土器資料に混入してしまった蓋然性が最も高い。真相は闇の中だが、ここでは改めて、果たして縄文人が実際に南太平洋の島々へ移住した可能性があるかについて検討してみたい。

縄文時代は日本列島における最古の時代という訳ではない。前章でも論じたように、考古学的にはそれ以前に旧石器時代と認識される時代が存在した。しかし、これはあくまで出土する物質文化に基づく考古学的な時代区分であり、旧石器時代と縄文時代で日本列島に暮らす集団が大きく変化したという訳ではない。縄文人の祖となった集団は、それ以前から日本列島の各地に暮らしてきた旧石器集団だったのであろう。それでも新たに土器という物質文化の生産と利用が開始された背景として、そうした文化と一緒に新たな人々が日本列島に到来した可能性は無視できない。やはり縄文時代においても、旧石器時代と同じように日本列島へと移住してきた人々がいた。

縄文時代という考古学的な年代は、一般的に縄文土器と呼ばれる土器が製作・利用され、日本列島各地へと普及した時代として定義、あるいは認識されてきた。これに基づくなら、現時点で最古の土器が出土している1万6000年前頃が縄文時代の始まりという考え方も成り立つ。しかし、日本列島の各地で縄文土器に繋がるとされる土器群が出土しだすのは、1万2000年前頃になってからで、この頃を縄文草創期とするのが一般的である。興味深いことに、この縄文草創期の時代は最終氷期が終わり、現代まで続く暖かい間氷期の時代が始まる頃と一致している。この暖かい時代は地質学的には完新世期と呼ばれる。

つまり、縄文時代への変化は、世界的な温暖化を特徴とする完新世期の始まりと何らかの相関関係にあると考えられる。世界的にはこの完新世期になって発展、普及したのが農耕や家畜飼育に代表される新たな生業活動であり、考古学的には新石器時代と呼ばれてきた。また新石器時代に新たに登場する物質文化に土器がある。土器が登場する縄文時代も、この点においては新石器時代の要素を持つ。しかし、縄文人の生業はそれ以前の旧石器時代と同じく狩猟採集が基本だったと考えられており、古代都市や灌漑農耕を発達させていった西アジアの新石器集団などとはかなり異なるイメージで理解されてきた。ところが近年、青森県の三内丸山遺跡に代表されるような規模の大きい縄文時代の集落遺跡や、ユーラシア大陸を起源とする有用植物の出土等から、6000～5000年前頃までには半定住や萌芽的な栽培行為も行っていた人々という新たなイメージも形成されつつある。

縄文時代は3000年前頃に北九州より始まる弥生時代の到来まで、約1万年以上にわたって続いた。この認識はあくまで考古学的な土器の出土に基づいており、その期間に画一的な、同一集団による文化や時代が続いたことを意味している訳ではない。土器にしても、縄文時代の草創期から、約2000年前の末期に至るまで、様々な器形や文様の流行があったほか、日本列島における地域的な差も多く認められる。またその担い手となった人々も、人骨の形態や遺伝子情報に基づく人類学的データによれば、日本列島の北から南にかけて、多様性があったことも明らかとなりつつある。たとえば北海道に暮らした縄文人は、シベリアや東北アジアに住む集団との遺伝的近似性が高いという結果が得られている。

一方、関東以南に暮らした縄文人の中には、前章で論じた港川人と形態的に近いという指摘がある。また母方からの遺伝子を反映するミトコンドリアDNAの分析では、南方が起源地とされるB4型やM7型のハプロタイプをもつ比率が高い（篠田、2007年）。とくに中国南部あたりが起源地とされ、南方起源の指標となってきたB型のハプログループは、南太平洋の離島域や南アメリカできわめて高い比率を示すため、環太平洋圏へ進出した代表とも認識されてきた。しかし、実際に各地で確認されている下位のサブグループは異なっている。このことが示すのは、縄文人の一集団とアメリカ大陸へと移住した人々、さらに南太平洋の離島域へと移住した人々とが、元を辿れば南中国のあたりに暮らしていた人類集団まで遡るということである。

アメリカ大陸への人類移住は現在のところ1万2000年前以降、南太平洋離島域への移住は3500年前以降という理解が一般的なので、どちらも縄文時代の並行期ではあるが、時間差も大きい。また研究が進展しつつある父方の遺伝子を反映するY染色体に基づく解析では、C系統に属する集団が、南中国方面を起源地として北と南の両方向へ拡散した可能性が指摘されている。このうちアメリカ大陸でも確認されるC3系統は、北海道や九州でより高い頻度を示し、その日本列島への拡散は縄文時代まで遡る。一方、南太平洋に多いとされるC2系統は、日本列島ではまだ見つかっていない（崎山、2008年）。こうした状況も、縄文人が日本列島へと移住するはるか以前にその祖先集団がすでに分岐し、各方面に進出していった可能性を強く示している。膨大な遺伝子情報をもつ核DNAからの解析も近年進んでいるが、関東以北に暮らした縄文人より得られた核DNAの結果も南太平洋方面との繋がりはかなり希薄であることが確認された（斉藤、2017年）。

これらを総合するなら、縄文人が長距離航海により、直接南太平洋の島々へ移住した考古・人類学的痕跡は今のところ皆無である。しかし、縄文人と呼ばれる人々の中に、南太平洋へと進出・拡散した人々とその故郷を共にする人々がいたことは間違いない。そのより詳細な関係性は、今後の人類学的研究により明らかとなっていくことであろう。

（小野林太郎）

コラム 1

柳田国男『海上の道』と島崎藤村

日本人と日本文化のルーツに関する日本民俗学の仮説の一つに、太平洋を流れる黒潮に古代日本人の足どりを求めた「海上の道」論がある。日本を太平洋の広がりの中に位置づける説の一つとしてその概要と背景を紹介したい。

「海上の道」論の提唱者であり、同名書の著者である柳田国男（1875〜1962）は、その半生をとおして「日本人とは何か」を追い求め、日本の民俗文化の研究にきわめて大きな影響を残した人物である。東京帝国大学を卒業後、農商務省に入省、法制局参事官、貴族院書記官長などをつとめた柳田は、農政学者として農村の生活を重視する政策論を展開する一方、農村で暮らし農業を営む人々（柳田はこれを「常民」とよぶ）の文化への関心の高まりから、『遠野物語』（1910年）をはじめとする民俗文化にかかわる研究を次々と発表した。1920年に官職を辞し、朝日新聞社客員となってからは、日本各地へと足を運び民俗資料の収集につとめた。

その一つである沖縄への旅のなかで、柳田は日本のはるか南方、黒潮に連なる島々に、日本古来の言語や信仰の面影を見出す。この日本と沖縄の文化の共通性についての見解を『海南小記』（1925年）として発表、さらに日本各地と琉球に残る昔話や伝承、記紀神話、民俗語彙などの綿密な比較検討からこれを追求したのが『海上の道』（1961年）である。

『海上の道』前半では、古代日本の根の国信仰と琉球のニライカナイ信仰との共通性を軸として、日本の古来の精神世界のありようを描く。後半では、中国大陸南部の人々が古代東アジア諸地域で珍重されたタカラガイを求め、稲作をともない琉球、日本の地へと至ったとする仮説が語られる。

柳田国男が椰子の実を見つけた恋路ヶ浜（愛知県田原市伊良湖町、2019年）

現在、この仮説、とくに稲作の伝来路については考古学・先史学上の裏付けは充分ではないことが指摘される一方、「海上の道」という雄大な構想は、日本文化を太平洋の広がりのなかにとらえなおすための多くの示唆を与えるものとして評価されている。

さて、柳田が『海上の道』を著したのは最晩年であるが、その着想は大学生時代、愛知県伊良湖の海辺で流れ着いた椰子の実を発見した体験にさかのぼる。同書収録論文「海上の道」では次のように語られる。「四、五町ほどの砂浜が、東やや南に面して開けていたが、そこには風のやや強かった次の朝などに、椰子の実の流れ寄っていたのを、三度まで見たことがある。（中略）どの辺の沖の小島から海に泛んだものかは今でも判らぬが、ともかくも遥かな波路を越えて、まだ新らしい姿でこんな浜辺まで、渡ってきていることが私には大きな驚きであった」。伊良湖の浜に打ち寄せられた椰子の実に、柳田は遠く南の海の果てにあるその故郷と日本本土とを結ぶ海上の道を見出していたのである。

このエピソードはまた、柳田の学生時代からの文学仲間であった島崎藤村にも影響を与えている。島崎は、伊良湖から戻った柳田から先の体験を聞き、これをふくらませて「名も知らぬ遠き島より　流れ寄る椰子の實一つ」（以下、１９２５年発行の『近代日本文藝讀本』による表記）から始まる詩「椰子の實」を発表した。「實をとりて胸にあつれば　新たなり流離の憂」という章句からは、海に遠い信州の山奥に生まれ育った島崎が、海原を漂う椰子の実に、故郷を離れさすらう自らの憂いをなぞらえたことがうかがえる。

椰子の実が流れ着いた伊良湖町では現在、詩中の「遠き島」にみたてた沖縄県石垣島からメッセージプレートを取り付けた椰子の実を投流するイベントを行っており、２００１年には周辺の海岸への流着も確認されている。

（菅沼文乃）

4 太平洋の人々と漂流民
――太平洋の歴史に果たした役割

オセアニアの島々に西洋人が渡ってくるようになったのは1521年、マゼランの世界一周以降のことである。太平洋を支配した西洋諸国には当初、スペインとポルトガル、やがてオランダ、さらにイギリスとフランスにロシアなどが加わった。この間太平洋の島に残った漂着民やビーチコマー（原義は海岸で宝探しなどをする人のことであるが、大航海時代に西欧の航海船で来たが国に帰ることを望まず、そのまま現地の島に居着いてしまったような人々を指す）が生まれた。最初のそれはマゼラン船団にいたゴンサロ・デ・ビゴで、1521年に北マリアナ諸島に残され1526年にグアムで収監されたという。やがてそのような人々は増えていったが18世紀後半にハワイやタヒチ、フィジーなどが白檀貿易、あるいは捕鯨などで商業的な価値が増すと、その数も増加していった。

たとえば『太平洋諸島民の間の野生的生活』という文献を残した英国人ラモントは19世紀の後半にマルケサス、タヒチ、クック諸島の記録を残している。その中で、フランスが支配するマルケサスの島に着いたときに捕鯨用のボートを6人の島民に漕がせて近づいてきた白人がいたと記している。6人それぞれの顔に彫られた異なった入れ墨模様の詳細な記述も面白いが、この白人はもともと英国海軍の士官であり、何らかの理由でこの島に残った漂着民であった。

またその後訪れたクック諸島のマンガイア島でもアイルランド人、アメリカ人またコルシカ島人がいて通訳をしたと記していた。このように太平洋に漂流民がどれくらい存在したか、彼らが記録をほとんど残していないので正確に知ることはできない。しかし1840年から50年の間、ミクロネシアとポリネシアにはそのような人々が2000人いたであろうとの推測がある（Howe 1984）。

大航海時代から植民過程初期の歴史については航海者やキリスト教宣教師のように文字記録を残せる人々の資料に依存することが多い。しかし漂流民の記録もしあればそれと同等以上に貴重である。航海者たちは船長、一等航海士など男性を頂点とする階層社会を形成する。彼らはやはり階層社会であるポリネシア社会の上層の人間と接することが多く民衆の生活、とくに女性の生活を知る機会は少ない。

その意味で18世紀初頭にハワイに到着した英国人アーチボルド・キャンベルの記録は貴重である。彼は乗っていた英国の商船が難破し、北太平洋で漂流中にロシア船に救助された。しかし凍傷のために両足を切断するという悲劇に見舞われ、その状態でハワイに来た。カメハメハ大王の寵愛する妻、後にハワイの文化革命を指導したカアフマヌ女王の「哀れみをかった」結果に気に入られ、2年弱滞在した。そして彼は女性の私生活や寝室の状況まで観察することが許された。たとえば女王が死んだ父親の骨をマナの宿る形見として大事にしていた、などを観察することができた。

また大王が儀礼などで留守のすきに女王たちが禁断である豚肉を、これまた禁断である西洋人の男性たちと食しているのを目撃していた（男女が食事をともにすることはタブー）。女王はハワイの食事のタブーは西欧人との食事あるいは西欧船の上では適応されない、というタブーの「新解釈」を主張したという。すでにこのときからハワイ社会のタブーはほころび始め、後にカアフマヌが主導してカメハメハ二世夫妻に食事のタブーを破らせ、キリスト教を導入した伏線が読み取れるのである（後藤、2008年）。

ちなみにキャンベルがハワイに滞在したころ、日本人による最初の太平洋諸島民の接触記録『環海異聞』を残した仙台藩の漁師が助けられたロシア船でマルケサスに上陸、その後ハワイに立ち寄っている（高山、1991年）。

さて東京都に属する小笠原諸島を本書に含めるのは議論があるだろうが、北硫黄島で採集された石斧がグアムやサイパンなどマリアナ諸島で使われていた手斧と酷似しているので、この地がかつてミクロネシア圏だったともいえるだろう。しかしその後、千年ほど無人島の時代が続き、「無人《ぶにん》」の音をまねたといわれる英語の名称ボーニン・アイランズという名称が使われるようになった。

小笠原諸島はスペインが大航海時代に見いだしていた可能性があるが、日本では小笠原貞頼《さだより》が16世紀に発見したという伝説がある。小笠原氏は徳川家康の家臣で貞頼は家康の命令で探検をしたといわれるのだが、実在の人物かどうか怪しい。しかし日本領になったときにこの伝説の「小笠原」が援用されてしまったのだ。

小笠原には大航海時代、難破した捕鯨船の乗組員などが避難して住んでいた形跡があり、江戸時代には日本の漁師も何度か漂流している（大熊、1985年）。そして今に続く歴史は1830年にハワイから西欧人5人とハワイやその他のポリネシア人の移民25人ほどが移り住んだときから始まる。ちなみに当時ハワイはカメハメハ三世の治める王国であったが、彼の御代、漂流した広島の漁民がロシア船に乗ってハワイに上陸し、驚くほど詳細な記録を残している（高山、1997年）。

1839（天保10）年、陸前高田の中吉丸が遭難して翌年の1月父島についた。このとき乗組員は1カ月ほど滞在して帰国した。住民たちは言葉が通じなかったが親切で、女性はムウムウの着用、挨拶は片手を上げて「アロウハ」だったと報告している。また乗組員は口はマウス、鼻はノウシなど英語も聞き取っていた。黒船を率いて日本に開国を迫ったアメリカのペリー提督も1853年小笠原に寄って絵図や記録を残し、また50ドルで首長格のセボレーから土地を買い取っている。このときカヌーに乗って水先案内人を務めたのがタヒチ出身の人物であったようだ。

小笠原のアウトリガーカヌー。ハワイから伝えられ、現在も使われている

1861（文久元）年に江戸の南方に「外人」が住み着いたことにショックを受けた幕府が咸臨丸を派遣して初めて小笠原を認知し領有宣言をした。このときハワイから来た住民との通訳をしたのがジョン万次郎であり、そのときの模様が『八丈実記』に「御奉行ヨリ御尋ヲセイボレ御答佐之通リ」と書かれている。つまり探検隊長で外国奉行の水野筑後守に住民代表のナサニエル・セボレーが答えたとあるのだ。

ハワイと小笠原は植生なども似ているために、ハワイ式にヤシやパンダナスで作った家屋が使われ、また小笠原方言にはハワイ語の魚名が残っている。さらにハワイ式のアウトリガーカヌーも導入されたが、小笠原はその後、八丈島などから日本人の移住が行われた。アウトリガー式カヌーは漁船として使われ続け、戦争前に避難した島民によって八丈島でも「カノウ」漁船となり今日まで残っている。小笠原のカヌーは三叉に分かれた伊豆七島式のサワラ銛を使うための漁船、さらに八丈島のカヌーはパドルではなく櫓で推進されて磯漁などに使われた。すなわちここで太平洋と日本が出会い融合した民俗文化が生み出されたのである（後藤、２０１０年）。

（後藤　明）

5 南洋の地名・地域名の由来
——日本人は島々をどう呼んできたか？

マゼランは、大西洋と比して穏やかに見えた広大な海域をMare Pacificum（平和な海）と名付けた。これが太平洋Pacific Oceanの語源である。鎖国時代の日本にも輸入された、マテオ・リッチによる「坤輿万国全図《こんよばんこくぜんず》」では、太平洋の名称はまだなく、小東洋および大東洋の表記が用いられていた。江戸期には太平洋の島々に対する認識が乏しかったが、山村昌永『訂正増訳采覧《さいらん》異言《いげん》』（１８０２年）のなかでは、アジア、ヨーロッパ、アフリカ、南北アメリカと並んで、太平洋の島々を指す用語として「豪斯多辣里《アウスタラリス》洲諸島」が用いられている。江戸末期には、清国で活動していた宣教師ミュアヘッドらが編纂した地理書『六合叢談《りくごうそうだん》』のなかに「大平洋」や「太平洋」の表記が見られる。明治期になると日本でも、太平洋の島々がまとまりをもった地域として認識されるようになった。現代日本の公的機関はオセアニアに相当する日本語として大洋州を用いているが、この用語が初めて使用されたのも明治初期である。福沢諭吉の『世界国尽《くにづくし》』（１８６９年）には、「世界は広し万国は、おほしといへど大凡、五に分けし名目は、亜細亜《アジア》、阿非利加《アフリカ》、欧羅巴《ヨーロッパ》、北と南の亜米利加《アメリカ》に、堺かぎりて五大洲、大洋洲は別にまた、南の島の名称なり」と記載がある。

明治期には南進思想のもとで、日本よりも南の方に位置する東南アジアやオセアニア島嶼部を漠然と指しながらも、西洋や東洋と対になる用語として「南洋」が用いられるようになった。当時の南洋に関する記述としては、軍艦筑波に同乗して約10カ月にわたり広く太平洋を巡った志賀重昂による『南洋時事』（1887年）、マーシャル諸島の日本人漂流民殺害事件を題材に鈴木経勲が著した『南洋探検実記』（1892年）、田口卯吉が『東京経済雑誌』に発表した一連の記事などがよく知られている。日本が1914年から約30年間統治した、グアムを除く赤道以北のミクロネシアは、当初は独領南洋諸島、南洋新占領地などと呼ばれていたが、やがて南洋群島が正式名称になった。

フランス人の探検家デュモン＝デュルヴィユは、1831年にパリで開催された地理学会で、オセアニアをメラネシア、ポリネシア、ミクロネシアの3地域に区分した。これ以降、現在に至るまで「三つのネシア」の呼称が、地域ごとの文化的特徴とも結びつけられて広く用いられている。もっとも、それぞれ「黒い島々」「多数の島々」「小さな島々」を意味することからも分かるように、地理的に有意な区分であるよりも、ヨーロッパ人のイメージの産物でもある。日本では、明治期から戦後初期までは「三つのネシア」の区分よりも、「南洋」を接頭において個々の地名・地域名を併記するなどして島々を指すことが多かった。

太平洋の島々は在来の地名のほか、大航海時代以降のヨーロッパ人による「発見」の過程で付けられた地名によって呼ばれているところも多い。日本では、こうした地名のカタカナ表記や音訳・意訳された漢字表記が用いられてきた。例えば、マゼラン一行は1521年3月に飢餓状態でグアム島に寄港し、やがて略奪や殺人を犯しているが、反対に島の住民こそが盗人であるとして、島々をラドロネス諸島（スペイン語で泥棒諸島の意味）と名付けた。その後、イエズス会による宣教の過程で、17世紀

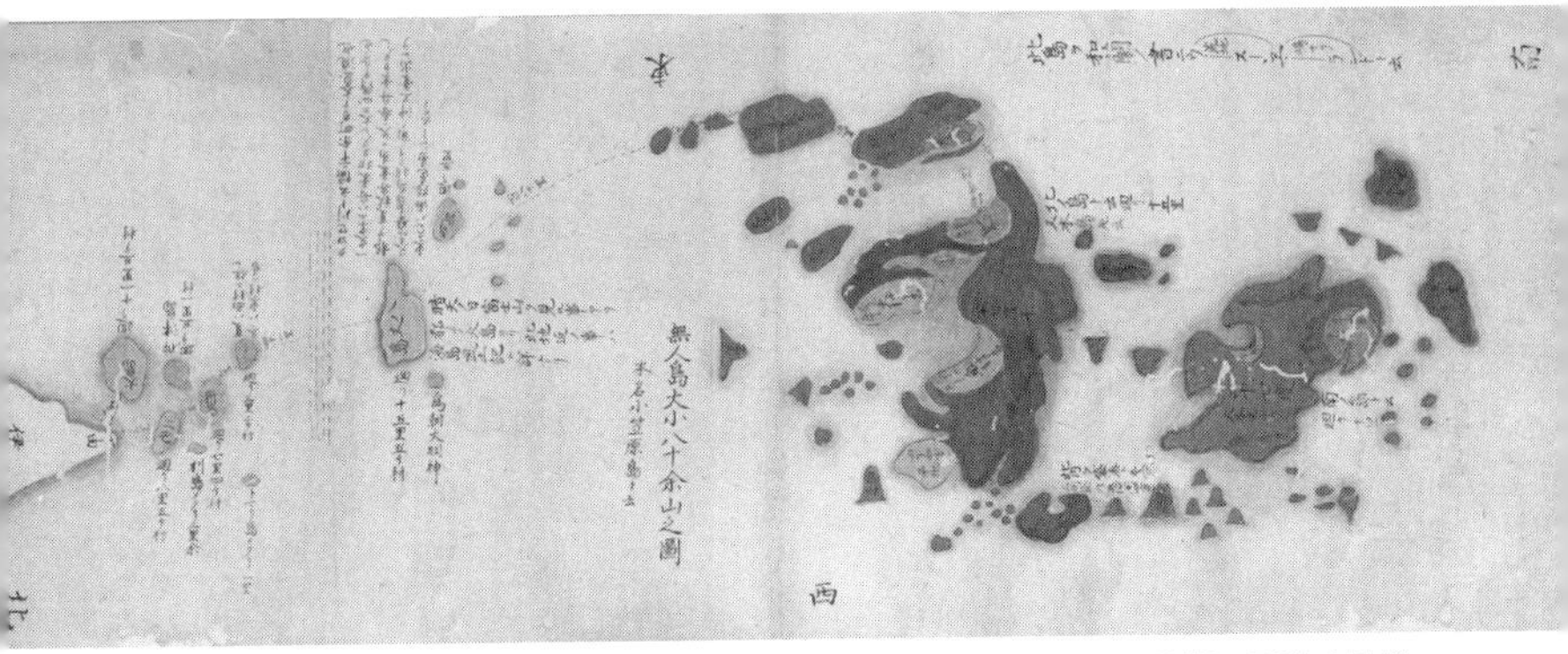

小笠原島図：無人島大小八十余山之図（写）（林子平図、1785年）。江戸後期に国防の見地から経世家・林子平が記した、朝鮮、琉球、蝦夷、小笠原の地理の一部［出所：国立国会図書館デジタルコレクション］

には時のスペイン王妃にちなんでマリアナ諸島と再度名付けられたが、イエズス会宣教師アレーニによって記され、江戸期の知識人に広く読まれた『職方外記』（１６２３年）の地図には「盗島」の名前が見られる。榎本武揚が、困窮する旧士族の新天地としてマリアナ諸島の買収を構想したときには「南洋ラドローン群島」の名称が用いられている。同じミクロネシア地域では、カロリン諸島の名称は17世紀後半のスペイン国王カルロス2世に、マーシャル諸島とギルバート諸島の名称は、イギリス東インド会社の依頼で18世紀末に同地域を巡ったイギリス人船長にちなんで名付けられた。南洋群島の日本統治が始まる頃には、マリアナ、カロリン、マーシャルの地名が定着していた。

太平洋では小笠原諸島をはじめ、日本語や日本語由来の地名もある。文禄・慶長の役の後に探検を行った小笠原貞頼は、１５９３年に伊豆諸島の南方に島々を「発見」したが、それらが小笠原諸島だったかどうかは定かではない。その後、漂流民の報告を契機として１６７５年に江戸幕府による調査が行われ、島々は「無人島《ぶにんしま》」と呼ばれた。これを語源として小笠原諸島の別名Bonin Islandsへと転じたといわれている。小笠原諸島の主要島である父島および母島についても、欧文でChichijimaおよびHahajimaの表記が用いられ、かつてイギリス人の海軍将校ビーチーがそれぞれに当てたPeelおよびBaileyの呼称は、あまり用いられていない。同様に、火山列島の一角を成す硫黄島は、欧文ではIwo Jimaと表記される。日本の最南端・沖ノ鳥島、同じく最東端・南鳥島に関しても、後者にはMarcus Islandという別名があるものの、日本語のアルファベット表記が欧文表記でも用いられている。1876年に明治政府が小笠原諸島の領有宣言をしたこともあり、日本名のほうが定着している。

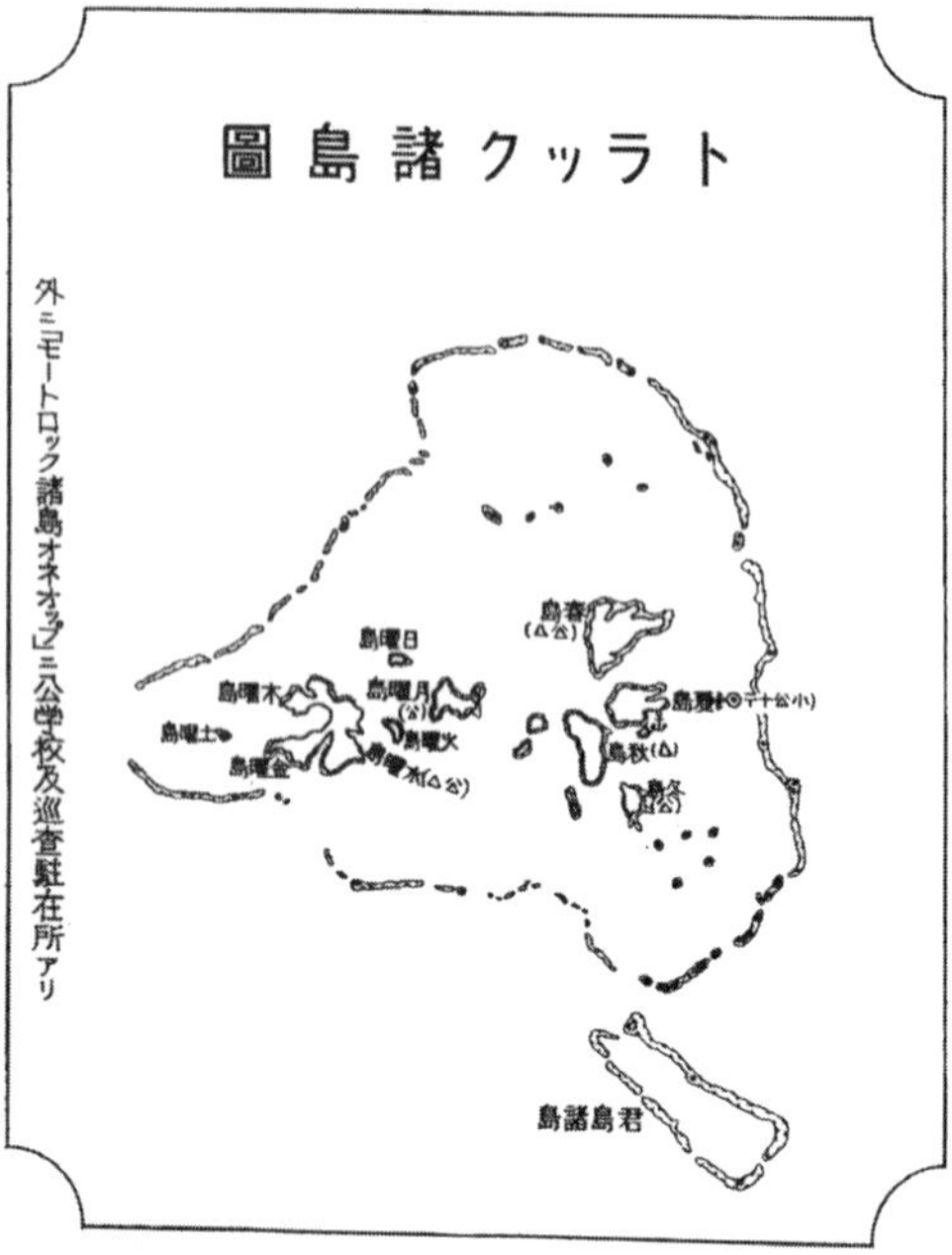

日本統治下トラック諸島の地図
［出所：南洋群島教育会『南洋群島教育史』1938年］

明治期以降、日本人と関わりの深い太平洋の島々の名前が音訳・意訳された事例も多くある。例えば、多数の日本人潜水夫が真珠貝採取に従事した、オーストラリアのトレス海峡諸島のThursday Islandは木曜島と呼ばれ、司馬遼太郎『木曜島の夜会』の舞台にもなっている。日本の統治地域・占領地域では、在来の地名やヨーロッパ人による呼称に加えて、新たに日本語の地名が導入された。トラック諸島（現チューク諸島）の島々のうち、ナモネアス諸島は四季諸島とよばれ、春島（現ウェノ島または モエン島）、夏島（現トノワス島またはデュブロン島）、秋島（現フェファン島）、冬島（現ウマン島）と名付け直された。同じくファイチュック諸島は七曜諸島となり、島々は日曜島（現ロマナム島）、月曜島（現ウドット島）、火曜島（現ファラベケット島）、水曜島（現トル島）、木曜島（現パタ島）、金曜島（現ポレ島）、土曜島（現オノムエ島）と呼ばれた。南洋庁が置かれたパラオ諸島のコロール島に隣接する火山島バベルダオブ島は、日本統治期はパラオ島ないしパラオ本島《ほんとう》と呼ばれ、現在でも現地社会では通称として「ホントー（*Hontō*）」が用いられている。

太平洋戦争時にも、戦地や占領地で地名の音訳・意訳が行われたり、新たな名付けが行われたりした。ハワイ諸島オアフ島のPearl Harborが真珠湾として広く知られるようになったのは日本軍の奇襲攻撃以後のことである。ほぼ同時に日本軍に攻撃、占領されたグアム島では、大幅に地名変更が行われ、グアム島は大宮島、首都のハッガニアは明石、かつてマゼランが上陸したウマタックは馬田、後に残留日本兵・横井庄一が発見されたタロフォフォは太郎などと呼ばれた（第38章）。日本軍と連合軍が戦ったソロモン諸島では、ガダルカナル島とフロリダ諸島の間の海域が、アイアンボトム海峡あるいは日本語で鉄底海峡とも呼ばれているが、これは両軍の戦艦が多数沈められていることに由来する。

もっとも、日本統治地域で用いられた日本語の地名が、異なる社会体制の敷かれた戦後世界で継続して用いられることはほとんどなかった。戦時期に性急に付与された日本語の地名も、現地社会に定着しなかった。一方で、日本ではこうした歴史の一コマとなった地名が、日本と太平洋の関係史の例証として、好んで用いられることもある。

（飯高伸五）

6 アホウドリと日本人の太平洋進出

――「バード・ラッシュ」と無人島獲得競争

長い鎖国から解放された明治期、早くから日本人は、小さな船を操り大海原を越えて太平洋の島々に進出した。私がこのことに気づいたのは、およそ半世紀前のことである。当時、沖縄本島の東に位置する南大東島に長期間滞在し、地理学の調査に従事した。フィールドワークのため農家一軒、一軒を訪ねたが、沖縄姓に交じって、菊池さんや細田さんなど本土姓の人々がかなりおられることがわかった。彼らは明治後期、伊豆諸島の八丈島から2000キロメートルの航海を経て、断崖絶壁の海岸を登り、上陸した人々の子孫であった。では「何の目的」で遠い八丈島から絶海の孤島というべき南大東島を目指したのか。その理由を尋ねると、「農業をやるため」という言葉しか返ってこなかったが、なにか、腑に落ちないものが残った。この腑に落ちない謎を解くために、沖縄の島々や八丈島での調査、各地の公文書館での資料収集を数十年続けてきたが、その結論は意外なものであった。

危険を冒してまで小船で太平洋へと日本人を駆り立てた原動力は、「アホウドリ」という大型の海鳥であった。この鳥は両翼が2メートルを超える太平洋で最大級の鳥であり、秋から春にかけて日本周辺の無人島に飛来した。人間を恐れないことや、飛び立つには助走が必要なこともあり簡単に捕獲された。1876（明治9）年にわが国の領土になった小笠原諸島でもアホウドリが生息していたが、多くは捕獲され、その羽毛は外国商人に売られ、卵は本土に移出、糞は肥料に使用されるなどして急速に姿を消した。

明治政府による小笠原開拓の際、官舎建築に従事していた八丈島の大工、玉置半右衛門は、アホウドリは金になることを、いち早く認識したと思われ、アホウドリで島が真っ白になるという伊豆諸島南端の鳥島に１８８７（明治20）年に進出し、組織的なアホウドリの捕獲作業を開始した。その捕獲方法は、棒を使用した「撲殺」で１人１日１００羽、２００羽は容易であり、撲殺された鳥の数は、１９０２（明治35）年の鳥島大噴火までの15年間に６００万羽に達したといわれる。その羽毛量は１２０００トン、売上金額はおよそ１００万円と推定され、年平均すると６・７万円であり、これを現在の貨幣価値に換算すれば約10億円になる。逃げないアホウドリを撲殺して、羽毛をむしり取るだけの簡単な事業は、玉置に莫大な利益をもたらした。鳥島上陸から、わずか数年後には玉置は大事業家になったのであり、『実業家百傑伝』（１８９２～93年）などの立志伝に名前が挙げられるなど、一躍、時の人となった。『日本之下層社会』（１８９９年）の著者として知られる横山源之助は、１９１０年に『明治富豪史』を執筆したが、その中で富豪になる方法として御用商人、土地成金などとともに「無人島探検」を挙げている。

アホウドリの挿絵［出所：磯村貞吉『小笠原島要覧』1888年、270頁］

１８９１（明治24）年5月30日の読売新聞は「南洋に豊土ありとは、近頃の流行語にて……」と南洋探検ブームを報じた。当時の地図には、太平洋に多数の存在が疑わしい島（疑存島）

が描かれており、玉置半右衛門の成功に刺激を受けた人々は、鳥島にあれだけのアホウドリがいるならば、地図に記載されている太平洋の島々には、もっと生息しているのではないかと、一攫千金を狙い、無人島獲得競争に奔走することになった。日本最東端となる南鳥島は、疑存島を探し回っていた水谷新六によって、1896（明治29）年に発見され、尖閣諸島は1885（明治18）年の沖縄県の調査後、明治20年代に入ってアホウドリの捕獲や夜光貝の採取のため多くの人々が進出した。

このようなアホウドリを追った日本人の行動は拡大を続け、1897（明治30）年頃には、遠く北西ハワイ諸島にまで到達した。1899年には民間人が、さらに1901年には、後に軽井沢の別荘地開発を手がける野澤源次郎が、政府にミッドウェー島の借地願いを提出している。日本からはるか東、およそ4500キロメートルも離れているミッドウェー島を借地したいとは驚くような話である。この時期、日本人はミッドウェー島だけではなく、リシアンスキー島、レイサン島、ハームズ環礁などの北西ハワイ諸島、さらにウェーク島やジョンストン島にも進出し、「バード・ラッシュ」とも言うべき鳥類獲得競争が繰り広げられた。

なお、「バード・ラッシュ」によって、アホウドリばかりか、国内の鳥類も捕獲され、わが国から輸出される鳥類は、年間に数百万羽にのぼり、その多くがヨーロッパ、とりわけフランスに輸出された。大蔵省は輸出数量を250万羽から950万羽と推定している。フランスでは、高級婦人帽や頭飾りの原料に使用され、その製品は「パリの品」としてヨーロッパやアメリカで大流行したのである。わが国は1880（明治13）～1920（大正9）年頃まで、世界屈指の鳥類輸出大国であった。民俗学者の柳田国男は「武蔵野の鳥」について、「野山にも鳥はいなくなった。われわれはもと鳥の声を愛する点にかけては、いずれの民族にも劣らぬ国民であったけれども、年に数百万という剝製の小鳥が、輸出せられていくことを喜んでいたために、たちまちにしてこういう淋しい国にしてしまったのである」（『明治大正史 世相篇』）と嘆いている。このように、日本各地でも大規模な鳥類捕獲が行われ、多くの鳥類が激減したが、太平洋の島々での無人島獲得競争はさらに激化した。鳥島でのアホウドリの減少に危機感をもった玉置半右衛門は、太平洋の島々で新たな無人島を探すなか、大東諸島の情報を得て1899（明治32）年、南大東島に開拓船を派遣した。このことが大東諸島開拓の嚆矢となったのである。

鳥類の減少に伴い、1905年前後から太平洋への進出目的にアホウドリなどの鳥類のほか、鳥糞（グアノ）やリン鉱が加わる。羽毛や鳥類の剝製は軽量のため、運搬には小さな船が使用されたが、重い鳥糞やリン鉱は、採掘に多くの労働者や重機、運搬には汽船を必要とした。その結果、行為の主体が、山師的な人々から資本力のある商業資本、独占資本へと移行する。さらに軍需物資となるリン鉱に至っては、国家による武力進出を誘引することになった。

以上のように、明治期、太平洋の島々、とくに無人島への進出を主導したのは、アホウドリであり、その羽毛を外国に輸出すれば大きな利益になるという「グローバル・トレード」を早くから日本人は認識し、「バード・ラッシュ」を引き起こした。だが、これらの事実は歴史の波に埋もれ、南洋の楽園というイメージとは裏腹な環境下、一攫千金を夢見た多くの出稼ぎ労働者が太平洋の島々で死亡したが、「無告の民」といえるこれらの人々の存在は、誰一人として後世に伝わることはなかったのである。

（平岡昭利）

7 森小弁と『酋長の娘』
――南洋イメージをめぐる虚像と実像

明治期以降の日本では、地理的に明確に定義されているわけではないが、おおよそ日本の南方にあり、温暖な気候のもとで素朴な生活が営まれる島社会のイメージが「南洋」として消費されてきた。南洋イメージにおいて、日本は文明国であるのに対して、南の島々は未開の地と位置づけられ、日本人は島々を切り開いていく開拓者となる。ここには戦前の南進論を支えた地域認識が読み取れる。日本人漂流民殺害事件を契機として1892年に著された鈴木経勲の『南洋探検実記』は、現地訪問をせずに書かれたフィクションであるともいわれているが（高山、1995年）、同書のなかでマーシャル諸島の島々は所有者のいない「無主の地」と位置づけられた。実際に第一次世界大戦時の占領を経て、日本による南洋群島（グアムを除く赤道以北のミクロネシア）統治が始まると、マリアナ諸島やパラオ諸島を中心に日本人移住者が大挙して押し寄せることになった。

南洋イメージは、島田啓三による漫画『冒険ダン吉』など、大衆文化のなかにも読み取ることができる（コラム2参照）。石田一松の作曲作詞で1930年に発売された歌謡曲『酋長の娘』のなかでは、現在の観点からは差別的な用語も用いながら、現地女性に対する性的なまなざしとともに、長閑《のどか》な南洋イメージが以下のように歌われている。

1. わたしのラバさん　酋長の娘　色は黒いが　南洋じゃ美人
2. 赤道直下　マーシャル群島　ヤシの木陰で　テクテク踊る
3. 踊れ踊れ　どぶろく飲んで　明日は嬉しい　首の祭り
4. 踊れ踊れ　踊らぬ者に　誰がお嫁に　行くものか
5. 昨日浜で見た　酋長の娘　今日はバナナの　木陰で眠る

歌中の「ラバ」とは「ラバー（lover）」のことである。南洋群島の日本人移住者が増加するなかで、日本人男性の移住者と現地人女性との間に生まれる「混血児」の処遇をめぐる諸問題が議論されるようになったころに、日本人男性の視点で、素朴な出で立ちの現地人女性の魅惑を歌う歌が作られたのである。西洋文明をこぞって取り入れた明治期の文明開化からさほど時を経ずして、男性的なまなざしを通して南の島々に「未開」イメージが発見されていったことは興味深い。

ところで『冒険ダン吉』と『酋長の娘』ともに、同一人物をモデルに創作されたという評論が戦後になって多数書かれている。その人物とは、明治期に高知県で生まれ、元々貿易会社の社員としてトラック諸島（現チューク諸島）に渡り、現地の伝統的首長の娘と結婚して一大ファミリーを築いた森小弁（1869～1945）である。『酋長の娘』の歌詞には「マーシャル群島」が含まれており、森小弁の移住地とは異なる舞台設定になっているが、歌中の「わたし」が現地社会に溶け込んでいる様子は確かに森小弁を彷彿させる。

晩年の森小弁［出所：『南洋群島』1巻11号、1935年］

森小弁は、1869年に元土佐藩士の森可造と、儒学者の熊沢甚平の次女・加奈との間に生まれた。10人兄弟姉妹の次男であった。20歳のときに上京し、大江卓や後藤象二郎の書生となったが、後に一屋商会という貿易会社に入り、1891年にトラック諸島に渡った。当時困窮する旧士族の救済を念頭に構想された南進論の影響を受けていたという。森小弁はコプラの仲買人として独立し、村々の間で戦闘がしばしばあった現地社会でも武勲を示して一目置かれた。そして、春島（ウェノ島）の伝統的首長の娘イザベルと結婚し、六男五女をもうけた。

1898年にドイツ統治が始まると、その翌年に銃やアルコール類を販売したという理由でトラック諸島の日本人は追放されたが、森小弁だけは引き続き同地に滞在することを許された。1914年に日本海軍がトラック諸島の夏島（トノワス島）に司令部を置くと、小弁は現地の情報提供者として重用され、現地人子弟の学校建設や現地人による勤労奉仕の組織化にも貢献した。これらの功績が認められ、1919年には高知県知事から木杯が授与され、1939年には勲八等瑞宝章が授与されている。そして、1940年には夏島に小弁の顕彰碑が建立された。太平洋戦争が始まると、トラック諸

2014年、モリ大統領訪問の記念に植樹されたパンノキ。高知県立牧野植物園（2018年）

島は連合艦隊の拠点として要塞化が進み、夏島に司令部が設置された。小弁は戦火を生き延びたが、終戦間もない1945年8月20日、金曜島（ポレ島）の長男・太郎宅で息を引き取った。現在、森小弁の墓は春島（ウェノ島）にある。

森小弁の死後、子孫たちはチューク諸島で一大ファミリーを形成し、政財界に著名な人物も輩出している。曾孫にあたるマニー・エマニュエル・モリはミクロネシア連邦の大統領になり、在任期間中（2007年5月～2015年5月）に小弁の故地・高知県を何度か訪問している。2013年6月には、高知県に高知・ミクロネシア友好交流協会が設立され、森小弁の功績を称えながら、相互訪問など様々な交流事業が行われている。高知県安芸郡田野町にある森一族の墓の近くには、近年になって「漫画『冒険ダン吉』森小弁先祖ルーツの地」という題字の看板が立てられ、小弁が『冒険ダン吉』や『酋長の娘』のモデルであったと明記された。『酋長の娘』の元となった歌が、旧制高知高等学校出身の余田弦彦《よでんつるひこ》が作曲作詞した『ダクダク踊り』であるという評論もある（高井、1982年）。この歌は、同校の運動会の出し物としてねじり鉢巻きに裸体の装いで踊られていたという。

森小弁先祖の墓の看板。高知県安芸郡田野町（2011年）

たしかに、南洋移民の先駆者としての森小弁の生涯は『冒険ダン吉』を彷彿させ、イザベルとの結婚は『酋長の娘』のロマンスを思い起こさせる。しかし、森小弁がこれらの大衆文化と結びつけられるようになったのは、むしろ戦後になってからのことである。森小弁は先駆的な移住者として活躍し、日本の南洋群島統治とも蜜月だったが、これらの作品のモデルであったという確証はない。海外に雄飛した先駆的日本人が戦後史のなかで改めて注目されるようになり、『冒険ダン吉』や『酋長の娘』と結びつけられた人物像が事後的に創られた可能性のほうが高い。

また、チューク諸島の母系的社会の仕組みのなかで、森小弁は「酋長」や「王」にはなりえなかったが、森小弁の評伝では、小弁が妻イザベルの父から伝統的首長の称号を継承したという記述が決まってみられる。ここには現地社会における継承の仕組みに関する誤解や、日本統治下の行政制度と現地社会の伝統的首長制との混同がみられる。また、未開な現地社会を掌握する、文明の担い手としての日本人像が再生産されている。これは、戦前の南進論を支えた「南洋イメージ」と現代の現地社会認識との間に一定の連続性があることを示唆している。

（飯高伸五）

コラム 2

冒険ダン吉

『冒険ダン吉』は、戦前の昭和8年から14年にかけて少年雑誌『少年倶楽部』（講談社）に連載された、漫画家・島田啓三の作品だ。主人公である日本人少年のダン吉と相棒のネズミのカリ公が、南洋のどこかの「蛮人島」に流れ着くところから物語は始まる。島の人々は、概ね特徴のない猿のような存在として非常にステレオタイプ的に描かれている。唇は分厚く、目は大きく、裸足で、腰蓑を身につけ、金属製の首飾りをつけている。ダン吉は、肌を黒く塗って地元の部族に紛れ込もうとする。「黒ん坊」に化けたつもりが、にわか雨で肌の塗料が落ち、思いがけず「白ん坊」であるとばれてしまう。殺されて食べられないよう簡単な罠をしかけて部族の酋長を捕まえると、自分が島の新しい王になるのを彼にあっさり認めさせ、島の人々はダン吉の戴冠を祝う。

後には、ダン吉のような日本人は「未開の蛮人」の救済者という前提のもと、彼らを導いて発展と「進歩」を推進し、学校や病院、商店などさまざまな「文明」の徴をもたらす。さらに連載が進むと、ダン吉は島民の軍隊を組織し、西洋人の侵略者を相手に戦いさえする。一方でダン吉は地元の知識や文化への関心がほとんどなく、島の人々の名を口にすることは決してない。傲慢にも彼ら一人ひとりに番号をつけ、胸に白い数字を大きく描く。これで、彼の（そして漫画の読者の）目に同じに見えていた島民の見分けがつくようになる、というわけだ。

『冒険ダン吉』は、多くのレベルで歴史的な重要性を持っている。文芸評論家の川村湊は、この漫画にはかつて「南洋」と呼ばれた南の辺境地――太平洋だけでなく東南アジアの大半を含む広大な地域――に対する日本人のさまざまな想像が描かれていると指摘する（川村、1994年）。そこには、島民を褐色の肌をした「野蛮」な「食人」であると描くような人種差別的、植民地主義的イデオロギーや紋切り型の思考が表れている。ダン吉は腰蓑を穿いた無垢な少年だが、常に靴を履き、腕時計をしている——その姿はまるで、アジア太平洋地域の「未開人」に進歩をもたらす使命を負った、熱心なボーイスカウト団員のようだ。この漫画は、日本が旧委任統治領南洋群島で展開していた南進論の理想や大東亜共栄圏のイデオロギーを明らかに反映している。

冒険ダン吉（1934年）［出所：国立国会図書館デジタルコレクション］

実際、南洋群島において、日本は産業を興していたのみならず、侵略し、究極的には要塞化までしている。この漫画は、こうした人種差別的イデオロギーを伴う植民地主義を基本的に善意に基づくものとして描き、正当化しているといえる。そのやり方は、「先住民を文明化」するという植民地支配の「責務」を描いた『宝島』など、イギリスをはじめとする植民地主義的な冒険物語と変わらない。

『冒険ダン吉』は戦前の日本で広く人気を集めた。島田の作品は手塚治虫にも大きなインスピレーションを与えたが、戦後、前述した内容もあってか次第に人気を失った。日本による南洋群島の委任統治（植民地支配）時代、この漫画が太平洋諸島の人々に広く知られたり読まれたりすることはなかった。しかし、歴史的な一次資料として批判的に読むと、この漫画は、太平洋地域における日本の過去と、今も残るその遺産につながる人種と権力をめぐる言説への価値ある洞察を与えてくれる。

（グレッグ・ドボルザーク）

8 ハワイ王家と皇室の縁組み計画
――ハワイの未来を託された若きプリンセス

1881（明治14）年3月4日、ハワイ王国第7代国王であったデイヴィッド・カラーカウアは、世界周遊の途中で横浜港に降り立った。この旅は表向きには、最新技術に興味関心の強かったカラーカウア王の見聞を広げるための旅とされたが、王は密かに、ハワイ王国の運命をこの世界周遊の旅に託していたのである。

西洋文化との初めての接触（1778年）からおよそ100年が過ぎた当時のハワイ王国は、アメリカとイギリスを中心とする西側勢力からの圧力に対抗する術を模索し続けていた。ハワイ王国に住むアメリカ人勢力の支持を受けて、1874年に王位に就いたカラーカウアは、即位当初はアメリカ人を側近とするなど、アメリカとの友好関係を維持していた。しかし、その後ハワイ国内でのアメリカ人の力が増すにつれて、王はしだいにアメリカ人勢力から距離を置くようになる。

カラーカウア王が、アメリカと距離を置くようになった切っ掛けの一つが、在位期間中のハワイ王国内の産業の変化であった。1870年代以降には捕鯨産業が下火となり、王国内の産業がサトウキビに移行する。自由貿易によりハワイ王国の独立性を維持しようとしたカラーカウアは、交渉の結果、

1875年にアメリカにおけるハワイ産砂糖の輸入自由化を実現させた。王はこのとき、自由貿易は王国の独立性を保障し、先住ハワイ人全体の利益につながると信じていたのである。

　輸入自由化の5年後には、20カ所あった王国内のサトウキビ・プランテーション数が63カ所に増加することになる。しかし結果として、サトウキビ・プランテーションのほとんどが外国人（ハワイ生まれのアメリカ人なども含む）によって経営されたものであった。こうして富を蓄えた外国人は、さらなる土地を熱望するようになり、やがてハワイ王国の独立性さえ脅かすようになった。国内で外国人が力を増しつつある状況下で、やがてカラーカウアは東アジア諸国との同盟に、活路を求めるようになったのである。

　1881年1月、カラーカウアは世界一周の旅に出ることを側近に告げる。その知らせはいささか唐突ではあったものの、王の口調は穏やかで、周囲の者たちは、新しい物好きのカラーカウアの物見遊山程度に受け止めていたようだ。かくして、1月20日の早朝、カラーカウア王一行を乗せた船は、最初の目的地であるサンフランシスコへと出港したのだった。サンフランシスコに到着したのは、ハワイを発ってから9日後のことであった。およそ1週間の滞在ののち、つぎに一行は日本へと向かった。

　3月4日、21発の礼砲に加えて、カラーカウア自身が作詞を手掛けたハワイ王国の国歌であり、現在のハワイ州の州歌『ハワイイ・ポノイー』に迎えられ（この歓迎に一行は感涙したという）、王の船は横浜港に入港した。さらに、街に入ると、通りの軒先からは日本とハワイ王国の国旗が掲げられ、カラーカウア一行は熱烈な歓迎を受けたのであった。

東京滞在中、一行は天皇家の離宮に宿泊しながら、明治天皇への謁見、宮廷での晩餐会や会食への出席、また、日本の陸軍の状況などを視察してまわった。そんな日本滞在中のある日、宿泊先の離宮から、同行していた側近も伴わずに王が不意に姿をくらませる事件が起こった。カラーカウアが天皇の侍従とともに向かった先、それは明治天皇との極秘の会談の場であった。カラーカウアはこの場で、欧米列強に対峙するために、天皇に日本を中心としたハワイ王国とアジア諸国の連合を打診、同時に、ハワイ王家と日本の皇族との縁組みの計画を持ちかけたのである。両家の婚姻関係によって、ハワイ王国と日本の連帯をより強固なものにしようとしたのだ。

このとき、カラーカウアが縁組みの候補として名を挙げたのが、王の姪である当時5歳のカイウラニ王女と、皇族伏見宮家の親王であった当時13歳の山階宮定麿王《やましなのみやさだまろおう》、のちの東伏見宮依仁《ひがしふしみのみやよりひと》であった。

カラーカウアの姪であるヴィクトリア・カイウラニは、1875年にカラーカウア王の妹リケリケとスコットランド出身の実業家で、カラーカウアの補佐役でもあったアーチボルド・クレイグホーンの間に一人娘として生まれた。カラーカウア王の兄弟姉妹（皆が芸術的な才能に恵まれ「聖なる4人」と呼ばれた）のなかで、子を授かったのが末妹のリケリケのみであったことから、次世代唯一の王位継承者であるカイウラニは「カラーカウア王家最後の望み」として、王国の期待を一身に受け、また人々からも愛される存在であった。

しかし、カラーカウアの望みは、東伏見宮依仁がすでに婚約しているという理由で、結局は潰えてしまう。また、カラーカウア王が提案したハワイと日本の連合計画に関しても、明治天皇はハワイに帰国した王に宛てて、翌1882年1月に回答の書簡を送り、欧米列強と対峙することは急務である

カイウラニ［出所：Hawaiian & Pacific Images］

としつつも、連合の計画は壮大であり現段階では実現不可能である、と伝えた。ハワイ王国を守るための希望の策であったアジア諸国との連合の計画は、とうとう叶うことはなかった。

明治天皇との極秘会談から5年後の1887年。ハワイ王国では、武力をちらつかせる王国在住のアメリカ人勢力によって新憲法が成立、これにより議会における王の権限は有名無実化することになる。1891年にカラーカウアが失意のうちに逝去すると、妹のリリウオカラニが王位を継いだ。

王国の再興のために尽力したリリウオカラニであったが、1893年に起こったアメリカ人のクーデターによって、共和制を目指す臨時政府が樹立される。翌1894年、女王は王位を廃され、ハワイ王国はついに落日を迎えたのだった。以後ハワイはアメリカ人勢力主導の共和国となったのである。なお、このクーデターのとき、日本政府は在留邦人の保護と安否確認を名目に、2隻の軍艦（そのうちの1隻は東郷平八郎が率いる軍艦浪速）をハワイに派遣、ハワイを併合しようとするアメリカ側を牽制し、アメリカによる併合を阻止することに一役買っている。

ちなみに、王国の灯火が消えゆくそのときにも、リリウオカラニ女王は日本に最後の望みを委ねようとしていた。1894年、リリウオカラニは19歳になっていたカイウラニに、ハワイ王家の系譜を受け継ぐ男性との結婚以外にも、東伏見宮依仁の兄である小松宮彰仁（当時48歳）との結婚も薦めていたのである。けれども、カイウラニ自身は愛する人との結婚を望んでおり、日本の皇族との縁組みが実現することはなかった。1898年2月、カイウラニはカラーカウアの養子であったデイヴィッド・カヴァーナナコアとの婚約を発表する。しかし、その1年後、風邪が長引いたことが原因で、彼女は23歳の短い生涯を終え、王家存続の望みは途絶えたのだった。

（四條真也）

9 フィジーへの実験的移民の帰結

――宮本常一の著作に刻まれた父親の体験

日本人は、いまからは想像もできないほどひろく太平洋の島々の片隅にまで進出していた。日本側の事情としては、国内における人口増大に対処するため、海外に積極的に活躍の場所を求める移民排出政策が推奨されていたという背景がある。ここで取り上げるフィジーへの移民も、そうした海外渡航熱にあおられた移民の例の一つとなろうか。しかしフィジーの移民は、以下で見ていくように非常に特殊であり、また意外な場所にその記録を見出せる例でもある。

当時のフィジー政府の記録を参照すると、フィジー移民に乗り出した日本人は、おもに山口県、広島県、和歌山県の出身者であった。その期間は、1894年4月から1895年2月にかけてと、1年にもみたない短期の移民であった。派遣先としてヴィティ・レヴ島のナウソリ製糖所、ラワイ製糖所および、ヴァヌア・レヴ島のワイレヴ製糖所のそれぞれの近郊にあるプランテーションに集団単位で派遣されたことがわかる。彼らの業務は、契約移民労働者としてサトウキビ畑の開墾やサトウキビの栽培に従事することであった。

何よりこの移民をひときわ特別なものにしているのは、その死亡率の高さである。インド移民研究で有名なケネス・ギリオンの著作によると、渡航人数は総計305人に及ぶが、そのうち87人が病死

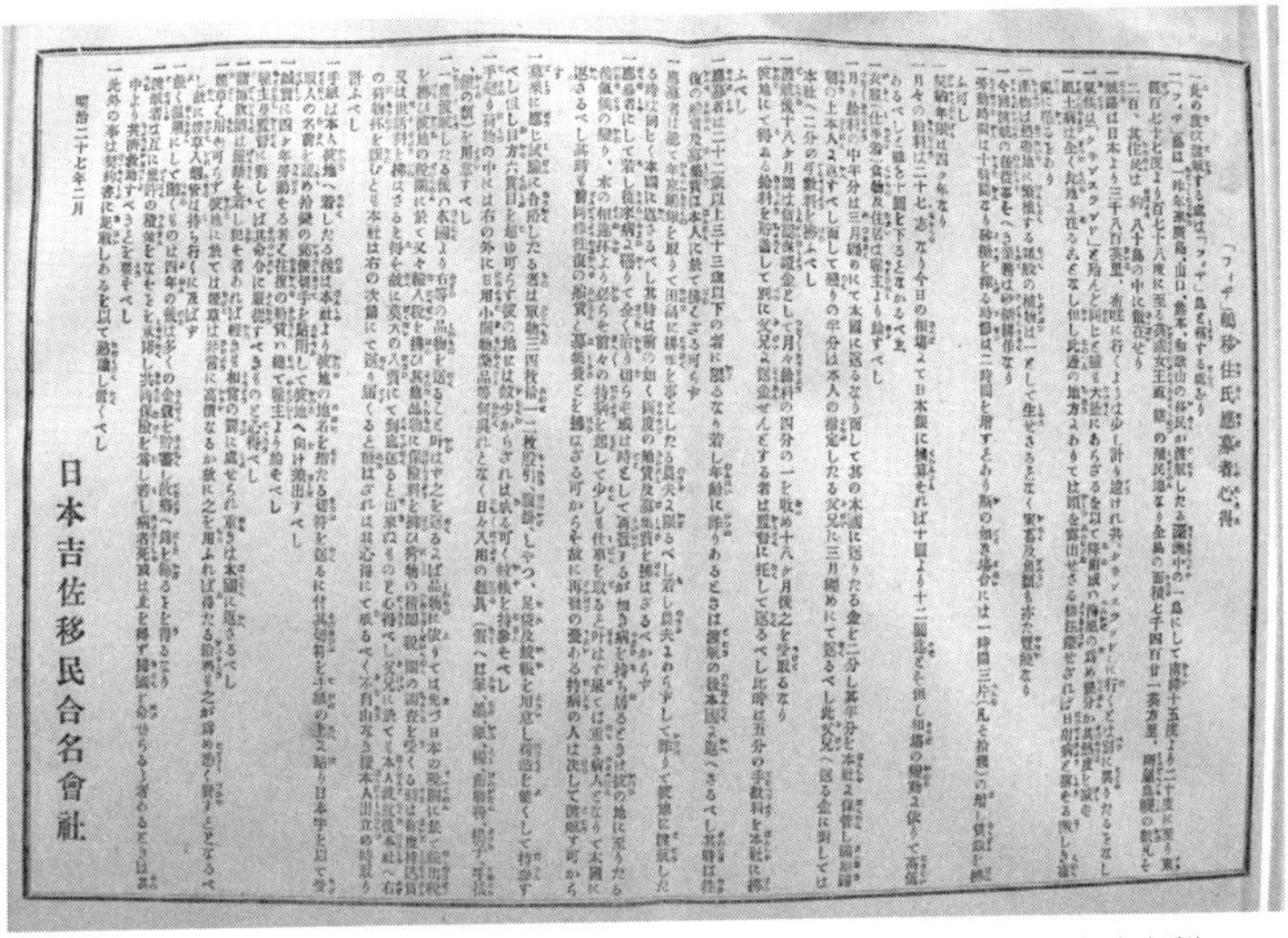
「フィヂ」嶋移住民應募者心得

明治二十七年二月

日本吉佐移民合名會社

「フィヂ」嶋移住民應募者心得（登録番号8803-265、広島県立文書館寄託・平賀家文書）

（69人が脚気《かっけ》を病因としている）、さらに38人以上が帰途の船内で死亡したとのことである。死因の多くが脚気であることが目を引くが、当時脚気は病因が不明確であった。そのため、伝染病の可能性を恐れたフィジーの植民地政府によって、日本人移民は、隔離され、早々に帰国させられることとなった。滞在期間が極端に短いのは、そのためである。またこの移民の死亡事件の結果を受けて、フィジーへの日本人移民の導入は一時的に停止されるという憂き目をみた。

そもそも彼らがフィジーの土地に招かれたのは、フィジーの国内事情による。サトウキビのプランテーションに基づく製糖業を基幹産業として育成していたフィジーにおいて、労働者の管理は頭の痛い問題であった。先住系のフィジー人は急激な人口減少にあったため、そもそも植民地期には保護の対象となり、プランテーションでの労働は原則禁止された。近隣の太平洋諸島民も過酷な移動とプランテーション労働から多数の死者を出したため、早い段階で労働移民の導入が禁止されていた。労働者の不足を埋めたのはインド系と中国系であるが、サトウキビ会社としてはいろいろな理由から彼らの仕事ぶりにも不満があった。また植民地政府としても、分割統治の政策上、労働移民が多様な民族で構成されることを好んでいた節があったと思われる。そうしたなかハワイにおいて日本人移民の成功を耳にして、フィジーにおいても日本人移民が導入されたわけである。しかるに、思わぬ理由から悲劇を招くこととなった。

話がここで終われば、草創期の日本人移民がもたらした悲惨なエピソードの一つとして歴史の闇に埋もれてしまっていたかもしれない。しかしこの日本人移民の体験について、短いながらも聞き書きに基づく記録が残され、その姿を今に伝えている。意外なところであるが、民俗学者の宮本常一の著作である。

というのも、この惨憺たる経験を経た移民のなかには、偶然ながら宮本常一の父親・宮本善十郎がいたからである。宮本常一のいまでも版を重ねている世評の高い『忘れられた日本人』の「私の祖父」の章から当該箇所（岩波文庫版の199～200頁）をやや長いが引用してみよう。

（前略）二十一歳の年にオーストラリアのフィジー島へ出稼にいくのだが、やがて失敗して一年あまりでかえって来た。その間市五郎の家内は毎朝氏神さまへまいった。出稼者のある家はどこでもこうして毎朝早く神まいりをしたものである。そして何日かに一度は屋根の棟へお膳に御飯を盛ってそなえた。これはカラスにささげるものである。カラスはしらせをもって来てくれる鳥と信じられていた。そなえた御飯をよい声でないてやって来てたべていけば無事であると信じられた。ところが、どうした事かあるときカラスなきが大へんわるくて御飯もろくにたべぬことがあった。息子はその頃フィジーで病気にかかっていたのである。三百五十人渡航したものが、一年後に神戸についたのは百五人にすぎなかったという。それでもとにかく生きてもどって来てくれたのである。

この記述は、いまではほぼ忘れられたこの移民の存在を思い起こさせるだけではなく、当時の限られた情報環境のなかで、日本に残された人々がおそらく名前も知らなかった異国の地で働く彼らの親類縁者にどのように思いをはせ、また彼らのために何をしていたのかを伝える貴重な一節である。ただしやはり聞き書きの難しさだろうか、宮本常一の著作でこの父親の体験に触れた箇所はいくつもあるが、いずれも少しずつ記述にずれがみられる。引用中にも「オーストラリアのフィジー島」と今の感覚からすると地理的情報の間違いが含まれている。

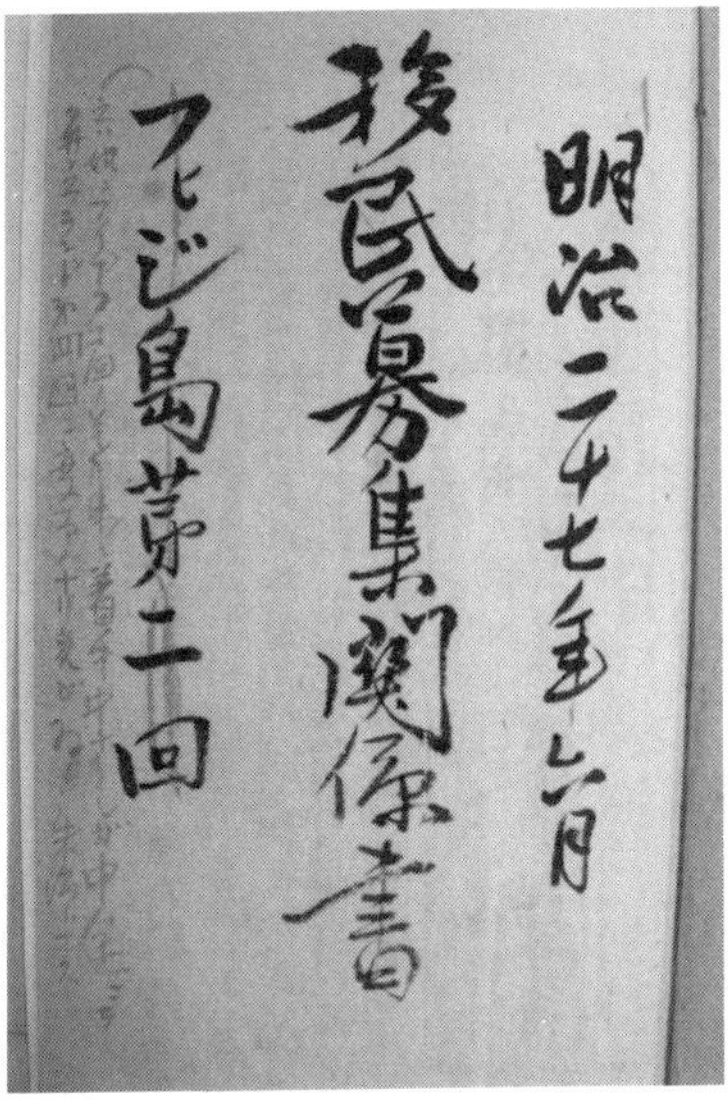

移民関係書　クィンズランド第4回（登録番号8803-85、広島県立文書館寄託・平賀家文書）。本稿で述べた事件がもとでフィジーの移民がクイーンズランドへと振替になったことが表紙の朱書きから推測できる

しかしこの１８９４年に行われたフィジー移民は、失敗に終わった一回限りの試みであり文字記録としてもそれほど残されていないことに注意してほしい。移民への聞き書きが積極的に行われていた時代でもなく、そもそも関係者に多大な死者を出した移民にしては、いまの基準から考えると、おどろくほどあっさり済まされている印象がある。その意味で宮本常一の筆で多少なりとも記録が残されているだけでも、幸いなのかもしれない。

なおフィジーには、日本人コミュニティが存在しているが、彼らは、この実験的な移民とは別に来島してきた人々である。もしこの明治期の移民実験が成功裏に終わっていれば、フィジーもハワイやニューカレドニアに並ぶ在外日本人の存在感の強い太平洋諸島の一つになっていたかもしれない。そしてまた宮本善十郎がひょっとしてフィジーに定着でもしていたら、民俗学者宮本常一の旅の旅程はフィジーにまで延び、彼の民俗学の姿もさらに変化していたかもしれない。このように現在とは別のありえたかもしれない歴史の姿を想像するのも楽しくはないだろうか。

（丹羽典生）

10 南洋考
――なぜ内が裏で、外が表なのか

戦前、日本の統治下にあったミクロネシア（南洋群島）に対しては内南洋や裏南洋、それ以外の南洋地域については外南洋、表南洋という呼称がしばしば使われていた。ではなぜ日本にとってミクロネシア（南洋群島）が「内」あるいは「裏」であり、それ以外の南洋は「外」で「表」だったのか。これが本章の問いである。一見すると単なる言葉遊びに思えるかもしれないが、実はこうした言葉の使い分けには、近代日本における南方進出の思想（南進論）が深くかかわっている。

ともあれ、まずは基本的な事柄から確認していこう。

南洋という言葉の意味するところを理解するためには、まず西洋と東洋という、我々にとってお馴染みの二分法について説明する必要がある。西洋と東洋という漢語の起源は明、清の時代まで遡るようだが、現在とその意味は異なり、中国王朝からみて、東西の海およびそこにある国々のことを指していた。時代によって西洋、東洋が指し示す地理的範囲は変わったが、17世紀初頭、マテオ・リッチ（利瑪竇）が作成した有名な世界地図（「坤輿万国全図」）では、日本周辺海域に対して小東洋という呼称も用いられていた。

だが、幕末になると、日本では、単なる海域の呼称ではなく、世界を西洋と東洋に二分する用法が登場する。いうまでもなく、これは、E・W・サイードがいうオリエンタリズム（「オリエントを支配し再構成し威圧するための西洋の様式」）に対する東洋の側からの反応でもあったが、明治以降、西洋と東洋という地域区分は学校教育などを通じて急速に広がり、現在にいたるまで日本人の思考を決定づけることになった。

そして、西洋と東洋の二項対立にくわえ、さらに第三項として近代日本が「発見」したのが南洋だったということができる。すなわち、西洋にも東洋にも属せず、潜在的に日本人が進出する可能性をもつ地域としての南洋である。

日本で南洋の存在がにわかにクローズアップされるようになったのは１８８０年代のことである。この時期、南洋地域を日本の利益圏とみなし、南洋への進出を唱える論者が次々と現れ、民間の移民事業や探検航海が一種のブームとなった。その後、第一次世界大戦に参戦した日本は、１９１４年、ドイツ領ミクロネシア（現在のパラオ、ミクロネシア、マーシャル、北マリアナ諸島）に海軍を派遣し、無血占領する。それまで当該地域は南洋諸島などとも呼ばれていたが、14年暮れ、臨時南洋群島防備隊条例が発布され、これ以降、正式名称は南洋群島となった。１９２２年には現地施政機関である南洋庁も設置され、ミクロネシア（南洋群島）は国際連盟の委任統治領として、敗戦まで日本の統治下に置かれることになる。

では、そもそも戦前の日本において、南洋は具体的にどの地域を指していたのだろうか。明確な定義があったわけではないが、太平洋の島々から現在の東南アジアにかけての広範な地域を指し示す言葉として、南洋という呼称が使われていたことは確かである。たとえば、１９１５年に刊行された吉野作造編集による『南洋』では、アジア・アメリカに属さない太平洋上の各島嶼、オーストラリア、ニュージーランド、蘭領東インド（現インドネシア）、「裏南洋諸島」（ミクロネシア）の総体を広義の南洋と呼ぶとされている。また、同年、南洋の事情を調査研究することをうたって設立された南洋協会では、蘭領東インド、英領マレー、フィリピン、仏領インドシナ、タイ、英領インドその他、太平洋諸島、台湾と密接な関係のある「南支一帯」を南洋の範囲に含むと定めていた（『南洋協会二十年史』1935年）。

そして、明治以降の日本人の南方への経済進出、さらにミクロネシア領有という流れのなかで、その後、南洋の内部において裏南洋と表南洋、内南洋と外南洋という地域区分もおこなわれるようになった。

残念ながら初出は不明だが、当初、使われたのは裏南洋と表南洋という呼称だったようである。清水元氏は、裏南洋の「裏」とは、インサイド＝内側の意であろうと述べているが（清水元、1997年）、「裏」と「表」の使い分けは、明治以降、日本人の経済進出先としてまず想定されたのが、土地が広く資源も豊かな東南アジア地域であることの反映と考えた方がよい。かつて、東京のある太平洋側を表日本、日本海側を裏日本と呼んだのと同様の感覚である。たとえば、海軍によるミクロネシア占領の翌年、地質学者の岩崎重三（東北帝大）は、表南洋がマレー群島、フィリピン群島、ニューギニアなどの各島を称するもので、「土地広く産物饒多後来甚だ有望なる所」であるのに対して、裏南洋は、太平洋に散布する各島を総称するもので、多くは狭小な島嶼で「産物亦前者の如くならず」と述べている（「南洋の地質」1915年）。

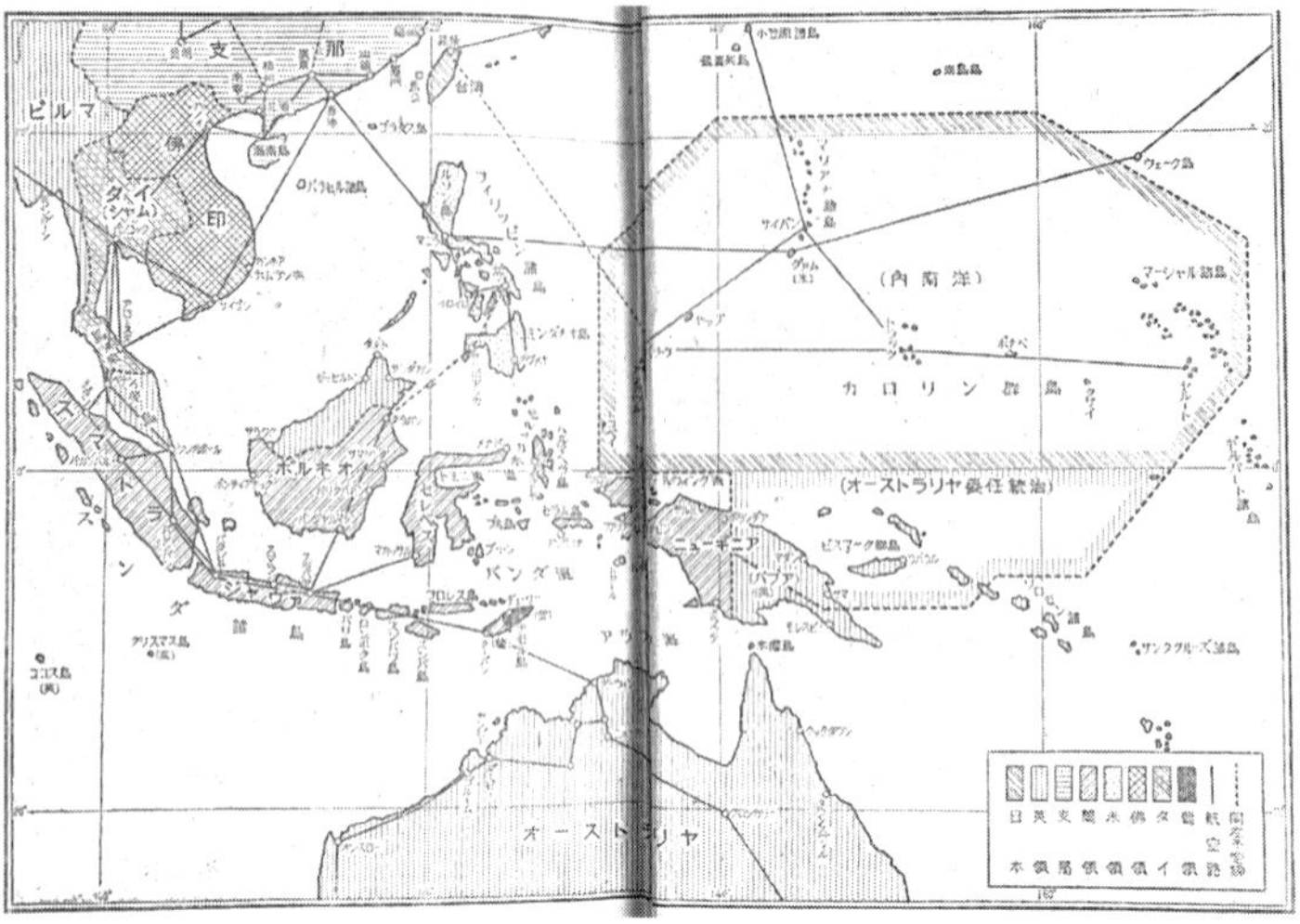

「内南洋」という呼称が記された地図
［出所：太平洋協会編『大南洋―文化と農業』河出書房、1941年］

だが、1930年代に入ると、日本統治下にあるミクロネシア（南洋群島）を「裏」と呼ぶことに抵抗を感じるような状況も生まれてくる。周知のように、1933年に日本は国際連盟からの脱退を宣言する（35年に正式発効）。これにより国際法上の南洋群島の地位は不確かなものとなったが、その後も日本政府はミクロネシア統治を継続した。これ以降、ミクロネシア（南洋群島）は名実ともに日本の領土とみなされるとともに、東南アジア進出の拠点としての南洋群島の重要性も盛んに語られることになる。当時、現地の駐在武官をつとめた海軍の小西千比古によれば、こうしたなかで、日本領を「裏」と呼ぶのは「怪しからん」ということで、1935年に新たに「提案」したのが内南洋と外南洋という言葉だったという（「内南洋外南洋の起源」1943年）。実際、彼以外にも、この時期、裏南洋という呼称を批判した者は複数おり、30

年代後半からは裏南洋、表南洋にかわって、内南洋、外南洋という呼称の使用頻度が増えていく。

ただし、裏南洋と呼ぶのをやめ、南洋群島（内南洋）を東南アジア（外南洋）への進出拠点として喧伝するような状況も長くは続かなかった。１９４１年12月の太平洋戦争開戦にともない、太平洋を介してアメリカと対峙する南洋群島（内南洋）への渡航は困難となる一方、日本国内の関心は、新たに「南方占領地」と呼ばれるようになった東南アジア（外南洋）へと直接向かうことになる。

だが、いずれにせよ日本にとっての南洋の位置は、１９４５年の敗戦にともなって激変することになる。これ以降、南洋が近代日本において果たした役割は急速に忘却され、日本人は再び西洋と東洋の二項対立の世界へと回帰していくのである。

（坂野　徹）

11 南進論
――武力南進の経緯

日本列島の南に広がる海を越えて進もうという考え方、いわゆる「南進論」といわれる考え方が唱えられ始めたのは、明治維新後からである。この頃から、「南洋」という言葉がよく使われるようになったが、当時の南洋が指した地域は、台湾から太平洋島嶼国、オーストラリア、ニュージーランド、東南アジア、南アジアまでの広い地域であった。これらの地域は、スペイン、ドイツ、アメリカ、オーストラリア、フランス、オランダ、イギリスが植民地を求めて競いあった地域で、日本もこれら西洋列強国に遅れまいとする考え方を背景にして、近代の「南進論」の議論が始まった。

江戸時代の鎖国から一変して開国した明治時代は、移民の時代の始まりでもあった。なかでも際だったのは、ハワイのサトウキビ・プランテーションへの出稼ぎ労働者で、19世紀終盤までに3万人近い日本人がハワイへと渡った。数は少ないながらも、1880年代にはオーストラリア北端のトレス海峡にある木曜島へ真珠取り潜水夫や漁船員として、同じくオーストラリアのクイーンズランド州やフィジーのサトウキビ・プランテーションへ労働者として、そしてニューカレドニアのニッケル鉱山の労働者として赤道を越えて出稼ぎに行った。同じ頃、タイやイギリス領マラヤなど東南アジアへも散発的に農業移民として渡った日本人がいたが、そのほとんどが失敗した。その一方で、シンガポールなどを中心に「からゆきさん」と呼ばれた日本人娼婦が東南アジアへ渡った。１９００年頃には、シンガポールだけでも１０００人近くのからゆきさんがいたと推定され、彼女らに雑貨などを売る貿易商人が進出し、さらに続いて銀行や商社などが進出していったという。

南洋への関心を喚起した最初の政府高官は、榎本武揚（１８３６〜１９０８）だろう。榎本は、江戸時代末期に海軍伝習所で学び、オランダに留学し、戊辰戦争では幕府艦隊を率い、箱館戦争では新政府軍と抗戦した佐幕派だったが、維新後はその才覚を買われて明治政府に登用され、１８７４年から４年間ロシア大使の任に就いた。

ロシアからヨーロッパ列強による世界の植民地化を眺めていた榎本は、これらの国々に追いつくには、日本も同様に植民地をもつことであり、手始めに南太平洋のマリアナ、カロリン諸島をスペイン政府から買収することを、当時の首相岩倉具視に進言した。

榎本武揚［出所：国立国会図書館ウェブサイト「近代日本人の肖像」］

榎本の構想によると、まず伊豆諸島に植民地行政府を設置し、その支庁をグアム島に置いて、マリアナ、カロリン諸島の各島に役人を派遣し、日本から服役中の罪人を移住させて、キナやタバコ、コーヒーなどを栽培させる。そして、これらの島々を日本の航海事業の基地として、将来はインドやオーストラリアへと事業拡大を目指すものだった。榎本はさらに、ボルネオ買収やニューギニアの植民地化も提案した。だが、当時まだ士族の反乱など国内の諸問題に悩まされていた明治政府は、これらの提案をどれ一つとして取り上げる余裕がなかった。

ロシアから帰国後、榎本は外務大臣に就任し、先の構想を実現しようと諸策を講じた。まず、南洋へ移民を送る目的で、外務省内に移民課を設置した。その後、移民候補地選択のため、1891年から1894年までの間に、ニューカレドニア、ニューヘブリデス、フィジー、フィリピン、オーストラリア、マラヤ、タイに調査団が派遣された。

榎本はまた、知識人の間で南洋への関心をもたせるために、志を同じくする者と共に1879年に東京地学協会、1893年に殖民協会を設立した。この二つの協会ではそれぞれ協会誌を発行し、南洋を含めた世界各地を紹介する論文や記事を掲載し、当時の著名な南進論者である稲垣満次郎、田口卯吉、志賀重昂などが会員として活躍した。

しかし、1894年に始まった日清戦争での日本の勝利は、政府の関心を一気に東アジアへと集中させ、南洋への関心は衰えてしまった。榎本が推進した南進政策は実を結ぶこともなく立ち枯れてしまった。

しかしながら、明治の知識人の間では南洋への関心が喚起され、南進論の萌芽期を形成した。明治の南進論の特徴は、西洋列強国との直接の衝突を避けつつ、これらの国々に押し付けられた不平等条約を撤廃して、世界貿易において西洋と対等に取り引きできるような自由な貿易システムを確立することだった。同様に西洋列強との直接的な確執を避けるという国際協調的な概念に基づいて榎本が主張した日本による植民地開発プランは、未開発の地域を他の西洋列強から買収し、開発のために資本を投資するといった武力によらない平和的な経済戦略だった。

榎本と同じように、この時期の南進論は経済的利益の追求に主眼を置いていた。その典型が、当時よく読まれた服部徹の『日本之南洋』（1888年）で、服部は、日本は南洋と経済関係を発展させることによって大きな利益をあげることができると結論づけた。また、志賀重昂は『南洋時事』（1887年）を著し、オーストラリアをはじめとする南洋貿易促進を強調した。経済学者としても知られた田口卯吉もまた、その論文「南洋経略論」（1890年）で、ハワイ移民の例を引き合いにして、商業船団を増強することが、貿易と移民を発展させる鍵であると説いた。

少し毛色の違う南進論として、日本の国威高揚を強調した鈴木経勲と井上彦三郎の共著『南島巡航記』（1893年）が挙げられる。その中で両名は、日本が南洋に進出する目的は、南洋諸島の独立を助け、日本の国際的威信を高揚することにあると主張した。

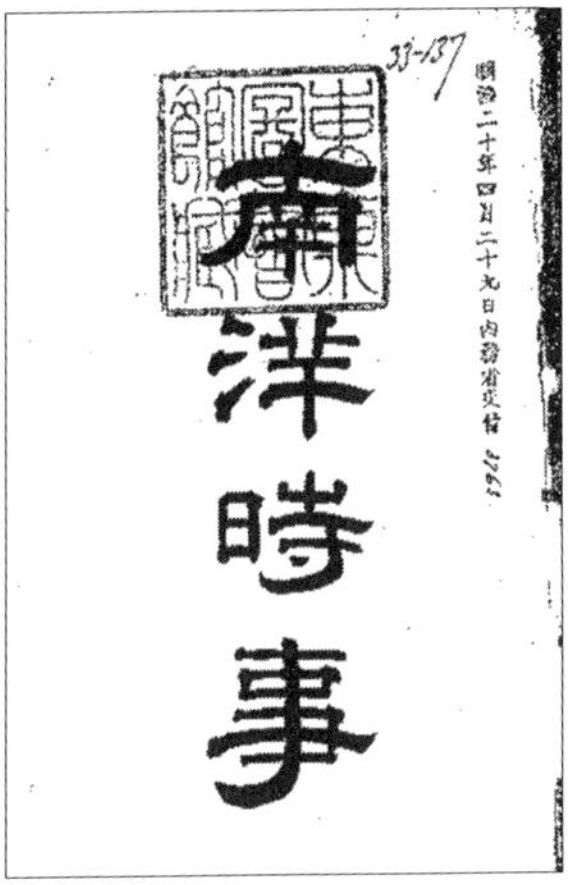

志賀重昂『南洋時事』（1887年）
［出所：国立国会図書館デジタルコレクション］

さらに当時は主流とはならなかったが、軍事的な南進を強調した菅沼貞風が挙げられる。菅沼は『新日本図南の夢』（1888年）を発表し、日本の海軍力と南洋での西洋諸国の海軍力を比較し、日本は南洋では西洋列強を簡単に打ち破ることができると主張し、日本による南洋諸島占領が日本の海軍力を誇示するよい機会だと力説した。

しかし、菅沼の主張も、他の南進論者の主張も、当時それほど関心を集めることはなかった。日清戦争、日露戦争へと突き進んだ日本の対外的な関心は、南洋よりも東アジアに大きく引きつけられていたからである。急冷した南進論が再び息を吹き返すには、第一次大戦によって日本がミクロネシアを委任統治領として獲得するまで待たなければならなかったが、明治の南進論やこの頃南洋に渡った日本人が脚光を浴びるようになったのは、１９３０年代後半から１９４０年初頭にかけてで、武力による南洋支配を計画した太平洋戦争の遂行を正当化するための歴史的根拠の一つとして取り上げられたのである。

（岩本洋光）

第Ⅱ部

植民地時代を中心に

12 日本の南洋群島統治
――移住と開発、同化政策、軍事拠点化

パラオ共和国を訪問すると、多くの日本語の借用語に遭遇する。スーパーマーケットで食材を物色すれば、*bento*（ベントー：弁当）、*musubi*（ムスビ：おむすび）、*aburabang*（アブラパン：揚げたアンパン）などのアルファベット表記がすぐに目につく。また、沖縄のサーターアンダギーによく似た丸いお菓子が「タマ」と呼ばれて地元の人々に親しまれている。ラジオからは日本語混じりの演歌調の歌謡曲が流れてくるのをよく耳にするが、地元ではパラオ人歌手による流行歌として人気を博している。観光客をはじめとするゲストはオキャク、より丁寧にオキャクサンと呼ばれる。選挙の季節には、*senkyo* の看板が随所にみられ、やや古風な名前も含み、日本式の名前をもった候補者も珍しくない。

こうした現地社会の状況から、パラオには「日本文化が残っている」「日本文化が受け継がれている」などと、郷愁を込めて紹介されることが日本ではよくあるが、日本語の借用語の氾濫は、約30年にわたる日本統治の産物である。第一次世界大戦中の1914年、日本海軍は日英同盟を根拠にドイツ領ミクロネシアを領有、当初はトラック諸島（現チューク諸島）の夏島（現トノワス島）に司令部を置いた。やがて島々は南洋群島と呼び慣らわされるようになった。1919年のヴェルサイユ条約で日本による統治が国際的に承認されたのを受けて、守備隊は1921年9月までに漸次撤退、1922

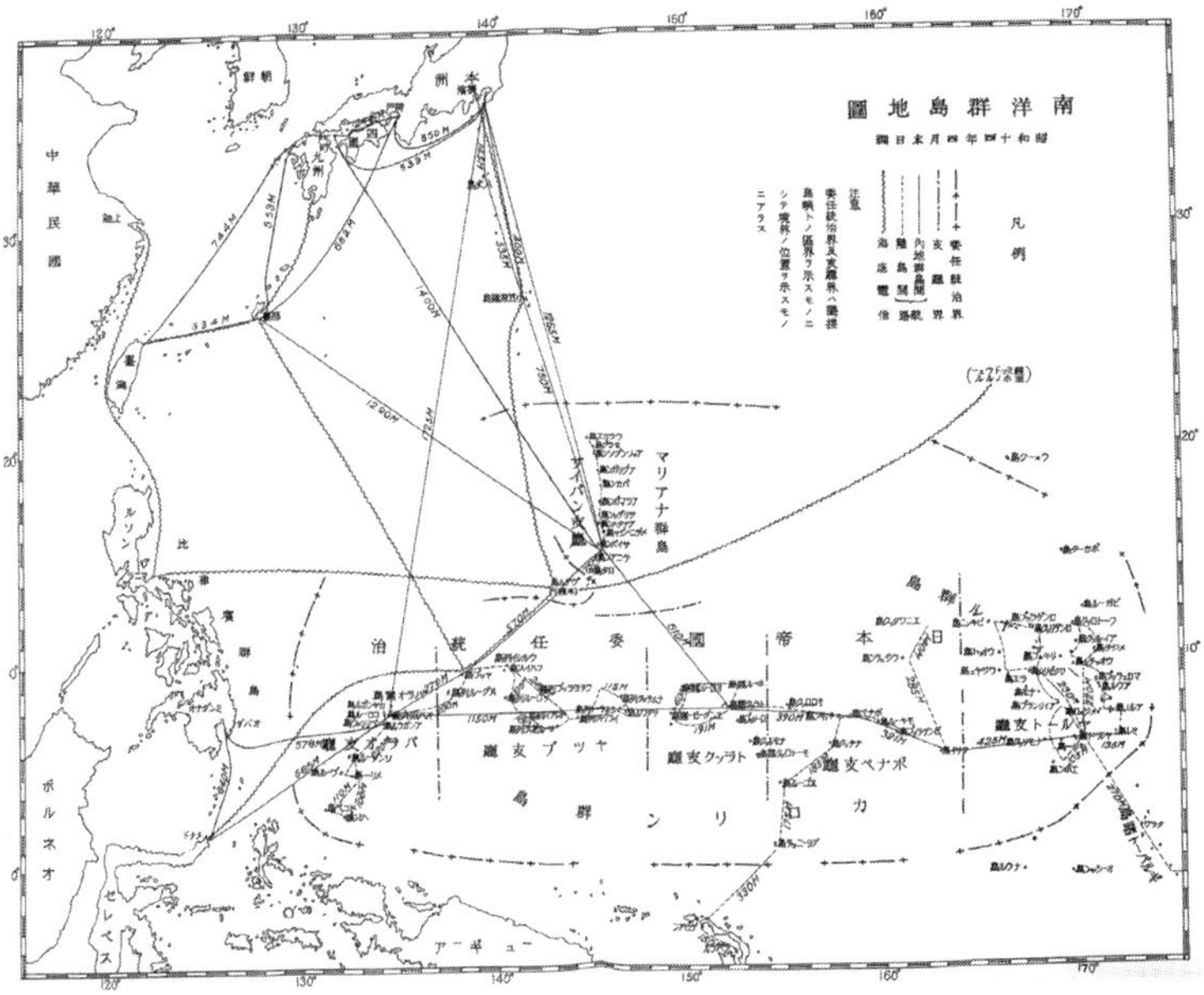

南洋群島地図（昭和14年4月）。日本統治末期には航路もあった

年4月にはパラオのコロールに南洋庁が設置され、国際連盟下の委任統治領としての施政が始まった。南洋庁の下には、サイパン支庁、ヤップ支庁、パラオ支庁、トラック支庁、ポナペ支庁、ヤルート支庁の6支庁が置かれた。

日本の委任統治は、1933年の国連脱退表明、1935年の脱退の発効を経ても継続された。帝国日本が国際社会から孤立を深めていくなかで、南洋群島の戦略的価値は高く認識されるようになり、日本人の移住、現地人に対する同化政策がそれまで以上に強化され、実質的な植民地化が進んでいった。これに対して、国連の常設委任統治委員会では、日本の南洋群島統治が現地人の生活を脅かしている可能性が高いと再三問題視されていた。日本が国連に提出していた行政年報では産業発展や現地人教育を通じて貢献していると主張されたが、実際には現地社会への還元効果は乏しかった。

そして、太平洋戦争時には島々の要塞化が進み、

コロールの街並み（絵葉書より）

日本軍の敗北が続くと、南洋群島は絶対国防圏の前線となった。1943年11月には南洋庁長官の職に海軍中将が任用され、1944年4月には「南洋群島戦時非常措置要綱」のもと南洋庁職員は軍属となった。そして、南洋庁長官以下、職員はみなコロールから当時パラオ本島と呼ばれたバベルダオブ島の山中に撤退、南洋庁は統治機能を喪失した。

帝国日本の統治方針や統治の浸透の度合いは、時代や地域で一貫していたわけではなかったが、大まかに統治の特徴をまとめるならば、日本人移住者の入植を通じた経済開発、労働力としての利用を前提とした現地人の同化政策、そして軍事拠点化の三点に集約される。日本海軍による軍政期には、恒久的な統治は構想されておらず、移住も奨励されていなかった。マリアナ諸島における民間会社による製糖業も失敗続きで、サトウキビ栽培の労働者は棄民といわれるまでに貧窮していたが、半官半民の南洋興発株式会社が設立されると、沖縄県や東北地方から多数の労働力が導入された。

1925年の時点でサイパン支庁管内には3493人の現地人に対して既に5299人の日本人が居住していた。パラオ支庁管内では、1935年に日本人移住者が多数派となり、6230人の現地人に対して6553人の日本人がいた。同年のサイパン支庁の日本人は4万人に迫るほどに膨れ上がっていた。パラオの日本人は役所勤務のほか、商店経営、農地開拓、カツオ漁や真珠貝採取など様々な職業に従事していた。サイパンのガラパン、パラオのコロールは商店が建ち並ぶほか、料亭や遊郭もあり、日本人の町に変貌した。

南洋群島は大日本帝国憲法の及ばない外地であり、「島民」と呼ばれた現地住民に日本国籍は付与されなかった。それでも日本の他の植民地と同様に「島民」子弟に対しては公学校における日本語や修身の授業を通じて文化的な同化政策が施された。統治の中心地であったパラオでは公学校の就学率が高く、就学者は放課後に日本人の家庭で家事手伝いなどの経験を積んだ。一方で、同化政策が強化される以前には、周辺地域では公学校の就学率が伸びないところもあった。日本人と比して現地人に対する教育制度は限定的で、公学校教育は本科3年と補習科2年にとどまり、以後の教育は成績優秀男子を対象とした木工徒弟養成所がパラオのコロールに設置された程度で、高等教育への道は閉ざされていた。

現地社会に対する統治は、在来の伝統的首長制を利用するよりもむしろ、日本語教育を受けた若い世代を巡警に任用すると同時に、伝統的首長とは異なる新たな行政首長を任用することを通して浸透していった。若年層に対しては、在来の年齢集団を包摂した青年団を通じて、道路建設など様々な勤労奉仕が求められた。かれらはまた、安価な労働力としても利用され、帝国日本の末端に組み込まれた。パラオ支庁管内のアンガウル島のリン鉱石採掘は、ドイツから引き継いだインフラが稼働し、マリアナ諸島の製糖業に次ぐ産業に成長していったが、過酷な労働現場にはヤップ支庁やトラック支庁

南洋庁パラオ支庁跡（2009年）

管内から徴用された「島民」が配置されていた。一方で、無知蒙昧で怠惰な未開種族と認識されていた「島民」は農業には向かないと考えられていたため、農地開拓の作業に充てられたのは日本人移住者であった。

　日本統治期末期、南洋群島は太平洋戦争の戦場となり、戦後はアメリカ統治下で新たな社会基盤が整備されていった。このため、かつての日本人の町でも日本統治期を偲ばせる景観はあまり残っていない。１９４４年3月30日から2日間にわたったアメリカ軍の空襲により、南洋庁があったコロールは壊滅した。１９４４年6月15日にアメリカ軍が上陸したサイパン島では、ガラパンで激しい市街地戦が繰り広げられ、町は廃墟と化した。それでも、コロールの旧南洋庁パラオ支庁の庁舎は外観をとどめており、戦後は太平洋諸島信託統治領パラオ地区およびパラオ共和国のもとで長らく最高裁判所として利用された。ガラパンの旧南洋庁立サイパン医院の外観も残っており、現在では北マリアナ歴史博物館として利用され、先住民であるチャモロ文化の展示のほか、日本統治期の歴史展示などがみられる。現地人が話す日本語の借用語とならんで、こうした植民地建築物からも日本統治期の面影を見出すことができる。

（飯高伸五）

13 〈砂糖の島〉はどのようにしてつくられたのか
――松江春次と南洋興発株式会社による製糖業の実態

サイパン島中西部に位置し、リゾートホテルや観光客向けレストランが建ち並ぶガラパン町の外れに、「日本統治時代の面影を残す」ことで知られる観光スポット「シュガーキング・パーク」がある。この公園には、日本統治時代の１９２１年に南洋興発株式会社を設立して北マリアナ（サイパン、テニアン、ロタ三島）に一大サトウキビ・プランテーションを築き、後に「シュガーキング」と呼ばれるようになった男・松江春次の巨大な銅像がある。帝国日本の南洋群島支配を経済面から支えた彼の「偉業」を顕彰するために、南洋興発社員らが１９３４年に建立したものだ。日米両軍による激戦の際にも破壊をまぬがれ、現在はサイパン島の観光資源として活用されている。

松江像の手前には、２００３年に松江の末裔、南洋興発元社員の同窓会、北マリアナ歴史博物館が設置した日本語・英語・チャモロ語併記の説明板があり、「この銅像は20世紀前半にミクロネシアに経済的繁栄をもたらした事業家の開拓精神、勤勉さ、先見性そして信念の大切さを今も我々に思い起こさせてくれる」と松江を讃える。しかし、彼を英雄として祀り上げるこうした歴史観は公正ではない。今もなお世界中の人々を魅了する甘く真っ白な砂糖は、カリブの島々とアメリカ大陸における先住民のジェノサイドとアフリカ人奴隷の酷使という暗黒史の産物だったのであり、松江による北マリ

サイパン島ガラパン町の松江春次像（全高10.6メートル、2009年）

アナのサトウキビ・プランテーションの歴史も、紛れもなくそれに連なる一齣であるからだ。

松江の経歴を遡ると、ルイジアナ、ハイチ、台湾という複数の産糖地が姿を見せる。１８７６（明治９）年に福島県に生まれた松江は、20歳の頃に上京し、「富国強兵」「殖産興業」の担い手を育成するために日本で最初に設立された工業専門教育機関である東京高等工業学校で学んだ後、１９０３年24歳のときにアメリカのルイジアナ州立大学砂糖科へ留学した。当時ルイジアナ州は、アフリカ人奴隷による反乱（＝ハイチ革命）から逃れてきたプランターたちによってアメリカ随一の製糖地に成長し、製糖工場の大規模化が進められていた。ルイジアナ州立大学砂糖科は、この大規模化をけん引する専門家や技術者を育成すべく設置されたコースであり、松江はここで修士号を取得。今度は植民地台湾へ渡った。台湾ではすでに台湾総督府による強力な後押しの下で大手企業が製糖業を興しており、松江もこの流れに乗って砂糖の「帝国内自給」の夢を実現しようと考えたのである。しかし彼の台湾生活は順調に進まなかった。１９１０年に設立した斗六製糖はすぐに大手企業に買収されたため、新高製糖に鞍替えして製糖業を切り盛りするようになったが、今度はサトウキビの確保に苦戦した。中小企業だった新高製糖は、大手企業によって南部の製糖適地を囲い込まれた後に中北部の稲作適地に事業地を構えざるをえず、松江はサトウキビよりも実入りの良い稲を植えたがる台湾農民を説得するために、毎晩農家を駆けずり回らねばならなかった。新たに日本の植民地とされた南洋群島に即刻魅了されたのは、彼がこうした行き詰まりの只中にあったからだ。程なくして南洋興発を設立した松江は、植民地朝鮮を拠点とする国策会社・東洋拓殖から資金提供を受け、南洋庁の絶大な政策的バックアップを受けながら、南洋群島で唯一の砂糖プランターとして君臨するようになっていった。

松江の来島以来、緑豊かな北マリアナは瞬く間に〈砂糖の島〉へと変貌した。その形成過程を注意深く探ると、先住民チャモロと沖縄移民の苦難の歴史が見えてくる。松江は北マリアナに初めて足を踏み入れたとき、そこには「原始のままの密林」が広がっていたと後に回想した。しかし、これは真実ではない。北マリアナがジャングルに覆われ、あたかも「前人未踏」の地に見えたのは、この島々に紀元前1500年頃から営々と暮らしを築いてきたチャモロが、スペイン統治時代の強圧的なカトリック布教政策に反逆したことで大量虐殺されていたからである。1668年から約30年も続いたこのスペイン－チャモロ戦争と、ジェノサイドの後遺症、スペイン人が持ち込んだ感染症の流行により、最低でも4万人はいたチャモロは3500人にまで激減。生存者のほとんどがグアム島に強制集住させられた結果、北マリアナは「無人」となった。米西戦争後に北マリアナの統治者となったドイツは、コプラ産業を興すために米領グアムから移住させたチャモロ、カロリニアンをサイパン島のガラパン町等一部の地域に居住させる一方、残りの広大な土地を官有地として囲い込んだ。その後を引き継いだ南洋庁は、このドイツ官有地をそっくりそのまま譲り受け、北マリアナの総面積3万219ヘク

サイパン島の南洋興発第一農場で働く小作人とその家族（第一農場南村青年団『第一農場南村全貌』より）

タールの88％にまで拡大した南洋庁官有地の過半を、南洋興発に無料または低廉に貸し出した。こうして松江は自らの手を煩わすことなくプランテーション用地を手に入れたのである。

次いで彼は、労働力の調達地として沖縄に目を付けた。亜熱帯の地に暮らし、サトウキビ栽培に習熟している沖縄の人々は即戦力になると考えたからだ。彼は安価で大量の労働力を確保するために「無産移民」招致を掲げ、農場への定着率を高めるために家族移民を奨励した。こうした点は確かに沖縄の人々、とりわけ下層民にとって魅力的だった。サトウキビ農場で働ける健康な肉体さえあればどんなに貧しくても移民でき、世帯を構えることができたからだ。北マリアナの沖縄出身者の人口は急激に増加し、１９２５年には現地住民数３４３９人を超えて３６８８人に、１９４２年にはその約10倍の３万２５８９人となり、北マリアナの日本人移民総数４万５７９９人の約７割を占めるようになった。松江は南洋興発をこうした植民地社会の頂点に立つ家長に、労働者・小作人をその子供になぞらえて、両者は「家族的団結」によって緊密に結ばれていると自らの著作や雑誌に喧伝した。しかし、これも事実に反する。

南洋興発社員によるサトウキビの刈り取り賃の契約違反や沖縄出身者への差別が横行していたからだ。憤慨した沖縄の人々は、1927年に4000人規模の2カ月にもわたるストライキを打ち、1929年に小作料撤廃運動を展開、1932～1933年には沖縄出身の国会議員を招致して待遇改善を求めた。ハイチのアフリカ人奴隷が革命を起こし、台湾農民が製糖企業に抗って稲を作りたがったように、サイパン島の沖縄移民も数々の異議申し立て行動を試みた。ただ、これらの行動は会社側の態度をある程度正すことに成功はしたものの、その後、南洋興発のより巧妙な抵抗の封じ込め政策へと帰結した。松江は沖縄移民の代わりに福島など東北地方や八丈島、奄美大島からの移民を奨励し、会社に従順で勤勉な者しか小作人にしないなど労務管理を徹底した。松江春次像が建立された1934年とは、こうした沖縄移民の最後の異議申し立て行動の翌年だった。ひょっとすると春次像は、彼の「功績」を讃えるためだけではなく、何度も抗議を繰り返した沖縄移民たちに圧倒的な「家長」の力を見せつけるために建立されたのかもしれない。南洋興発はその後、製糖で得た資金を投入してニューギニア、グアム、海南島、ジャワ島等へも事業を拡大し、帝国日本の「南の先兵」として振舞ったが、その崩壊と共に消滅した。

南洋興発の製糖業は、チャモロや沖縄の人々、そして世界各地の産糖地（植民地）で虐げられ、それでも逞しく生き抜いた人々の歩みと共に想起される必要がある。それをなしえたときに初めて、サイパン島の春次像は後世に継承すべき〈歴史的遺産〉となるだろう。

（森　亜紀子）

14 マーシャル諸島における日本統治

——文化の収奪

マーシャル諸島は、ミクロネシアの最東部に位置するサンゴ礁起源の島々からなる。面積は181平方キロメートルで、山手線の内側の3倍程度しかない。現在はマーシャル諸島共和国として独立しているが、これまでドイツ、日本、米国の統治を経験した。本章では、マーシャル諸島における日本による植民地統治の特徴を明らかにする。

1914年7月、日本は第一次世界大戦勃発と同時にドイツに宣戦布告した。10月にはドイツの植民地であったマーシャル諸島のジャルート環礁を、ついでグアムを除く赤道以北の旧ドイツ領ミクロネシア地域を占領した。第一次世界大戦の終了により、1922年から国際連盟委任統治領「南洋群島」として正式な日本の統治は始まった。委任統治領政府「南洋庁」の本庁をパラオに置き、さらに域内を六つの地区に分割し、マーシャル諸島地区には「ヤルート支庁」が置かれた。

ドイツによる統治は間接統治であった。これに対して日本は直接統治を行い、行政、衛生、教育、暮らしなど人々の社会・日常生活へ直接介入していった。

各環礁には、「ソウソンチョウ（総村長）」「ソンチョウ（村長）」「ショキ（書記）」などの役職が設けられた。また、ハンセン病患者に対する隔離政策も行われた。ジャルート環礁に設けられた収容施設では、1939年には、17人の患者が隔離されていた。母系社会のマーシャル諸島では、女性が隔離されることで、消滅してしまった母系親族集団も存在するといわれている。

教育はとりわけ重視され、義務教育とされた三年制の本科と、二年制の補習科からなる公学校が設立された。授業の半分が日本語教育に充てられ、修身（道徳）の授業もあるなど、現地の文化を軽視した日本化が進められた。補習科やパラオの木工徒弟養成所への進学の道も開けていたが、その後南洋庁に職員として登用されても、給与は日本人の3分の1程度であった。南洋庁に通信員として勤務した男性は、「ツートントントンと、日本に電信を送ります。間違えるとたたかれたね。日本人の決まりがあった。決まりを守らないとたたかれたね」と語った。

ヤルート公学校［出所：南洋廳編纂『南洋群島寫眞帖――南洋廳始政十年記念』南洋廳、1932年、62頁］

当時を知る人によれば、本庁の置かれたジャルート環礁はその他の環礁とは異なり、日本を感じさせるものが多くあり、たとえば道には「カミナリドーリ」や「ナミキドーリ」などと日本名が付けられていた。道の掃除が行き届いていないと、「ハンチョウ（班長）」が「バカヤロー」と罵倒され平手打ちの罰を受けることもあった。ここには、日本人移住者の経営する多数の商店があった。米、ショーユ（醤油）、タクアン（沢庵）、ナッパ（葉物野菜）などを売る一般的な商店、魚を売

コプラ製造［出所：南洋廳編纂『南洋群島寫眞帖――南洋廳始政十年記念』南洋廳、1932年、63頁］

ヤルート医院［出所：同上、62頁］

る沖縄出身者の経営する商店、「パンパンヤ」と呼ばれていた男性客相手の宿までもあった。

　ココヤシ油は、太平洋一帯では、食料、燃料、衣料、道具として利用されていたが、油が常温で固まることが産業革命の中で発見されると、マーガリンや石けんの原料として西洋で需要が高まっていった。

　マーシャル諸島でも、ドイツ統治で始まったコプラ産業は、日本統治になると一層発展した。人々は親族共有の土地でココヤシを栽培し、ココヤシの果肉（コプラ）から油を抽出するための加工を行い、商店に販売した。コプラ売り上げ代価の一部は首長へ貢納され、大首長や首長は、このお金から南洋庁に人頭税を支払い、代わりに自らの支配下にある人々の葬儀費用や医療費などをも支払ったという。

　日本の植民地統治を研究している等松春夫によれば、日本による初期の統治は、現地社会の生活習慣や文化をないがしろにするものであったものの、国際社会からは委任統治の模範例としては評価されたという。しかし1931年の満州事変で状況が変わってくる。1933年には、海軍の監修による映画『海の生命線』が製作され、南洋への移民が奨励された。1935年の国際連盟の脱退後も、日本は南洋群島を統治し続けており、日本人の移民も増加していった。1939年には、ヤルート支庁全体の人口のうち、現地住民が1万131人、日本人は549人（朝鮮人2人を含む）であった。日本人は、商店を経営したり、貿易商社の従業員として働いたりしたが、マーシャル人は日本人移民と日常的に接するなかで、日本人との違いをさらに感じることになったという。日中戦争が勃発した1937年からは公学校では天皇に忠誠を誓う皇民化教育が導入され、日本化は一層進んだ。

1938年には国家総動員法が南洋群島にも適用された。当時を知る男性によれば、このころ、マーシャル諸島の辺境であるロンゲラップ環礁にも日本人がやってきたという。1941年12月、太平洋戦争の勃発とともに、マーシャル諸島は戦略的重要性を高め、1942年には日本兵が駐留するようになる。「ボウロウ（望楼）」という「ミハリ（見張り）」のためのタワーや観測所が造られたという。戦時中、ロンゲラップ環礁に7人の兵士と9人の気象観測員が駐留した。住民は、通信、食料の調達・準備のために徴用された。

1944年1月からは米軍がマーシャル諸島の日本軍への攻撃を開始し、クワジェリン環礁に上陸した。その後エニウェトク環礁や日本軍の司令部が置かれていたウォッチェ環礁などに攻撃が行われた。日本兵だけではなく、多くの一般のマーシャル人を犠牲にして、米国の圧倒的な軍事力を前に翌月には日本軍は惨敗し、マーシャル諸島での戦闘が終わる。

リバレーションデーのセレモニー（2000年4月）

いまではマーシャルの環礁ごとにリバレーションデー（日本軍からの解放記念日）が設けられており、毎年セレモニーが行われている。日本人に対する感情は、個人の日本人との関係によりさまざまである。ミリ環礁やジャルート環礁などの激戦地、日本兵による集団虐殺、労働の強要や食料略奪などの話を、筆者に強い口調で語る人は多かった。そして、日本軍のスパイとなった住民の存在は、戦後、小さな環礁社会に大きなしこりを残していることが伝わってきた。しかしながら、日本人と友人や恋人など親密な関係にあった人、日本人の血を引く人の存在も決して小さくない。

日本のマーシャル諸島における初期の統治の特徴は経済的搾取よりも、徹底的な日本化にあった。それは、遅れて近代化の波に乗った日本が、植民地統治能力を国際社会に示すために行った政策であった。戦争の大義とは本来、無関係の人が住む場所で戦闘を繰り広げ、小さな環礁の自然環境を壊滅的に破壊し、住民の命をも奪うことで、日本の植民地の歴史は幕を閉じた。（中原聖乃）

15 太平洋における海外神社の今昔
――サイパンとグアムの比較から

近代以降、植民地化や海外移民という流れのなかで、多くの日本人がアジア太平洋地域や南北アメリカ大陸などで暮らすようになると、それにあわせて海外にも神社がつくられていった。本章では、このような「海外神社」創建の流れを踏まえつつ、マリアナ諸島のサイパンとグアムの事例からミクロネシア地域における神社の情景の移り変わりを現地住民の視点も意識しながら、考えてみたい。海外神社という観点から太平洋（ミクロネシア）の歴史を眺めてみることで、日本と太平洋の島々が切り結んできた様々な関係の一端を窺い知ることができるのではないだろうか。

サイパンやテニアン、ロタといった北マリアナ諸島は、第一次世界大戦で日本が赤道以北の旧ドイツ領南洋諸島を軍事占領した後、国際連盟の委任統治領として同国の管轄下に置かれることになった。グアムを除くこれらの島々は「南洋群島」の一部となり、政治・経済・文化など様々な面で日本の影響にさらされていった。そうした影響の一つが海外神社の創立である。海外神社の分布を整理・分析し、戦後の神社跡地の景観変容をまとめた中島三千男によると、南洋群島で最も早く創立された神社は、サイパンの彩帆《サイパン》神社（1914年）であった。同神社は、アジア太平洋戦争による戦火で炎上・消失したが、1985年に彩帆香取神社として再建され、現在拝殿前には、香取神社連合会とマリアナ

彩帆香取神社の社号標（2016年3月）

観光局の連名による日英両文の再建の記が設置されている。

ここから窺えるのは、戦前につくられた神社が再建されるには現地の人々の協力が重要であるということだ。サイパンを含む北マリアナ諸島は戦前多くの日本人が移住していたということだけでなく、戦後においても政治や経済などの面で、日本と関係を築いてきた。現地の視点から彩帆香取神社を捉えてみると、観光局が連名で再建に協力していることから、戦後の北マリアナ諸島（サイパン）の観光資源の一つとして、かつての海外神社を位置づけようとしていたとも考えられる。同神社の再建（1985年）が北マリアナ諸島における政治的な自治化の進展（1970年代後半～80年代）とリンクしていることも、単なる偶然とはいえないだろう。

また、サイパンにはかつての神社が変容して今に至っている例もある。それが同島のチャランカノアにある南興《なんこう》神社跡である。同神社跡は、現在キリスト教墓地となっており、その中に鳥居や燈籠、本殿の痕跡が残されている。ここで浮き彫りになってくるのは、他の日本の植民地や占領地と比べたときに南洋群島が持っていた特殊性である。南洋群島は連盟の委任統治領としての位置づけがあったために、日本も「信教の自由」を保障しなければならず、当初国家政策として神社をつくることはできなかった。さらに、それまでのスペインやドイツによる植民地支配により同諸島には、キリスト教（特にカトリック）が浸透しており、現地住民の生活にも強い影響を与えていた（富井ほか、２００５年）。

南興神社跡に広がるキリスト教墓地（2016年3月）

こうした歴史的背景により、南興神社の例のように、キリスト教墓地に日本の神社の痕跡が残されるという状況が生じたのである。そこには、観光資源としての神社（跡地）だけでなく、現地住民の宗教生活の端でかつての日本統治時代の残滓が見え隠れしている。

ここまでサイパンにおける海外神社の変遷を振り返ってきたが、同じマリアナ諸島のグアムでもかつて海外神社が存在していた。同島は北マリアナ諸島と異なり、１８９８年の米西戦争で植民地支配者がスペインからアメリカに替わると、40年余り同国の支配下に置かれていた。そして、アジア太平洋戦争の勃発とともに日本がグアムを占領し、お辞儀の強制や日本語教育など日本化政策が推し進められていく。その中の一つが神社の建立であった。グアムは日本による占領後、島名を「大宮島」と改められ、島内各地の地名も日本風に変えられた。島の南西部のオロテ半島は当時Sumay（スマイ）から須磨に地名が変わり、そこに建てられたのが須磨神社であった。こうした戦時中の占領地でつくられた神社は、文化的精神的な面で日本の支配を強化していく性格が色濃く出るものであったといえる。先述したサイパンの神社の例と比べると、政策としての日本化をより明確かつ強力に推進する装置として、神社が建てられていたことがわかる。

戦前に創立された海外神社ではないが、近年グアムで新たな「神社」がつくられた例もある。「グアム鎮魂社」と名付けられたその「神社」は、むしろ小さな祠といった佇まいだが、2016年8月に建立され、翌年7月には靖国神社神職などを呼び、式典が行われている。地元紙の報道によると、同式典に参加したグアム副知事の話が紹介されている。その内容をまとめると、グアムにおける文化の多様性を強みとしながら、平和を希求し、国に殉じた人々に敬意を払い、世界平和を祈念する。この神社は共有の歴史の結びつきを表し、光り輝く未来への希望を与えてくれるものである、というものである。

現地の人々の海外神社に対する認識を考えるうえで、なかなか示唆的な話がなされていることがわかる。つまり、自分たちの社会の特徴を俯瞰しながら、日本とのつながりの一つの象徴としてこの「神社」を捉えているということができる。端的にいえば、グアムにおける多様な文化の一つとして「グアム鎮魂社」を認識しているのである。ここでは戦争で命を落とした者の個別性よりも、あくまで日本とグアムの結びつきを描き出すことが前面に出ている。グアムは戦後再びアメリカの支配下に置かれ、軍事化と観光地化が進むなかで、人口構成も多様化していった。そうした状況下で「グアム鎮魂社」は建てられた。式典でグアム副知事が語った言葉には、グアムが辿ってきた歴史と現在置か

グアム鎮魂社（2017年7月）

れている社会状況の複雑さが端的に表れているのである。この鎮魂社は、戦前・戦中に建てられた海外神社と必ずしも同じ性質を持つとはいえないが、朱色の鳥居が同島に姿を現したのは、近年になかった光景である。

海外神社を軸にして、サイパンとグアムを比較してみると、マリアナ諸島が日本などと切り結んできた諸関係の絡まりを垣間見ることができる。両島が歩んできた歴史的背景の違いは海外神社の残され方にも表れているが、時代による認識の差こそあれ、今も昔も「日本」を端的に示す象徴として、同諸島では海外神社が存在している。裏を返せば、海外神社は日本とマリアナ諸島をつなぐスクリーンであり続けているといえるだろう。そのスクリーンに映る諸々の変遷（植民地化や戦争、軍事化、観光地化など）は、日本で暮らす私たちにとっても忘れてはならない出来事の連なりである。

（新井　隆）

コラム
3

南洋踊りの系譜

日本で「南洋踊り」として知られる踊りには、興味深くも複雑な、そして差別ともかかわる歴史がある。南洋踊りは太平洋諸島の伝統舞踊から想を得たスタイルの踊りだが、概ね太平洋諸島民との出会いや、日本人の辺境に対するステレオタイプから作り出されたものである。

20世紀初頭、移民政策の一環として、日本人が日本から見た辺境の地に進出するにつれ、そこで出会った民族を差別的にみる考えがあらわれた。同時に、見慣れぬ民族や彼らの興味深い慣習は日本人を魅了した。大正時代にエロ・グロ・ナンセンスのブームが起きた際、若い男性が体に煤を塗り腰蓑をつけ槍などを持って踊る「土人祭り」や「土人踊り」が行われていたことを、喜早哲は指摘している（喜早、1986年）。こうしたいわば日本版ミンストレル・ショーである初期の土人踊りは、日本各地の学校祭や体育祭で普通に上演されていた。

第一次世界大戦後に日本がミクロネシアの島々の委任統治を国際連盟に認められると、南洋の島々のイメージや物語は人気を集め、日本から多くの移民がパラオやサイパンに渡った。1891年に土佐（現在の高知県）からチュークに移住し、現地のいわゆる「酋長」と結婚した移民のパイオニア、森小弁は故郷の伝説となった。さらに旧制高知高等学校の少年たちは森小弁の話を基に「ダクダク踊り」を創りだした。数人の少年が太平洋諸島民を真似たステレオタイプ的な出で立ちで、「赤道直下マーシャル群島、椰子の葉陰でダクダク踊る、踊り踊って夜を明かしゃ、明日はバナナの下に寝る、昨日山で見た酋長の娘、今日は何処でダクダク踊る……」という歌詞に合わせて踊るものだ。後に、同じ歌詞が日本ポリドール・レコードによる日本初のレコード『酋長の娘』に取り入れられた（第7章参照）。この歌をきっかけに「南洋踊り」の概念が広がっていった。

『酋長の娘』は1930年代には日本人のほとんどが知る大ヒット曲だった。南洋群島に赴く移住者や旅行者、そして後には兵士たちが、現地で「踊りを踊るセクシーな島の女性」との出会いを期待していたと思われる。パラオ、サイパン、マーシャル諸島の年配者によれば、ミクロネシアの祭りや宴会の席で、島の若い女性たちが日本の兵士に（戦後はビジネスマンに）『酋長の娘』に合わせてセクシーに踊ることを求められることが少なからずあったという。

植民地時代には、日本人を歓迎するとき、ミクロネシアの人々が地元の伝統的なダンスを踊るのは一般的なことだった。彼らの踊りを目にした日本人は、真似したり、振り付けを習ったりした。とくに、多くの島々に共通する行進スタイルのダンスを習った。やがて、この種の「伝統的な」踊りを日本人が故郷のイベントで真似て踊るようになり、それが土人踊りという初期のミンストレル・タイプの踊りに融合していった。大日本帝国の各地で、植民地の娯楽の一形態としてさまざまな南洋踊りが踊られた。細川周平によれば、1941年に毎日新聞に掲載された写真には、ビルマ戦線の日本人兵士たちが腰蓑を身に付け、「東亜共栄圏南洋踊り」という看板の周りで踊る姿が写っているという（細川、1992年）。サイパンでは、沖縄出身の成人男性や少年が、やはり体を黒く塗って「南洋踊り」の滑稽なレビューを踊る海軍の兵士たちに入り混じっている。

第二次世界大戦後、南洋踊りは非常に異なる意味を帯びるようになった。南洋群島からの帰国を強いられた移民にとって、この踊りはミクロネシアでの生活を懐かしむよすがとなった。前述した問題をはらんでいたにせよ、南洋踊りは戦争終結以降、日本各地の帰還者のコミュニティの祭りや宴会で踊られ、ときに『酋長の娘』が歌われることもあった。南洋踊りのバリエーションは、沖縄、九州、東北に現存する。加えて、小笠原諸島では、サイパンからの帰還者たちがこの踊りを再生し、子孫に伝え、今では東京都の無形文化遺産に指定されている（第56章参照）。南洋踊りは、フラなどのような太平洋の伝統に根差した踊りではなく、太平洋諸島民と彼らの文化に対する、日本人の植民地支配的イメージが生み出した複雑な遺産といえるのである。（グレッグ・ドボルザーク）

16 パラオ文化と土方久功

——久功が遺したもの

土方久功《ひじかたひさかつ》を一言で言い表すのは、難しい。彫刻家であり、詩人であるとともに、民族誌家でもあった。久功は、日本の南洋統治が始まって間がない１９２９年にパラオへ渡って以来、個人レベルで交流を重ねた先駆的な人物であった。

久功は１９００年７月、父・久路、母・初栄の次男として東京・小石川に生まれた。父方の伯父は、明治の元勲土方久元伯爵である。母方の祖父、柴山矢八は、海軍大将のとき日露戦争の功により、男爵の爵位を授爵した。父は、陸軍野戦砲兵射撃学校の教官のとき、ドイツに留学した経験を持ち、軍人にもかかわらず、ハイカラなインテリだった。恵まれた家庭に育ち、幼少時からバイオリンを習い、外国語を学んだ。学習院の初等科、中等科へ進んだが、久功が小学校のとき既に家庭では、子供たちにもわかるような罅《ひび》が入っていた。そのうえ、父は、１９１５年に陸軍砲兵大佐に昇進したが、その頃肋膜炎にかかり、さらに肺結核となって退役した。収入は激減し、久功は、高等科へ進めなかった。そのため、周囲の反対を押し切り、最も金のかからない官立の東京美術学校の彫刻科に入学した。

美術学校を卒業したものの、久功は、朝倉文夫等が支配する古い体質の彫刻界に居場所はなかった。片従弟の土方与志《よし》（祖父は久功の伯父）が創設した築地小劇場の仕事を手伝っていたが、同人になることはなかった。就くべき仕事もなく、鬱屈した生活を送っていた。日本にいては、自分は駄目になる、と南洋への渡航を母に訴えた。しかし、長男との関係が良くなかった母が久功を頼りにして、日本を離れることを許してくれなかった。だが、1927年7月、母が急逝し、久功を日本に留めるものがなくなって、南洋へ渡航する決心をした。親戚の海軍軍人等に当たって、南洋に職を求めたが、全くなかった。いつまで経っても職は見つからず、1929年3月、久功は、職の当てのないまま、南洋の世界へ飛び込んだ。

久功の13年にわたる南洋滞在は、3期に分けることができる。第1期は、1929年3月から1931年9月まで。第2期は、1938年12月まで。第3期は、1939年1月から1942年3月まで。

第1期、パラオへ着いてすぐにア・バイ（各部落にあった大型の木造建築。集会所等と呼ばれ、宿泊所としても使われた）の絵を模写した。ほとんどのア・バイが失われている今日、その素描画は貴重な資料である。やがて、彫刻の弟子で、助手・通訳となる大工の杉浦佐助と出会う。佐助は南洋の生活が長く、パラオ語も話せた。パラオでは、久功は佐助と行動を共にすることとなった。そして6月に、念願の南洋庁嘱託に採用された。パラオ支庁長が久功に相応しい仕事を考え、嘱託として採用したのだった。仕事は、島内の公学校所在地に2、3カ月ずつ滞在し、島民の子供たちに木彫制作の講習をすることだった。

それから40余年も後の1973年12月、パラオを訪れた知人が、博物館の裏にあるア・バイで彫刻をしている二人を見かけた。誰に習ったのかと聞いたら、土方先生に習った、パラオ木彫りのおみやげの元祖だというので、手帖に名前を書いてもらった。帰国後、久功に手帖を見せたら、カンタローとオシークで、二人ともガラルド村の子供の中では、最も上手だった、という。戦後、「イタボリ」（ストーリー・ボード）を制作し、パラオの「みやげもの」として、今も後継者によって作り続けられている。

久功は公学校で彫刻を教える傍ら、民族学調査を行った。特に、神話伝説の採集に努め、後に、『パラオの神話伝説』となって刊行された。

強く望んだ南洋庁の嘱託の職であったが、1年で辞めてしまった。言語能力に優れていた久功は、既にパラオ語を習得し、生活の見通しが立ったので、民族学調査に集中したかったのであろう。

第2期は、7年余にわたるサタワル島滞在である。久功は原始文化を求めて、彫刻の弟子・杉浦佐助とサタワル島出身のオジャラブルと共に、1931年9月、パラオを発った。サタワル島は、ヤップ支庁管内最東端の孤島で、周囲わずか6キロ、面積1平方キロの小さな島であった。当時は人口300人足らずで、男は褌《ふんどし》一本、女は腰巻一つで暮らし、文明に汚されていない、ほとんど唯一の島だった。この孤島で、久功は若い島民の娘を「オ嫁サン」にし、島民と共に生活しながら、民族学調査を行い、木彫レリーフ作品を制作した。殊に、1932年3月から始めた227話の民話

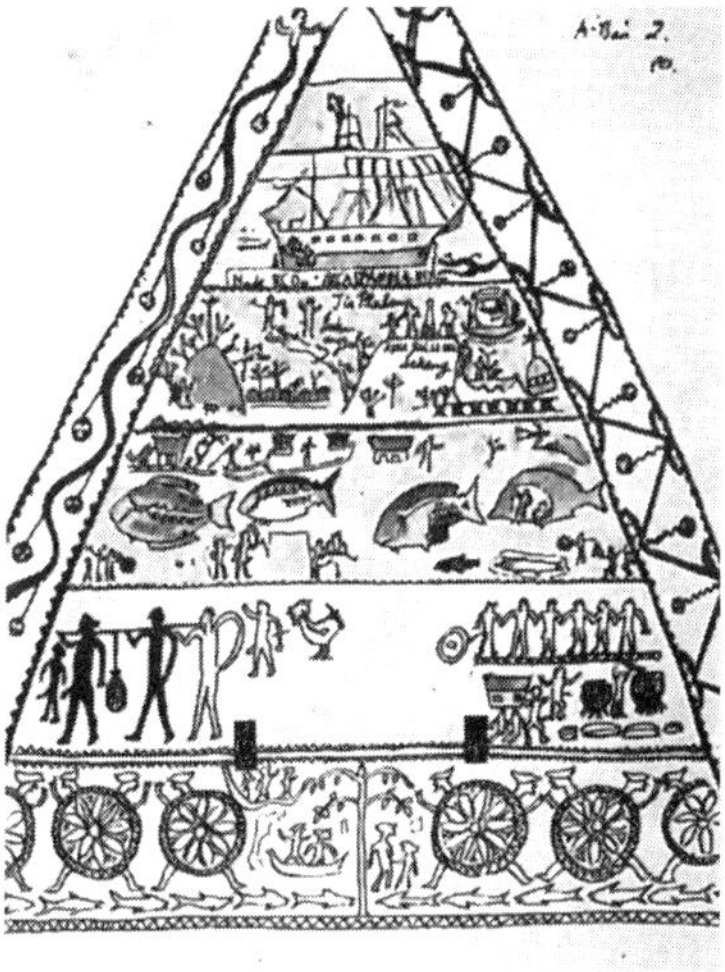

土方によるア・バイの絵［出所：「土方久功展」図録、世田谷美術館、1991年］

の採集は注目されよう。

一見平和そうに見える島の生活であったが、日本人が殺される二つの事件が明らかになったのを機に、1938年12月、杉浦佐助と共に、サタワル島を去ることになった。

第3期、久功は再び、パラオで暮らすことになった。7年ぶりにパラオの地を踏んだ久功は、コロールの変貌ぶりに驚いた。昔の面影はなく、殊に家並みの飲食店の増加は著しい。美しいア・ケヅ（禿山）は消えてなくなり、どこもかもが、家、家でうずまってしまう。縦横に道が走り、小型自動車やバス、オートバイがのべつ走りまわる、と日記に記している。1939年4月、コロール島は、島民1070人に対し、日本人の人口は8032人に膨れ上がっていた。

久功は、サタワル島を去ったものの、パラオに留まるため、南洋庁地方課嘱託の職に就いた。辞令は3月9日付で、「島民旧慣調査事務ヲ嘱託ス」と記されていた。採用されて間もない4月、杉浦佐助等と共に、10年ぶりで日本に一時帰国した。滞在は8月2日までであったが、その間、銀座の三昧堂ギャラリーで「南洋彫刻家杉浦佐助作品展覧会」と京橋の南洋群島文化協会東京出張所で「土方久功氏蒐集南洋土俗品展」を開いた。帰国の主な目的は、この二つの展覧会を開くことであった。

パラオへ戻ると、多くの仕事が待ち受けていた。しかも、本来の仕事といえないような、日本からの賓客の対応にも忙しかった。久功は、パラオでは「名士」となっていて、彼を知らぬ者はいないほどになった。頼まれると断れない性格の久功は、多忙を極め、ストレスも溜まったであろう。官舎の久功の部屋は、人の出入りが絶えず、本を読むことも、手紙を書くこともできないと嘆いていた。コロールに近いアラカベサンで、真珠の養殖業を営む佐伯清がその状況を知って、自宅敷地内にある仕事場を提供した。久功は、その好意に甘え、毎週のように佐伯の所に泊りに行き、作品を制作した。

この期で注目すべきは、久功が1939年9月に「ノート」（国立民族学博物館蔵）に記した「土地問題」である。パラオ（コロール）に移住する日本人が急増したため、島民との間で土地をめぐるトラブルが発生していた。久功は、それを当事者の島民から直接聴き取った。その内容は、具体的で、日本人が島民を様々な手を使って騙したり、脅していたことがわかる。「来年の8月には、島民は全員コロールからパラオ本島に移住させることになっているから、今のうちに土地を売るのが得策だ」と言って、島民の土地を安く買い叩こうとした。また、酒好きの島民に酒を飲ませて酔わせ、書類に捺印させて、土地を騙し取った。それに、パラオ支庁の役人が関与した件もあった。そして、最後に久功は「土地問題」の解決方法を提示して結んでいる（清水、2018年）。久功は、「名士」となっても、島民の中に溶け込み、島民の立場に立って「土地問題」を調べていたのである。

1941年12月に太平洋戦争が勃発すると、コロールの町は、軍人・兵隊で溢れ、軍事一色になった。それに耐えられなかった久功は、南洋庁内務部地方課国語編集書記としてパラオに赴任していた中島敦と共に、1942年3月、帰国した。

戦後、中島敦の小説「マリヤン」のモデルとなったマリヤと手紙を交わし、来日したパラオの人々とも旧交を温めた。そのとき、何度もパラオへの訪問を誘われたが、変わり果てたパラオを見るのは嫌だと言って、断った。しかし、久功がパラオに蒔いた種は、ストーリー・ボードとして、今も生き続けている。

1977年1月、心不全で逝去した。享年76。

（清水久夫）

17 パラオ赴任と中島敦の文学
――ミクロネシア体験による〈変貌〉

作家中島敦（1909〜1942）は、1941（昭和16）年7月に南洋庁の編修書記としてミクロネシア（当時の南洋群島）のパラオに赴任した。「島民」の児童たちが通う「公学校」で使われる国語読本の編集や審査にあたるためだった。着任後間もなく猛烈な下痢やデング熱に苦しみ、また転地による持病の喘息の症状改善も見られなかったが、中島にとって翌1942（昭和17）年3月半ばに帰国するまでの8カ月にわたる「南洋行」は、自らの文学のかたちを見つめ直し、その輪郭を力強く同時代へ向けて示していく契機となる旅でもあった。

当時の日記や妻たかに宛てた書簡によると、酷烈な皇民化教育のあり方や、広大なミクロネシアの風土・文化にそぐわない「内地」（日本）視点で編纂された教科書の改訂という仕事に対しては反発や失望の念を隠しきれず、しかも職場の人間関係にも悩む日々が続いたようである。南洋への「エクゾティスム」（「かめれおん日記」）が旅の動機に底流していたなかで、中島が島々の「公学校」関係者と教科書を検討した際に記されたメモからは、教材とミクロネシアの現実との乖離を修正の対象として指摘している箇所が数多く見出せる。こうした実務上の経験が帰国後の「南洋もの」と呼ばれる諸作品にも少なからず影響を与えた。たとえば、「雞」（『南島譚』所収、今日の問題社、1942年11月）における「私」の「公学校」教師への「不審」感は、自ら編修書記として各島を視察した中島の、「大東亜共栄圏」のスローガンの下に多岐にわたる地域的な特色を無視し、画一化された教材により「島民」児童の皇民化を進めていた「公学校」教育に対する不審の念とも通じている（「こんな教育をほどこす所で、僕の作る教科書なんか使はれては、たまらない」1941年12月2日付、サイパン島より妻たか宛書簡）。

一方で、パラオでの民俗学者・彫刻家・詩人の土方久功との親交も、中島の南洋観の形成に大きな影響を与えた。中島はアジア太平洋戦争開戦へ向けて次第に緊迫していく時局を見守るなか、土方を中心とする社交の場に頻繁に出入りして、そこで知り合った個性的な面々と交流を深めていた。作品「マリヤン」（『南島譚』所収）では、かつてＰ・ゴーガン（ゴーギャン、1848〜1903）などの著作から得た「南洋島民」のイメージと、土方を介してパラオで実際に知り合ったマリヤとの交流のエピソードを基に、〈マリヤン〉という新たな「南洋島民」女性を描き出した。ちなみに「南洋行」以前に書かれた作品では「輝かしい熱帯の太陽の下」で「すべてを知らないで一生を終へることも出来た筈ではないのか?」という一文に象徴されるように、「運命の不確かさ」といった「形而上学的迷蒙」により自己存在のあり方をめぐって苦悶する主人公の対極に配置されるイメージ、すなわちおよそ無知蒙昧な存在として描かれていた（「狼疾記」）。

しかし、中島の「南洋行」後の作品、とくに「マリヤン」の表情豊かなマリヤン像は、こうした「南洋行」以前の形象とは、大きくその性質を異にしている。おそらく中島は、自らが抱いていた〈イメージ〉とコロールで実際に出会った知的なマリヤの〈現実の姿〉との間に大きな違いを感じとったのだろう。ここに中島文学におけるミクロネシア体験の表現に与えた重みが見てとれる。中島

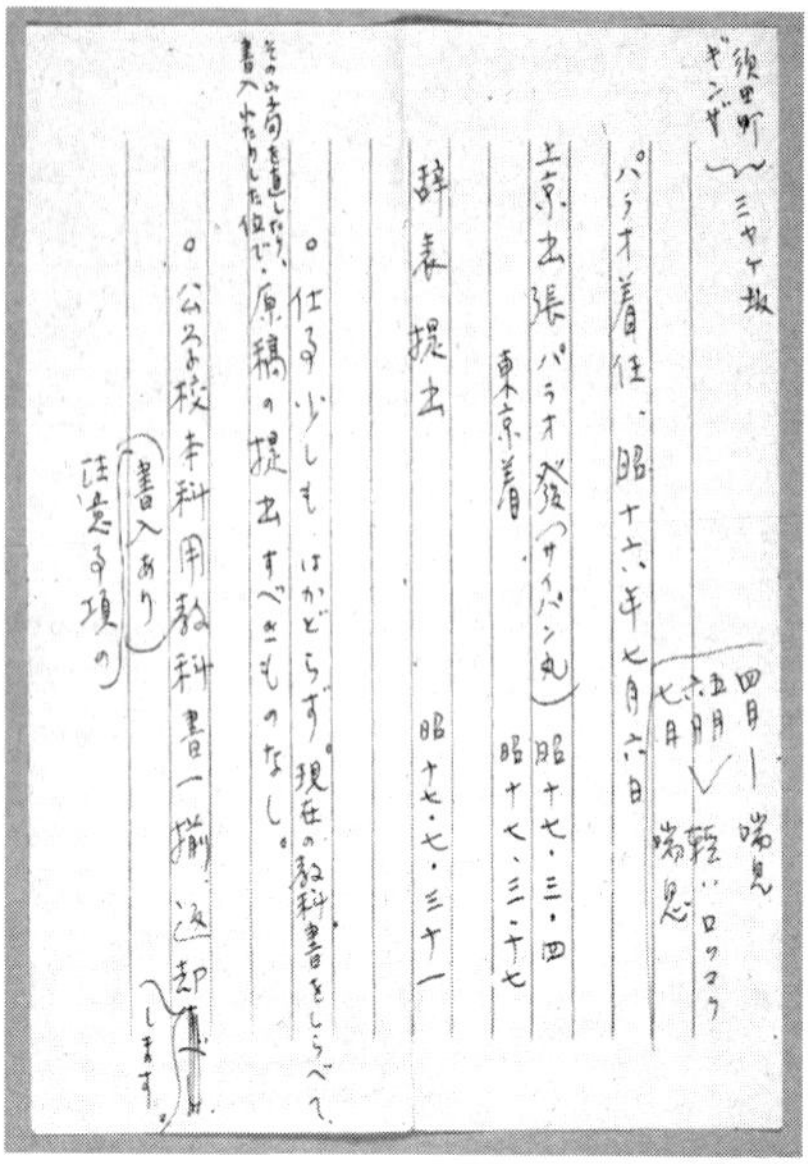

断片四十四、南洋庁辞表下書き［出所：財団法人神奈川文学振興会編集『DVD-ROM版 中島敦文庫直筆資料画像データベース』県立神奈川近代文学館および財団法人神奈川文学振興会、2009年］

にとって「南洋行」とは、それまでに描かれることはなかった新たな認識に基づく「島民」像、ひいてはミクロネシアを観るまなざしの変化そのものをもたらした体験であったことは間違いない。

他にも、ミクロネシアの多様な地理的・文化的環境に「適応」し、「公学校」で習った国語も含めた複数の言語間における障壁をいとも簡単に「克服」していくパラオの少年を描いた「ナポレオン」（『南島譚』所収）など、現地住民の言語や行動に強い関心を寄せながら、あくまで他者として自立する人間の姿を切り取ろうとする〈私〉の〈見え方〉が提示された作品も生まれた。こうしたまなざしは、たとえば遺稿「李陵」における人物造型、すなわち異国「胡」の地で一人虜囚の生活にありながら、19年にわたり漢への忠節を曲げず「如何に『やむを得ない』と思はれる事情を前にしても、断じて、自らにそれは『やむを得ぬのだ』といふ考へ方を許さうとしない」旧友・蘇武の態度を、「怪し」みながらも関心をもって眺め続ける李陵のまなざしへと深化を見せる。終生の文学的テーマだった他者との関わりにおいて〈自己とは何か〉を一貫して追究し続けた作者・中島のまなざしとも重なり合っていくのである。

中島文学の表現は、こうしてパラオ赴任を経て一層豊かさと厚みを増していく。とりわけ先の土方久功との親交によって、その物語世界はミクロネシアの神話に至るまで大きく拡充し、帰国後『南島譚』として結実した。これら「南洋もの」諸作品からは、欧米列強による統治歴を含めたさまざまな価値観が重層し混淆する委任統治下の社会的実相も浮かび上がってくる。戦時下において、南洋庁の一官吏として「大東亜共栄圏」構想に立脚した国語教育の担い手として渡りながら、その職務内容の無意味さを見てとり、作品において（韜晦《とうかい》的にではあるが）自己批判へと至りつく視点を内在させた作家は多くはない。

中島は滞在中、父・田人に宛てた書簡で「教科書編纂者としての収穫が頗る乏しかつたことは、残念に思つてをります　現下の時局では、土民教育など　殆ど問題にされてをらず、土民は労働者として、使ひつぶして差支へなしといふのが　為政者の方針らしく見えます、之で、今迄多少は持つてゐた、此の仕事への熱意も、すつかり　失せ果てました。もつとも、個人の旅行者としては、多少得る所があつたやうに思ひます」（1941年11月6日付）と書き送っている。「国語」に堪能であるがゆえに「内地人」（日本人）との距離感を内面化していたミクロネシアの人々の日常や、「公学校」教育で半ば強いられた彼らの「国語」による〈声〉の行方を作品にすくい取りながら、大きく人間の生き方に爪痕を残しかねない植民地支配への違和感を根幹に、帰国後、時局に取り込まれていく文学を批判した。「文学などといふものが国家的目的に役立たせられ得るものとは考へもしなかつた」（遺稿「章魚木の下で」）。「南洋行」の前後において、中島文学は大きな〈変貌〉を遂げていたのである。

（橋本正志）

コラム
4

日本人作家の太平洋探訪

P・ゴーガン（ゴーギャン）の『ノア・ノア――タヒチ紀行』やP・ロティ（1850～1923）の『ロティの結婚』は、戦前太平洋に渡った多くの日本人作家に影響を与えた。

まず、ゴーガンが自らの「行動」によって到達した世界の素晴らしさを賞賛すると同時に、その〈タヒチ行〉について、彼の「思想の行き詰りを打開する大切なものが其処にあつた」と高く評価したのは中河与一（1897～1994）である。「西半球から東半球に廻航して来て、然も南太平洋の中の一孤島で生活しようとした冒険が何よりも心を打つた。彼の如きは自分の思想を、自分の行動によつて動かさうとした最も大胆な一人のやうな気がした」（『熱帯紀行』竹村書房、1934年12月）。

同様に高見順（1907～1965）も、1941年1月末からの3カ月以上に及んだ自身のオランダ領東インド（当時の「蘭印」）への旅に『ノア・ノア』を持参し、パラオへ至るまでの船中で読了した（『文藝随感』河出書房、1942年11月）。そこには、決して『ノア・ノア』の「言葉として だけ書いてゐる」内容に飽き足らず、むしろ「言葉」だけでは摑み得ない実感を、自らも南方への旅の〈行動〉の中に獲得しようと強く欲する心境が綴られている。

中島敦もまた、『ノア・ノア』を読みゴーガンの影響を強く受け、ミクロネシアへと旅立った一人であった（「ある時はゴーガンの如逞しき野生《なま》のいのちに触ればやと思ふ」――「遍歴」より）。中島は、パラオで民俗学者の土方久功との交流に努め、その過程で得た見聞と『ノア・ノア』や『ロティの結婚』の世界観を念頭に、帰国後「マリヤン」をはじめ多くの「南洋もの」作品を執筆した。それ

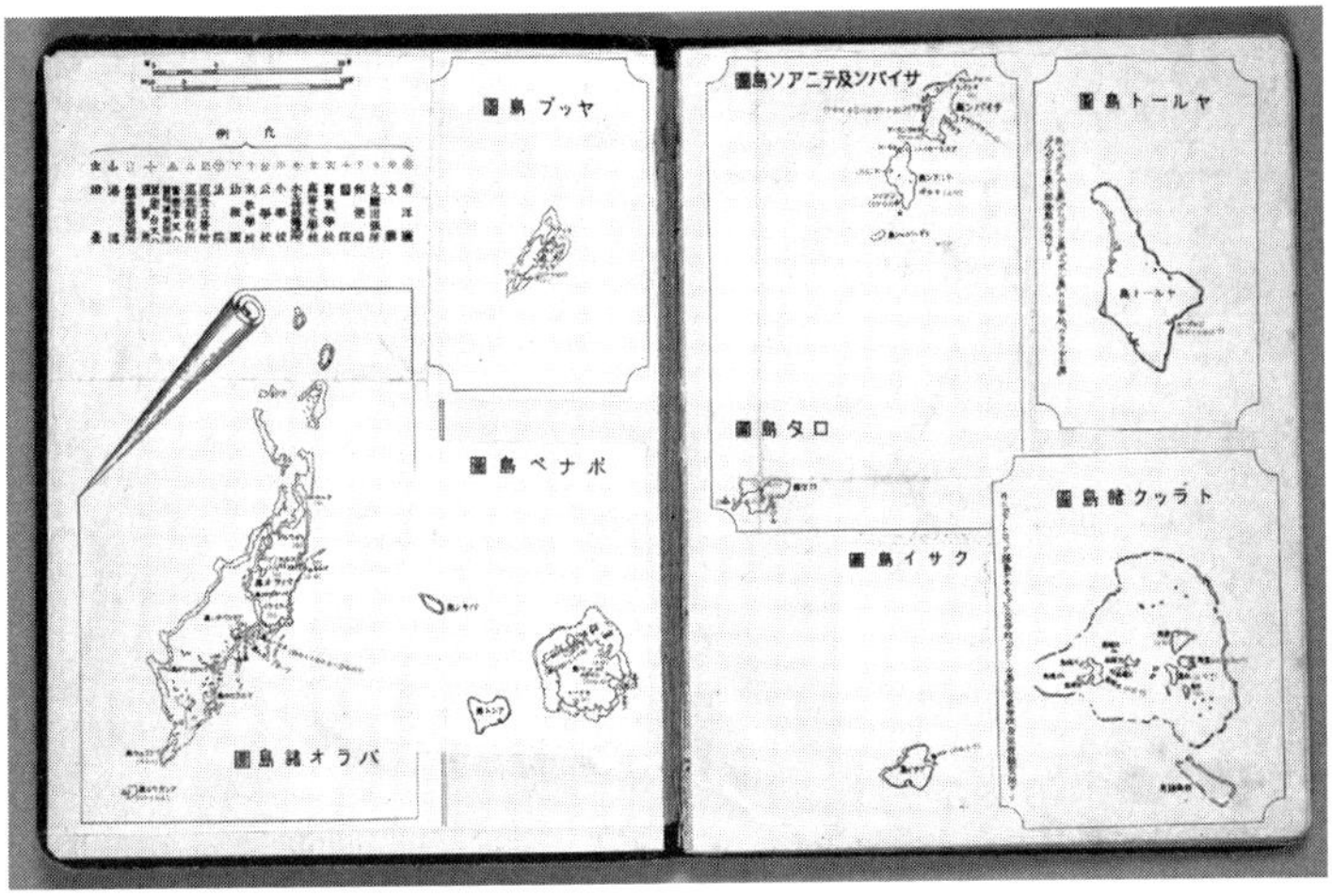

「南洋の日記」より［出所：財団法人神奈川文学振興会編集『DVD-ROM版 中島敦文庫直筆資料画像データベース』県立神奈川近代文学館および財団法人神奈川文学振興会、2009年］

らは『南島譚』（今日の問題社、1942年11月）に結実した。パラオで中島から直接手渡されたという『ロティの結婚』を読んだ土方は、すでに親しんでいた「『ノア・ノア』ノ方ガ、ウント本質的デアリ、シカモ深ク且ツ豊カナ余韻ヲモッテ居ル」と感想を記し、「『ノア・ノア』ハ最高ノ詩デアル」とその日記（1941年12月23日）であらためて確認している。

ちなみに、中島はマーシャル諸島滞在中、ヤルート島にて「大酋長」の自宅に掲げてあった「嘉坊《カブア》」という標札からミクロネシア社会における〈文字〉文化の影を見出し、渡航前までゴーガンらが描いたような〈無文字〉社会とばかり認識していた当地の現実に対して大きな違和感を抱いたようである（妻たか宛書簡、1941年10月1日付）。こうした驚きがそのまま彼の文学表現の根幹を形成している。中島のようにミクロネシアの重層する統治歴の跡や、また〈南進〉政策の現状に関心を抱き、それを作品の素材とした作家は、石川達三（1905〜1985）の紀行『赤虫島日誌』（東京八雲書店、1943年5月）なども含めて決して少なくない。

このように太平洋を訪れた作家の『ノア・ノア』や『ロティの結婚』に対する受け取り方はさまざまであったといえようが、これらの書が彼らに与えた影響は計り知れなかった。彼らのいずれもが異文化への憧憬といった単なるエキゾティシズムの枠を超えて、太平洋探訪の過程で自らの〈生〉のあり方を省察し、それぞれの文学活動の中で新たな脱皮を試みようとする姿勢が窺えるのは興味深い。戦前の日本人作家にとって、太平洋での見聞は自らの文学表現をより深めていく契機としても機能していたのである。

（橋本正志）

18 パプアニューギニアの日本人移民
――明治時代から太平洋戦争まで

明治時代の後半から、現在パプアニューギニアとなっている地域に渡り住み着いた日本人がいた。その多くは、現在のイーストニューブリテン州のラバウルに住み、往時には100人を超え、ラバウルには「ジャパン・タウン」と呼ばれた一角もあった。

この日本人たちを率いて、日本人コミュニティの礎を築いたのが、小嶺磯吉という人物である。小嶺は1863年7月17日、九州の島原で生まれ、16歳になると福島屋という朝鮮の仁川にあった日本海軍御用達の商店に奉公に出て、1890年、27歳のとき、オーストラリアの北端にある木曜島に来た。

木曜島は、オーストラリアとパプアニューギニアの間にある小島で、当時ボタンや装飾品の材料として商品価値の高かった真珠貝やスープの材料としてシンガポールなどで高値で売れたナマコの好漁場に囲まれ、日本人出稼ぎ者が多く渡った。その数は、1897年までに1500人近くに達した。小嶺は、島に渡ると真珠貝業に熱心に取り組むかたわら、貿易会社設立に奔走するようになり、日本人の入植地を探す目的で、当時イギリス領ニューギニアと呼ばれた現在のパプアニューギニアの南岸地域まで船を出した。

1901年、木曜島のあるクイーンズランドを含めてオーストラリア大陸の各植民地が統合され、現在のオーストラリア連邦が成立すると同時に、有色人種の移民を制限する「移民制限法」が制定された。いわゆる白豪主義政策が実施され、同様の政策が現地住民の土地所有権を保護する目的でイギリス領ニューギニアにも適用された。こうして、木曜島とイギリス領ニューギニアでの日本人への移民が制限されたため、小嶺は日本人が活躍できる場を求めて、さらに北のドイツ領ニューギニアへ渡った。

1902年、木曜島から2000キロ近く航海してきた小嶺は、そのスクーナー（帆船）に日章旗を掲げて、当時ドイツ領ニューギニアの行政府が置かれていたハーバートホーイ（現在のココポ）に到着した。そして植民地総督と交渉して、植民地行政府の海上輸送業務を請け負うことになった。これが、後に100名を超えたニューギニアへの日本人の移民の発端である。

ドイツ領ニューギニアではヤシプランテーションの開発が急速に進んでいた。そのため、収穫物や労働者や監督たちを輸送する船舶が不足するとともに、船舶を建造したり修理したりする造船所の需要が増大していた。

小嶺は自船で植民地行政府の海上輸送の仕事を請け負うかたわら、1910年にニューギニア領北端に位置するマヌス島で土地を借り入れてヤシプランテーションの経営に乗り出すとともに、小さな造船所を建てた。この造船所経営が大当りして、1911年にはラバウルに新たに大きな造船所を建てた。

小嶺の故郷の島原の対岸にある天草には、木造船の建造で有名な鬼池村と御領村という村があって、小嶺は地縁血縁を通じて、これらの村から、船大工をラバウルの造船所に連れて来た。1912年には事業をさらに拡大して、本社を神戸に置く南洋興行株式会社を設立し、ヤシプランテーション経営、造船業、貿易業、漁業、雑貨品の販売など多岐に渡る事業を展開する実業家となった。

事業拡大は、ニューギニアの日本人の数の増加に直接結び付いた。造船所の船大工を始めとして、建築大工、木材を切り出す木挽き、造船所手伝い、プランテーション監督者、会社事務員、料理人など事業に必要な人員をすべて日本から雇い入れ、1910年から3年の間に100人近くの日本人がニューギニアに渡った。1914年のラバウルの総人口は3271人で、そのうち白人が266人、中国人が452人、マレー人が79人、ミクロネシア人が27人、現地住民が2447人であるから、数年で100人近く増えた日本人は、十分な存在感を示した。さらには、からゆきさんと呼ばれた日本人売春婦も渡って来た。

小嶺磯吉と上村彦之丞海軍大将（1913年頃）
［小嶺重徳氏所蔵］

だが、1914年にヨーロッパで勃発した第一次世界大戦が太平洋まで及び、オーストラリアがニューギニアを占領して軍政を開始してから、ラバウルの日本人は徐々にその勢いを失っていった。

大戦中、小嶺は日本の同盟国であるオーストラリアの軍に協力して、ニューブリテン島のタラシア海域に潜伏していたドイツ海軍の武装蒸気船コメットを鹵《ろ》獲《かく》する作戦に水先案内人として参加した。そして、オーストラリア軍政府との関係をうまく築いたに見えたが、ニューギニア領の獲得を目論むオーストラリアは、日本人の移民や貿易を制限した。１９２１年に国際連盟の下、ニューギニアをオーストラリアの委任統治領として獲得した後も、この制限策を継続した。

　こうした制限策を受けながらも、小嶺の事業はかろうじて存続していたが、１９２９年の大恐慌の煽りを受けると、倒産してしまった。そして１９３４年、小嶺は病死した。小嶺の葬儀にはラバウルのオーストラリア植民地行政府や教会、そして現地の人々など何百人もの葬列者が参加し、地元の新聞も「パイオニア死す」と報じて、小嶺の往時の活躍をたたえた。

　しかし、その後ニューギニアの日本人の数は徐々に減少し、１９４０年には38人となった。そして、太平洋戦争が起こると、日本軍のニューギニア侵攻前に、日本人はすべてオーストラリア植民地行政府によって、オーストラリアに連行、抑留されて、戦後はそのほとんどが日本へ強制送還された。

ポナン島に小嶺が運んできた墓石
(1994年2月)

　こうした日本人を記憶するパプアニューギニア人は、現在はほとんどいない。だが、彼らの痕跡をたどることはできる。小嶺の船が、マヌス島北岸のポナン島という小島の沖で座礁したとき、島の住民に助けられ、後にこの島のルルアイ（首長）が死んだ時に、その恩返しとしてラバウルからはるばる墓石を運んできたという逸話が、その墓石と共に島に残っている。

パプアニューギニア人から見ると、日本人は新しく親族に加わったとも言える。小嶺は、現地の女性と結婚することはなかったが、現地の少年を養子としてひきとり、東京の中学校に入学させた。だが、この少年は1年ばかり後に病死してしまった。天草の船大工の中にも、ニューギニア人少年を養子として迎え天草に連れ帰った者がいた。この少年は、後に天草の日本人女性と結婚して、戦後も日本で生活した。

さらに、現地の女性を妻にした日本人が、現存の資料から確認できるだけで18人いた。そのほとんどは、教会で正式に結婚式を挙げていた。しかし、太平洋戦争が勃発すると、オーストラリア植民地行政府は、日本人の夫だけをオーストラリアに抑留し、現地人の妻と子供たちはニューギニアに残した。そして、戦後、夫たちは日本に強制送還され、二度とニューギニアに戻ることが許されなかった。だが、彼らの子孫の中には今も日本名を名乗る人がいる。

こうした結婚をはじめとする養子縁組や贈り物などの交換は、互恵主義を重んずるニューギニアの重要な社会習慣である。これらの日本人は、現地の習慣を尊重し、現地の人々と共存できた人々だったのであろう。

（岩本洋光）

19 ニューカレドニアの日本人移民

――「天国にいちばん近い島」との浅からぬ縁

ニューカレドニアといえば、反射的に「天国にいちばん近い島」というフレーズを思い起こす人が多いかもしれない。現代の日本人には、ニューカレドニアは南太平洋のリゾートというイメージが焼きついている。しかし、日本とニューカレドニアとの間には、そうした観光の関係が発展する以前からの浅からぬ縁がある。ニューカレドニアは軍事的に重要なニッケルの世界的産地であり、フランス統治下で急速に開発が進んだ19世紀末以降、5000名を超える日本人がニッケル鉱山の労働者として渡航し、太平洋戦争勃発まで移民社会が存続していたのである。

東京から南南東に約7000キロ、南回帰線のやや北に位置するニューカレドニアは、四国ほどの大きさのグランドテール島とその付属島嶼からなり、現在もフランスの支配下にあるとはいえ、高度な自治を認められている地域である。1774年にイギリス人探検家ジェームズ・クックによって「発見」されたものの、イギリスが領有するには至らず、欧米列強による植民地分割が進んだ1853年にフランス領となった。当初は流刑植民地という位置づけであったが、1864年にニッケルが発見されると鉱山開発に力が注がれるようになった。

しかし、人口密度が低いニューカレドニアでは十分な労働力が得られないため、鉱業会社はそれを域外に求めなければならなかった。そこで白羽の矢が立ったのが日本人であり、鉱業会社は労働者の派遣を日本政府に要請した。日本政府は最終的にそれを受け入れ、新たに設立された移民会社を通じて労働者を募集し、１８９２年に６００名の日本人男性が長崎港を出発してニューカレドニアへと旅立った。彼らは、現地の鉱業会社ではなく、日本の移民会社と契約して渡航した。こうした移民を契約移民といい、ニューカレドニアに限らず、初期の日本人移民の多くは契約移民として海外に渡航した。

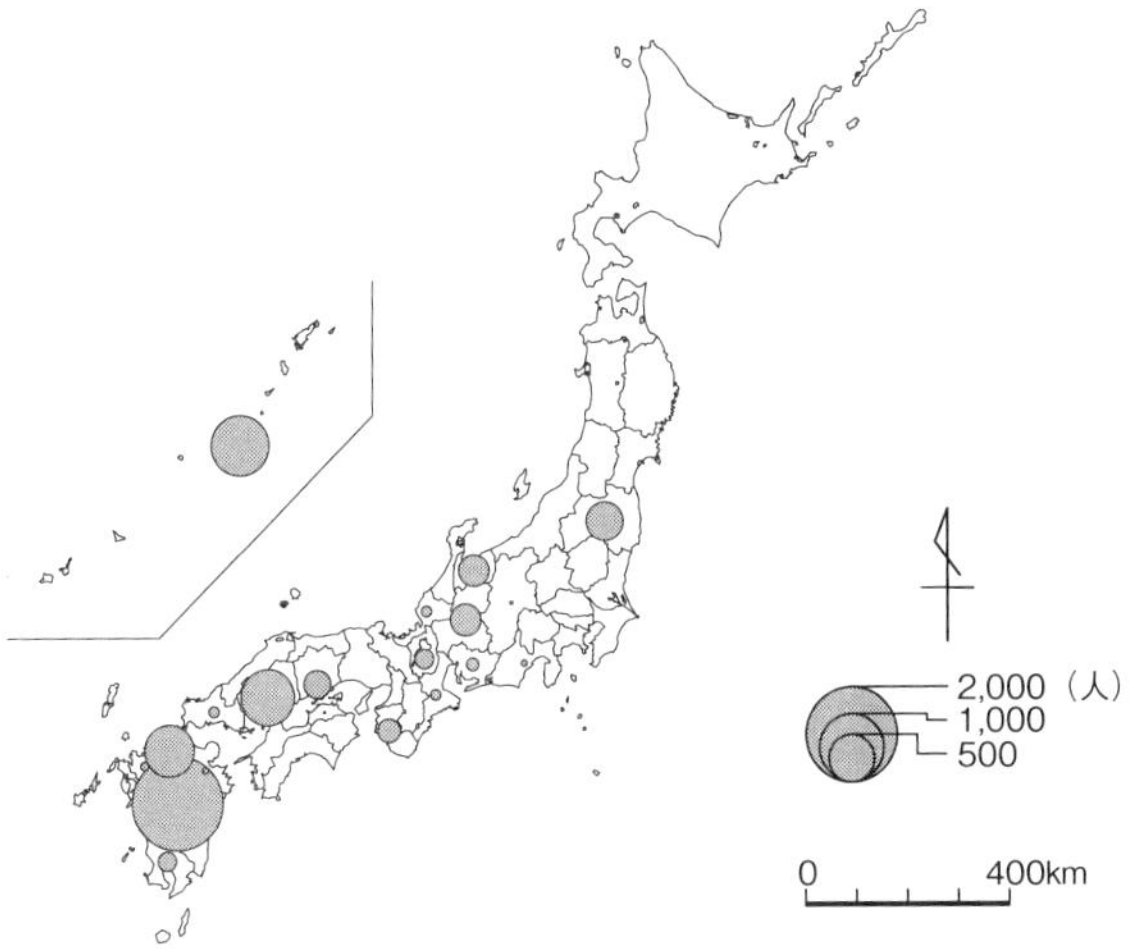

図1　契約移民の出身県（1892～1918年）［小林忠雄『ニュー・カレドニア島の日本人──契約移民の歴史（第二版）』ヌメア友の会、1980年、204頁より作成］

　ニューカレドニアへの契約移民は、１８９２年から１９１８年までの間に５５７５名を数えた。鉱山での仕事は重労働であり、契約移民としてニューカレドニアに渡航した日本人のほとんどが男性であった。契約移民の出身県を示した図１によると、もっとも多くの移民を輩出したのは熊本県であり、２０４９名にのぼる。以下、沖縄県８２１名、広島県６８７名、福岡県５９６名、福島県３４１名の順であり、全体としてみれば、日本人移民一般に指摘されている傾向と同様に、西南日本からの移民が多数を占めている。

これらの移民は、契約期間が終了すれば帰国することができた。外務省に残された記録によれば、初回の契約移民600名のうち561名が帰国し、22名が死亡、17名が逃亡・行方不明、となっている。しかし、1914年に勃発した第一次世界大戦によって南太平洋の海上交通は麻痺し、在留日本人は帰るに帰れなくなった。その結果、1916年には在留日本人の数は3000名近くに達し、太平洋戦争以前ではこの時期にもっとも多くの日本人が在留していた。

しかし、第一次世界大戦が終わると、在留日本人の数は減少した。フランス・フランの下落により出稼ぎ地としての魅力が低下し、1918年を最後に契約移民の渡航が途絶えたうえに、帰国者も相次いだとみられるからである。一方、契約期間終了後もニューカレドニアにとどまった者は農業や漁業、商業に進出し、鉱山集落から域内各地に移り住んだ。在留日本人の多くが居住地として選んだのは首府ヌメアであり、同時代の記録によると、1937年には在留日本人のほぼ3割がヌメアに居住していた。ヌメアでは日本人が経営する商店が軒を連ね、醤油や味噌、豆腐を購入でき、和服姿の女性を見かけることもあって、異国とは思えぬ印象を訪問者に与えるほどであったという。1930年代末になると、日仏合弁の鉱業会社が設立され、それにともなって日本との間で人の移動が活発になった。1940年3月には在ヌメア日本領事館が設立され、ニューカレドニアとの経済関係の強化を模索するとともに、ニューカレドニアで生まれた子供の戸籍や死亡した移民の遺産の問題などに対応した。

このように発展してきたニューカレドニアの日本人移民社会は、太平洋戦争の勃発とともに終焉を迎える。すなわち、1941年12月の日本軍による真珠湾攻撃を受けて、在留日本人は自由フランス（ド・ゴール派）の支配下にあったニューカレドニア当局によって一斉に逮捕され、ヌメア近郊のヌ島にもうけられた収容所に収容された後、順次オーストラリアへ強制送致された。彼らのほとんどは終戦までオーストラリアの収容所で暮らし、戦後になって日本に強制送還された。日本人以外の女性と結婚あるいは同棲した日本人男性も少なくなかったが、相手の女性とその間に生まれた子供たち（二世）はニューカレドニアに残された。

太平洋戦争以前のニューカレドニアでは、北アメリカと同様に日本人会が設立され、頼母子講のような互助組織も存在したようである。また、二世どうしの結婚もみられた。一方で、彼らの生活は早い段階で洋風化し、日本人以外の女性と暮らす一世は家で日本語を話さず、二世に日本語を習得させなかった例が多かったという。なかには帰化によって自らフランス国籍を取得した者もいた。

また、日本人はさまざまな経済活動に従事したが、とくに高い評価を得ていた

鉱山集落チオの日本人墓地における日本人移民120周年記念慰霊祭（2012年7月）

のはヌメア近郊における野菜栽培であった。１９３３年5月のヌメア在住日本人の職業に関する資料によると、日雇い労働（港における荷揚げが主と思われる）と商業に次いで庭師および野菜栽培に従事する者が多かった。日本人の野菜農家が重要であったことは、１９４１年12月の一斉逮捕の際に拘束をまぬがれ、オーストラリアへの最後の船が出航する１９４２年5月まで収容を延期されていたことからも理解できる。また、製塩に携わっていた者もヌ島での収容中に釈放されており、日本人が欠かせない存在であったことを物語っている。

第二次世界大戦後、敵国人であった日本人の血を引く二世はニューカレドニアでひっそりと生きてきた。しかし、１９９２年の日本人移民１００年祭開催は、二世・三世が改めて自らのルーツに目覚める契機となった。２０１２年には移民１２０年祭が開催され、元契約移民の子孫を含め、日本からも多くの人が参加した。同時に開催された日本フェスティバルも大盛況であった。域外から多くの労働者を受け入れてきた歴史があり、結果的に多数派の集団が存在しない多文化社会となったニューカレドニアは、近年になって失われていた日本人移民の記憶を取り戻しつつある。

（大石太郎）

20 トンガの日系企業
――南の島で活躍した起業家ナカオとバンノ

トンガ王国に日本人が初めて定住したのは第二次世界大戦前の1920年代で、その先駆けは和歌山県古座出身の中尾重平である。中尾はバーンズ・フィルプ商会の契約移民としてオーストラリアの木曜島で真珠貝採りの仕事をしていたが、真珠貝の値下がりの影響で日本に帰されることになったため、仲間とともにソロモン諸島での事業を経てフィジーに移り、新たに組織を立ち上げてナマコ採りやコプラの買い付けなどの事業を展開していた。しかし、当時フィジーには中国人やインド人が多く、競争が激しかったため、中尾はトンガでの事業を考えはじめた。

1917年にバーンズ・フィルプ商会から受けた仕事で初めてトンガを訪れた翌年には、フィジーでオーストラリアからの雑貨・食品の輸入販売業などを営んでいた同郷の平松新八らと商品を持ってトンガに渡ったが、トンガではアジア人の入国を制限する法律が1914年に制定されており、上陸はしたものの商売はできずに帰国することになった。諦めきれなかった中尾と平松は、シドニーの日本総領事に嘆願してトンガ政府と交渉してもらい、日本人のみ例外として入国が許可されることとなった。それを受けて、中尾は1919年にトンガの離島のババウ諸島に仲間と二人で来島し、慣れない漁業を始めたがうまくいかず、フィジーに帰ることにした。その帰途にトンガの本島に立ち寄っ

中尾重平［個人蔵］

た際、中国人などの競争相手がいないことを知り、ここで商売をすることを思いついた。シドニーから取り寄せた散髪屋の椅子などを携えて、1921年に再びトンガにやってきた中尾は、首都のヌクアロファで散髪屋を開業し、定住することとなったのである。

中尾は散髪の経験がまったくなかったので、トンガ人の堅い髭を逆剃りして血が出たり、耳たぶに鋏を入れてしまったりという失敗もあったという。ただし、上下したり回ったりする椅子の物珍しさや、髪油が好評で非常に繁盛した。客が多くなってくると、椅子を増やし、トンガ人従業員も2名雇い、湯沸かし器や洗髪の設備も導入して事業を拡大した。トンガに駐在していたイギリス領事も顧客だったという。

中尾は散髪業が成功すると、小売業・タクシー業・コプラの買い付けなど、事業を多方面に拡大していき、私生活では王室とも血縁関係のある貴族マアフ卿の令嬢メレアネと結婚するなど、トンガ社会に深く入り込んだ。ただし、日本人としての誇りを強く持っており、トンガの正装であるタオヴァラは一度もつけたことがなかった。

中尾の事業の成功と同時期にトンガで非常に活躍した日系企業が伴野安伸によって設立された「伴野商会」である。伴野は和歌山県田並出身で、1921年に父が失敗した事業の整理のためフィジーに渡り、その後はフィジーでシドニーからの商品を扱う商店を営んでいた平松新八の下で働きながら、スヴァのルカス学院で英語や経済学を学び、1925年にトンガに渡った。トンガのヌクアロファで創業したのは、周辺国を見て回った結果、商売敵がいないことに加え、トンガが最も経済的に裕福であり購買力に期待できたことが理由だったと言われる。

伴野は、日本・ニュージーランド・オーストラリアなどからの雑貨等の輸入販売、コプラの買い付け、ナマコ・乾燥魚等の海産物の輸出を手掛け、高品質な商品を安く提供し、サービスもよかったためトンガ国内での評判もよかった。順調に事業を拡大し、最盛期にはトンガ全域に10カ所以上の支店を持ち、同郷の和歌山県から呼び寄せた親族らにそれらの運営を任せていた。その店舗や倉庫の数は50棟を超え、取引先には当時国王であったサーロテ女王や、その夫で首相のトゥンギ卿をはじめとする貴族らも含まれていた。

1935年には、伴野商会を「伴野兄弟商会」と改め、実弟の長島亀代造（養子縁組により長島姓を名乗る）にその運営を託し、伴野本人はトンガ国外での事業拡大に注力していった。ニュージーランドのオークランドでは、1937年に日本企業としては初めて会社を設立し、国内に七つの支店を持つに至っている。1938年にはフィジーのスヴァにも進出して平松の事業も傘下に収め、1940年には大阪に伴野物産を設立してここを拠点としながら、東京、台湾、上海、サイゴン（現ホーチミン）に支店を、サイパン、ポナペ（現ポンペイ）、トラック（現チューク）に出張所を置き、太平洋地域での勢力拡大を試みていった。

しかし、全てが順調だったわけではなく、トンガでは世界恐慌の煽りを受けて店舗数を縮小するなど挫折も経験しており、欧州商人、英国から日本人に対する圧力もかかっていた。１９２４年には、トンガ在住の欧州人商人らが契約労働者以外のアジア人の上陸を禁止する法律の制定を求めて首相に嘆願書を提出し、１９３２年に許可制度に基づいて入国を管理する移民制限法が採択された影響で、伴野の関係者の入国許可が下りないという事態も発生した。

中尾や伴野のトンガでの事業は、１９４０年に日独伊三国同盟が締結されたあたりから暗雲が立ち込め始め、英国、ニュージーランド、オーストラリアは日本を敵対視し、伴野らも諜報活動をするためにトンガにいると見なされるようになっていった。１９４１年６月頃から伴野兄弟商会ではヌクアロファ本店以外を閉め、トンガ在住の日本人は帰国のための準備を始めていたが間に合わず、同年９月、トンガ政府は英国の指示に従い、対日輸出の規制命令と日本人の資産凍結の通達を出した。日本が真珠湾攻撃を行うと、在トンガの英国領事の命令で日本人成人男性および日本人夫人とその子供はニュージーランドへ移送されたが、トンガ人夫人とその子供はトンガに残ることが許可された。

終戦後、中尾や現地に妻子がいた西熊蔵らはトンガへ戻ることを希望したが、トンガ政府は全員の帰還を却下した。しかし後日、中尾のみが特例として帰還が認められることとなった。これは、中尾夫人であったメレアネがサーロテ女王に直訴したためと言われている。伴野はトンガでの事業を再開しなかったが、１９５５年にサーロテ女王らを表敬し、同国の日本でのエージェントとなっている。トンガに残された日本人を父に持つ日系二世の子供たちは、トンガ人の母とその親族に育てられ、貧しかったために教育を受けられない者もいたが、事業を起こし社会的成功を収める者も出てきた。現在、トンガ社会では日系三世が活躍している。

（北原卓也）

21 ハワイ日系移民史からの問いかけ
――米軍機「マダム・ペレ」の怒りの矛先とは

日本からハワイへ移民した一世とその子供たちの人口と割合は、1910年はハワイの全人口19万1909人のうち7万9675人（41・5％）、1920年は25万5912人のうち10万9274人（42・7％）、1930年は36万8336人のうち13万9631人（37・9％）、1940年は42万3330人のうち15万7905人（37・3％）、1950年は49万9769人のうち18万4598人（36・9％）であり、ハワイ全体の3割から4割を占めていた（飯田、2003年）。

日本からの移民たちの主な職業としては、1910年および20年では男女ともサトウキビ・プランテーション労働者が最も多く、後にパイナップルやコーヒー農園でも働いた。使用人や大工も多く、ホノルルの都市部では小売商や店員も1910年以降、増えていった。1930年では事務員、簿記・出納係、学校教師が増加した。1940年では、男性はホノルル以外では農園労働者、ホノルルでは職人、女性はハワイ全体で家庭雇用労働者が最多であった（飯田、2003年）。

第一次世界大戦後のハワイはインフレの影響をうけ、プランテーション労働者も厳しい生活に直面した。しかし、砂糖業は好調で大規模な収益をあげていたため、1920年、オアフ島のサトウキビ・プランテーションでは、日本とフィリピン出身の労働者たちによる「第二次オアフ大ストライキ」が実行された。これはハワイ史上最大級のストとされたが、1909年の「第一次オアフ大ストライキ」同様、労働者側の敗北となり、日本人社会に分裂を招いた。以降、プランテーションにおける日本の労働者数が激減し、ホノルル都市部への移動が激増していった。

1924年のアメリカ移民法により、日本からハワイへの移民は禁止され、一部は日本へ引き上げたが、大部分はハワイに永住する道を選択した。ハワイ生まれの二世も増え、1920年は4万9016人、1933年は10万8355人、1940年は12万2188人となり、これらの大半は「写真花嫁」としてハワイに渡った女性たちの子供とされる（鈴木編、2011年）。

二世の誕生にともない、ハワイでは日本人学校・日本語学校が設置され、1920年には143校で1万7541人、1933年には最多となり190校で4万3606人の生徒が、国語、歴史、日本文化、修身などを、ハワイの公立学校への通学前後や休日に学んでいた（王堂・篠遠、1985年）。

第一次世界大戦以降のアメリカでは、「一つの国、一つの旗、一言語」のスローガンによって、外国語排斥運動が生まれ、ドイツ語と日本語学校への反対運動が広まり、ハワイにも波及した。1920年以降、当時のハワイ準州政府による日本語学校への規制が強化され、『ハワイ報知』（後の『ハワイ・ヘラルド』）の牧野金三郎が法廷闘争を展開した。1927年、連邦最高裁は、ハワイにおける日本語教育の権利を認め、準州政府の規制は違憲だとする判決を出した。

日米関係が悪化し、排日運動も高まるなか、1941年12月7日の日曜日の朝（ハワイ時間）、日本軍が真珠湾を攻撃し、第二次世界大戦へと突入した。ホノルル市街地では、米軍の対空高射砲から発射された砲弾によって、民間人も犠牲となった。そのなかには、ハワイ生まれの日系・沖縄系の子供たちも含まれおり、オアフ島で最初の日本語学校である布哇中央学院では、その日、サンデー・スクールにかよっていた沖縄系二世で8歳の女児の命が奪われた。この女児の姉（写真）と兄は、戦前、就学のために渡日しており、兄は戦中、東京での米軍機による空爆で負傷した。女児の父は、スパイ容疑で、ホノウリウリ収容所に抑留された。この女児の家族のように、大戦を境に、生地と戦地、自宅と収容所、日本とアメリカ、そしてこの世とあの世とに分断・横断されながらファミリー・ヒストリーが編みだされていった。

真珠湾攻撃をとりあげた展示場で、布哇中央学院で犠牲になった妹について話してくれた沖縄系二世の女性（ハワイ沖縄センターにて、2000年12月）

日米開戦後、FBI（連邦捜査局）などによって、日本人社会のリーダーや日本語学校校長たちが逮捕され、ハワイおよびアメリカ大陸部で抑留された。西海岸部のように、日本人・日系アメリカ人の全員が立ち退きを命ぜられることはなかった。また、大勢のハワイ生まれの二世たちが、アメリカへ忠誠を示し、家族の名誉を取り戻すために参戦し、多大な犠牲が払われた。

真珠湾攻撃後のハワイ日系社会において、収容体験と日系兵部隊などに加え、特筆すべき事柄として、公立マッキンレー高校を舞台にしたエピソードがある。当校では、大戦前後、生徒の大半は日系人が占めており、別名「トウキョウ・ハイスクール」とよばれていた。戦中、日系の生徒たちを中心に、「爆撃機購入運動」がおこなわれた。大戦中、戦時公債（国債）と印紙を購入するキャンペーンが展開され、33万3000ドル相当の公債と印紙を獲得し、1944年の2月、B24

型で「リベレーター（解放者）」とよばれていた大型爆撃機を購入して米軍に提供している。この爆撃機は、生徒たちによって、ハワイの火や火山の女神にちなみ「マダム・ペレ」と命名された。本機は、米軍機動部隊による、チューク（トラック）諸島の大日本帝国海軍基地への航空攻撃に出動し、爆弾を投下した。そして、同年8月頃、ウェーク島の上空付近で、日本軍によって撃ち落とされたとされている。

第七飛行隊に爆撃機
兩校學生團から献納

"爆撃機を購入せよ"の運動でマツキンレー及びカイムキ・ハイスクールの生徒の戰爭公債及び印紙購入によつて巨大な四發爆撃機ビ二十四號"マダム・ペレ"が購入された。

運動は最初一ケ年の計畫で三十万弗を募集するにあつたが生徒等は豫定より二ケ月早く完了し而も目標額を五万弗超過した。"マダムペレ"の名稱は生徒が選んだものである。職員等が指摘した所によると此の金額募集は生徒が學生自治團体を通じて彼等自身で募集した、詳細はマツキンレー校のアンドレー奥田及びカイムキハイのターン河村兩君を主任させる公債委員會によつて取扱はれた。生徒等は學校舞踏會及び晝食時間に於ける非公式娯樂プログラムへの入場料として公債及び印紙を買ふ方法で奨勵したものである。

爆撃機献納式は昨日マツキンレー校に於いて第七米空軍司令官ワイリス・ヘール少將代理としてロバート・ダグラス旅團少將の出席によつて擧行された。ダグラス少將は"マダム・ペレが實際にヒツカム飛行場でバレイター爆撃機の形で存在する證明として余は本日撮影された此等の寫眞を提供したい"と述べた。カイムキ學生團代表として河村君又マツキンレー學生團會長小林忠夫君が此等の寫眞を受け取つた。マツキンレー校長マイルス・キヤリ博士は簡單なスピーチを爲した。司會者はマツキンレー同窓會々長フレツド・カーター氏であつた。

尚ダグラス少將は左の如く語つた

"マダム・ペレが第七飛行隊に於いて久しく成功的且つ有用な生命を持つことを豫言する。同機は近くバナトペトラツクの目標及び其後敵内部の要塞に近い目標に對して活動する。諸君はそのニュースを讀む時諸君がそれら援助する寄與をなした事を認識する事を望む"

戦中、ハワイ日系の高校生たちが米軍に爆撃機「マダム・ペレ」を献納したことを伝える『ハワイ・ヘラルド』の記事（1944年2月26日、1頁）［提供：鈴木啓氏］

「マダム・ペレ」の機体には、上半身は裸で、燃えている火山が下半身で、髪を振り乱して口をカッと開き、爆撃機の行く先を睨みながら立ち、進行方向へ伸ばした指先から炎が飛び出ている火の神ペレの絵が描かれていた。第二次世界大戦中、ハワイ日系二世の生徒たちによって献納され、日本軍によって太平洋に撃墜されたこの米軍機に象徴されるペレの怒りは、いったい、どこへ向けられているのだろうか。この問いの答は一つとはかぎらず、この先も考え続けていく必要があるといえる。

（城田　愛）

コラム 5

朝枝利男の見た太平洋

朝枝利男（1893〜1968）は、明治生まれの写真家である。いまではほとんど忘れられているであろう。写真家と書いたが、活動の幅はそうした狭い枠に収まらず、水彩や油絵の画家、剝製師、地理学・博物学関係の一般向けエッセイの著述などをこなした多芸多才な人物である。そうした技能を買われ、教師、探検家、学芸員、などさまざまな職に就いたため、ひとことでまとめにくい人物でもある。戦前には、登山関係の一般書を上梓しているほか、1932年に参加したガラパゴスへの探検をもとにいくつかのエッセイを新聞や雑誌に寄稿していることがわかっている。ガラパゴスは現在でこそエクアドル領なので地域研究という枠だとオセアニアに入れられないことが多いが、同じ太平洋に浮かぶ島には違いない。いずれにせよ生涯の大半を海外で過ごしたこともあり、彼の伝記的事実についていまだきちんと整理されていない。

太平洋との関係から見たときに、1930年代に撮影された当時の現地社会の写真の数々は貴重である。もともと大学で博物学や地理学などの研究を進める留学目的の渡米であったが、数奇な運命から、1930年代のアメリカ西海岸で展開していた太平洋地域への周遊や調査探検に立て続けに参加することとなった。西部劇な有名な小説家ゼーン・グレイ（1872〜1939）の外遊に同伴し、富豪で慈善家であったテンプルトン・クロッカー（1884〜1948）の組織したザカ号での調査探検にカメラマンとして加わった。その後も、同じザカ号のもと博物学者ウィリアム・ビーブ（1877〜1962）の深海生物調査にやはりカメラマンとして参加している。冒頭で紹介した彼のガラパゴス訪問も、こうした探検

ガラパゴス諸島フロレアナ島に立つ朝枝利男（1932年）
［国立民族学博物館所蔵 X0076115］

隊の一員として実現した事業である。ガラパゴスに足を踏み入れた科学的調査探検のなかでは、日本人として最初期にあたる。

彼は１９３０年代のほぼすべてにわたるそうした数々の調査探検に参加するなかで、写真撮影はもとより、博物館展示のための標本資料収集、生物のスケッチ、資料の図案化などひろく博物学に関わるさまざまな業務をこなしている。クロッカー隊の姿をとらえる映像も、おそらく彼が撮影している。彼が作成したこれらの記録は、いまではアメリカ、ヨーロッパ、日本など世界各地の博物館に収蔵されている。

残された写真からは、朝枝がメラネシア（ソロモン諸島、フィジー）、ポリネシア（フランス領ポリネシア、クック諸島、サモア、ハワイ、トンガ、ピトケアン、ラパヌイ）、ミクロネシア（キリバス）まで幅広く訪問していた様子がうかがえる。もとより写真の数や質に精粗はあり、ミクロネシアは手薄であるなど地域的な偏りはあるが、ここまで広い地域にわたって足を運んだ同時代の日本人はそれほどいないのではないだろうか。

彼が足を踏み入れた土地が、たまたまとはいえ当時日本の領土が存在していたミクロネシアではなく、メラネシアやポリネシアの島々の記録となっているのが興味深い。被写体の内容も多岐にわたり、とくにソロモン諸島の写真では、儀礼、祭りに関する民族的写真、モノを運ぶ人の姿や入れ墨の様子などの慣習、当時の装飾品、船や家屋などの物質文化、さらには景観にまで及ぶ膨大な写真コレクションとなっている。

朝枝が訪問した当時は植民地であったこうした島々のなかには、いまでは独立を果たしている国もある。政治的な独立をいまだ手にしていない地域であっても、彼ら独自の伝統的な文化に関する関心はかつてないほど高まっている。朝枝が撮影した写真が、今後どのような文化的資料として活用されるのか、注意深く見守っていく必要があるであろう。

（丹羽典生）

ソロモン諸島サンクリストバル諸島（1936年、朝枝利男撮影）
［国立民族学博物館所蔵、X0079450］

第Ⅲ部

太平洋戦争

22 真珠湾攻撃
――アメリカの戦意に火をつけた「奇襲」

１９４１年ハワイ時間12月7日日曜日の朝。この日、雨季に入っていたオアフ島真珠湾（パールハーバー）上空は雲一つない晴天で、日本軍の兵士たちにとっては、これから始まろうとする作戦を成功に導く幸運の証ともいえる気象条件であった。作戦に関わる日本兵たちは、夜明け前から準備を開始。午前7時頃、朝日を背にして第一陣１８３機の爆撃機が真珠湾をめざし航空母艦を飛び立った――。

１９３０年代以降、日本は石油資源の確保などを目的に、東アジアおよび南洋での覇権を拡大しつつあった。この動きを警戒したアメリカ（当時アメリカはフィリピン、グアムを領有していた）は、西海岸のサンディエゴ港を本拠地にしていたアメリカ海軍の主力艦隊を、１９３２年にハワイ（当時は米国自治領ハワイ準州）のオアフ島にある真珠湾に結集させ、日本を牽制する姿勢をあらわにしていた。日米間の緊張が高まる中、１９４１年7月にアメリカは在米の日本資産を凍結、同年の8月には日本に対する石油輸出の全面禁止を決定する。さらにイギリス、中国、オランダがアメリカの動きに追随したことで（いわゆる「ＡＢＣＤ包囲網」）、日本経済は「封鎖」状況下に置かれたのである。

日米二国間の緊張状態を緩和しようと、１９４１年9月以降、戦争を回避するための日米間政府交渉（日米交渉）の場が設けられた。しかし、日本に中国からの撤退などを要求するアメリカ政府と、対中政策の継続、さらに南洋への進駐を強行する日本政府との交渉は難航する。同年11月、東アジアの状況を1932年以前、つまり満州国建国以前の状況に戻すことなどを要求するアメリカ政府との交渉が決裂。11月29日には、作戦に備えすでに択捉島の単冠《ひとかっぷ》湾に集結していた攻撃部隊に、日本政府から「日米交渉、前途絶望」との連絡が届く。そして、翌12月2日に、日本政府はハワイ準州真珠湾における総攻撃の実行を決定、待機していた攻撃部隊に、12月8日（日本時間）の真珠湾攻撃実行を意味する「新高山登レ一二〇八（ニイタカヤマノボレ　ヒトフタマルハチ）」という暗号電文を送信したのである。新高山はかつて日本領であった台湾にあり、現在は玉山《ぎょくざん》と呼ばれる山である。標高は3952メートルで、当時の日本領内では最高峰であった。

ここで、開戦前夜のハワイの様子もあわせて見ておきたい。1930年代のハワイは、すでにワイキキビーチなどが観光地として知られるようになっていたものの、世界恐慌のあおりをうけ主幹産業であったサトウキビとパイナップル産業が著しく低迷した時代だった。1936年12月の時点では、ハワイの就労人口の4分の1が無職という状況であり、ハワイ経済が回復の兆しを見せるのは、30年代半ば以降に始まるアメリカ国内の軍備強化以降である。そして、少しずつではあるがアジアでの戦火の影響が、ハワイの軍事施設でも垣間見られるようになっていた。1939年には、アメリカ陸軍が当時としては最大規模の軍事演習をハワイで実施し、ホノルル市内でも停電訓練が行われた。開戦の前年1940年には、アメリカ本土から130隻の艦隊がハワイに到着、またオアフ島の東側地域での軍備拡大が進み、日本への圧力が強められた。とはいえ、ほとんどの住民たちにとっては、戦争はまだ海の向こうでの出来事であって、まさかハワイにまで攻撃が及ぶとは考えてもいなかった。

真珠湾攻撃の60周年シンポジウムで互いに抱き合う日米の元兵士［提供：Honolulu Star-Advertiser］

1941年12月7日日曜日（日本時間8日月曜日）の朝7時53分、真珠湾上空に突如として爆撃機が現れた。事前に何も知らされていなかったアメリカ側にとっては、この攻撃はまさに奇襲攻撃であった。ハワイの住民の多くは、この日が日曜日の朝だったこともあり、いつも通りキリスト教の礼拝のために教会に向かっていた。なかには、教会に歩いて向かう道中で、通りかかった車の運転手から空襲のニュースを知らされたという住民もいた。アメリカに対して事前に宣戦布告が行われなかった原因には、そもそも日本側からの宣戦布告予定が攻撃の直前であったこと（当初の予定では30分前に宣戦布告する計画であった）、加えて攻撃前日に宣戦布告の電報が送られた日本大使館で、暗号電文受信や暗号解読に時間がかかったことなどが重なり、結局アメリカへの宣戦布告は真珠湾攻撃開始から1時間後のハワイ時間午前8時50分過ぎ、首都ワシントンDCでは午後2時20分過ぎになってからであった。

そうとは知らず、真珠湾上空に達した183機の爆撃機は、アメリカ軍の反撃がないことを確認すると攻撃を開始、およそ15分間にわたり軍艦を主なターゲットに爆撃を行った。1時間後の8時54分には、さらに爆撃機167機（第二陣）が追撃を開始、潜水艇も加わった一連の作戦により、およそ

1時間半の間に、真珠湾において軍艦を中心に甚大な被害を与えたのである。

真珠湾攻撃における日本軍の目的は、太平洋上に展開するアメリカ軍の航空母艦と軍艦、さらには石油貯蔵タンクに大きな打撃を与え、太平洋上での機動力を少なくとも6カ月間麻痺させることであった。アメリカの身動きが取れない6カ月の間に、太平洋における日本の覇権を一気に拡大しようとしたのである。作戦が実行されたこの日は、航空母艦以外のハワイに配置されている8隻の軍艦全てが真珠湾に停泊したため、アメリカ太平洋艦隊に所属する軍艦は大きな被害を受けた。被害を受けた軍艦7隻のうち、5隻は大破、あるいは水没し、戦線から離脱することになる。また、アメリカ軍の犠牲者は2280人にのぼり、負傷者は1109人、さらに民間人68人が犠牲になった。一方で、日本軍側も爆撃機のパイロットや軍用潜水艇の搭乗員など64人が犠牲になっている。

ちなみに、想定では真珠湾に停泊しているはずであった航空母艦ペンシルヴァニアであるが、攻撃の日は修理のためアメリカ本土のサンディエゴ港に入っていたため攻撃をまぬがれている。さらに、太平洋艦隊所属の別の航空母艦2隻も、輸送任務中であったため被害を受けずに済んだ。航空母艦3隻が無傷であったことと、また真珠湾基地の滑走路や司令部などインフラへの被害が少なかったこともあり、一時的には太平洋におけるアメリカ軍の機動力を封じることができたものの、軍艦を含めたアメリカ軍の機動力の回復には、さほど時間がかからなかったという。

結果的に奇襲となった日本による真珠湾への攻撃は、日本に対するアメリカ市民の戦意高揚を後押しした。そして、それまで大戦への本格参戦を拒否し続けていたフランクリン・ルーズベルト政権下のアメリカは、真珠湾攻撃を機に参戦に大きく舵をきったのであった。

（四條真也）

23 ニューギニア戦線

――その様々な影響

太平洋戦争はパプアニューギニアの人々にとってそれまでの世界観を大きく変える出来事だった。戦争前のパプアニューギニアの人口は130万ほどで、その中の限られた地域の人々だけが、オーストラリア植民地行政府の役人やプランテーション経営者やキリスト教教会などわずか数千人の白人に接していたのが、戦争が始まると、突如として日本軍、連合軍を合わせて総計180万人に近い外国人に遭遇したのである。そして、それまでに見たこともない何百何千の船舶、航空機、車両に加えて、機関銃や大砲など、彼らの持っていた槍や弓とは比較にならない大量殺戮兵器を目撃した。

パプアニューギニア人の外国人に対する認識も大きく変わった。戦闘地域では、植民地行政府や教会の建物は空襲や砲撃でことごとく破壊され、支配者として君臨していた植民地行政府の役人をはじめとする白人のほとんどが逃げ去った。そして代わりにやって来た日本軍や連合軍の兵士は、荷物を運んだり、スコップで地面を掘って陣地を作ったり、それまで知っていた白人が決してやらなかった肉体労働をした。中には、現地住民と気さくに接する者もいた。とりわけ、アメリカ軍の黒人兵が白人の兵隊と同様に行動している光景は、それまで植民統治下で厳しく保たれていた白人と現地住民の序列に対する認識を大きく変えるものだった。

現在のイーストニューブリテン州にあるラバウルは日本軍の基地となり、ニューブリテン民政部と呼ばれた軍政組織が現地住民を支配した。少なくとも5000人に近い現地住民が、労働者として道路建設や農場での作業のために徴集された。中には村人が日本軍の規則に従っているかどうか、村人の中に連合軍のスパイがいないかどうか監視する憲兵隊員として日本軍に加えられた現地住民もいて、日本軍の命令に従わない者に鞭打ちなどの処罰をする権限を与えられ、日本人憲兵と同様に現地住民に恐れられていた。

日本軍は現地住民によるスパイ活動や連合軍への協力を極度に警戒し、これらの容疑をかけられた者の多くは処刑された。ラバウルの南のココポ地区では、スパイ容疑をかけられた現地住民の中には、村人を集めて公開で斬首された住民もいた。

パプアニューギニアで初代首相となりその後2期首相を務めたマイケル・ソマレは、その自叙伝『サナ』の中で、日本軍について回想している。ソマレがまだ8歳だった1944年、日本軍はソマレ一家が住んでいた現在のイーストセピック州のムリック地区のカウプ村を占領した。日本軍は12歳から15歳までの男子にライフルの使い方や分解方法などの軍事教練を施し、ソマレのような年少の男子には、簡単な日本語を教えた。この教育は村の子供たちにとっては初めて経験する学校教育だった。ソマレによると、日本兵は村人の畑を荒らすこともなく、女性に干渉することもなく、戦争が終わって日本兵が村から離れることになると、村人は別れの涙を流したという。このソマレの回想は、現在でも戦中の日本軍に対する記憶の一角をなしている。

しかし、現在のモロベ州からセピックにかけてのニューギニア本島北岸の現地住民には、日本軍は村人から芋類、鶏、豚、ヤシの実、パパイヤなどあらゆる食料を強要し、敗走路に近い畑の作物を奪い、要求に応じない村人に対して棒による殴打、斬首などの処罰をしたといった記憶が刻まれている。一方、日本陸軍の元参謀の回想記には、日本軍が激戦を長期間継続できたのは食料の供給や物資の輸送に現地住民を動員できたおかげだと記されている。

連合軍占領下の地域でも、多くの現地住民が労働力として徴集された。１９４２年4月に設置されたオーストラリアの軍政機関ＡＮＧＡＵ（Australian New Guinea Military Administration）のもとで徴集された労働者数は、１９４３年半ばまでに4万人に達した。

だが、労働者が逃亡するケースも多く、激戦のおこなわれたパプアニューギニア北岸から植民地行政府の首府だったポートモレスビーに通じる山岳地域にあるココダ・トレイルの兵站線では、逃亡を繰り返した労働者が再び徴集されるのを恐れて自殺未遂を起こすケースもあった。逃亡者は逮捕されると、鞭打ちの体罰を受け、ドラム缶に縛り付けられて打たれることもあった。

日本軍と同様に、オーストラリア軍も敵軍に協力した現地住民を厳しく処罰した。ココダ・トレイルに近いヒガツル地区では、28人の村人が日本軍に協力したことで、村人の前で公開の絞首刑に処された。

一方、オーストラリア国内では、ココダ・トレイルでオーストラリア軍の物資や傷病兵を後送した運搬夫は「ファジー・ワジー・エンジェルズ」（縮れ毛の天使）と呼ばれ、オーストラリアに忠誠を誓う献身的な人々として宣伝された。そして、現在でも「ファジー・ワジー・エンジェルズ」はオーストラリアとパプアニューギニアとの絆を示す象徴的な存在となっている。

この大戦では、現地住民が正式な軍隊の一部として戦闘に加わった。開戦直前にオーストラリア軍の指揮下、パプア歩兵大隊が編成され、続いてニューギニア歩兵大隊、そしてこの二つの大隊は１９４４年11月に太平洋諸島連隊に統合された。これらの軍隊はパプアニューギニアの様々な地域から集められ、その数は３０００人を超えた。この軍隊に徴集された現地住民の間には、それまでには存在しなかったパプアニューギニア人としての連帯意識が生まれたという。

戦争の影響を当時の人口の増減から見てみると、戦争前まで自然増加していた人口が、戦後減少傾向に転じ、再び増加し始めるのに約5年を待たなければならなかったという凄まじい被害が確認できる。これは、戦闘によりそれまで生活していた村から避難した人々から成る大量の難民が発生したことや日本軍と連合軍の両軍による労働者徴集に起因するものである。ラバウル周辺やブーゲンヴィル、セピックなど軍により占領されたり戦闘地域となった地域では、組織的に現地住民が徴集され、戦争直後の人口は戦争直前と比較して約20～25％減少した。中には、現在のセントラル州のアバウ西方地区で戦争末期には16～36歳の村民人口が83％減少したとの報告もある。この人口減少の主なる原因は、村から労働の大黒柱であった成年男子が数年にわたって徴集されたことにより、出生率が減少したこと、同時に食料生産が減少して栄養失調など疾病による死亡率が増加したことによるといわれている。この人口の減少という個人の体験では計り知れないスケールの被害は、戦争被害の根深さを如実にあらわしている。

（岩本洋光）

24 水木しげると『ラバウル戦記』
――戦争の地獄と南洋の楽園の間で

『ゲゲゲの鬼太郎』や『悪魔くん』などの妖怪漫画とアニメで多くのファンを魅了した水木しげる（1923～2015）は、著名な漫画家であるが、太平洋戦争中、ニューギニア東端ニューブリテン島から生還した第229連隊歩兵、武良茂《むらしげる》でもあった。このことを知る人はNHKの朝の連続テレビ小説『ゲゲゲの女房』（2009年）や彼の生涯を描いた漫画の読者と映画の視聴者くらいであろうか。『水木しげるのラバウル戦記』（1994年刊行、以下『ラバウル戦記』。引用は同版による）は水木がニューブリテン島のラバウル近辺での兵隊時代に記した文章と絵からなる日記などから3部で構成されている。第1部ではラバウルに着いた後の生活、第2部ではニューブリテン島のズンゲンに送られたときの経験、第3部では終戦後捕虜としてのトーマ村での暮らしなど、戦争時代の彼の体験を文章とスケッチによってありのままに描いた作品である。本章では第3部の日記に重心を置く。『ラバウル戦記』には三つの特色が挙げられる。①軍隊での生活を地獄とし、島の人々との交流を天国と対比している、②水木の絵画技術の発展がわかる、③水木が一生抱いていた「南方」への交錯する複雑な感情である。

21歳と比較的遅く徴兵された水木は、不器用で要領の悪いこともあり、訓練中は将校によるいじめとビンタの毎日の生活に疲れ、以前から憧れていた南方への出征を希望した。1943（昭和18）年10月に日本を発ち、11月末にラバウルに上陸。日本軍はガダルカナルでの戦敗を経て、連合軍の巻き返しに苦戦し、士気に陰りが出てきたころであった。陸軍では最下位の等級、二等兵であった水木にとり、ラバウルでの生活は日本の宿舎同様、いじめとビンタが続いたが、緑豊かで気候の良い南洋に来たことを喜んでいた。しかし連合軍の空爆が進むにつれ、水木は戦争をより身近に感じ始めた。

第1部の水木のスケッチは藁半紙に鉛筆だけのデッサンが主で、人物と風景ともに荒削りではあるが、当時の様子の記録の役割を果たしている。第2部のスケッチはデッサンから写実的なものに移り、水木の技術の発展が見られる。第3部のイラストは水木が漫画家水木しげるとしての名を上げたときに描いた『娘に語るお父さんの戦記』（河出書房新社、1992年）から転載されたもので、水木漫画ではおなじみのデフォルメされた四角い大きい顔と寸胴の人間と、写実的な風景との対象が印象に残る。他の章には写実的で細部の描写に富んだ村人の肖像画など当時の島人の生活様式を示す絵も多い。文化人類学的な資料にもなるのであろう。さらに、丹念な描写ができるくらい村人に近づけるほどの信頼を得たことの証しでもある。

『水木しげるのラバウル戦記』（筑摩書房、1994年）

戦争への感情は将校への怒りへと発展する。ズンゲンへ出兵中、水木は部隊からはぐれ、2、3

日間ジャングルを一人で歩き迷った。後出した陸軍小隊と合流し中隊に帰るが、水木と再会した中隊長は「なんで逃げ帰ったんだ。皆が死んだんだから、お前も死ね」と吐き捨てる。精神・身体ともに疲れ果てた水木は中隊長の言葉に怒りを感じた（『ラバウル戦記』153頁）。

『ラバウル戦記』では水木が村を天国と表象するのがわかる。第1部では、軍紀に反し村人との交易で食料を得た水木が村人と親睦を深めてゆく。水木曰く、「〝土人〟という言葉は侮蔑的な意味で使われることが多いということだが、ぼくは、彼らを、文字通り、土とともに生きている素晴しい〝土の人〟という尊敬の意味で〝土人〟と呼んでいる。彼らはノンキでほがらかだった」（30頁）、「別にバカにしているわけではない。むしろ尊敬しているのだ」（42頁）と当時の日本人にあったとされる南洋諸島への優越感に釘を刺した。不器用で要領の悪く、軍隊暮らしに不向きな本人と「未開」の村民の生活様式を同一視したのではないのだろうか。第3部では水木が敗戦後に捕虜として過ごした村人との交流が軸をなしている。ここでは水木の反文明論と反戦論が南洋への憧れにつながっていく。「文明なんてなんだ、いじめられ、そして、何かあると天皇の命令だから死ねとくる。また、忙しいばかりで何もない。それにくらべて土人の生活は何とすばらしいものだろう。即ち、日本人には味わえないゆったりとした心があるのだ」（163頁）。

敗戦直後、水木は村人に居残り共住を勧められ、現地除隊も考えた。さらに、ナマレ村の既婚の女性エプペに恋心を抱いた。水木の心情は、戦中世代にとって、歌謡曲『酋長の娘』や軍歌『ラバウル小唄』にある、異人種間恋愛や南洋の島への郷愁感をそそるものがある。その一方、水木は連合軍の爆撃によりなくした左腕・肩の傷口の治療を受けるため帰国するよう軍医から勧告された。さらに、水木にとり、残留は戦前から抱いていた画家への志望を断つことも意味した。結局、村人には7年後に再会すると約束をし、日本に帰国した。

ここで問題になるのは、水木の南洋願望と戸惑いは何を示すのかということであろう。南洋文学研究者である須藤直人の著書からは、フランスからタヒチに移住したポール・ゴーギャンのようにいわゆる文明国である日本を去り、南洋の文化と人々に溶け込むことに魅力を感じた日本人作家や芸術家の存在を知ることができる（Sudo 2010）。須藤はその憧れの反面、日本人らしさを失うことに戸惑う動揺は「文明国」日本を代表する兵士の帝国主義的立場、「南洋オリエンタリズム」を諸島に投影しているとも論ずる。水木の著作では一貫としてやむをえず帰国したと言うが、自分が帝国日本の特権と村人からの厚遇を享受し、南方に残る・日本に帰るという選択の自由の恩恵にあずかる特殊な立場にあったとは著作上認識していない。

水木はニューブリテン島に敗戦後10回以上も訪問したようだが、『ラバウル戦記』では彼の「里帰り」の記述は短い。戦争時代からの親友トペトロとの交流は単なる「古き良き友との再会話」だけではなく、水木自身の戦争意識が刺激される場面もあった。1980年代の訪問では水木は夜中に目を覚ましたとき、自分の寝室が村人でいっぱいであったことに驚いた。これは、元日本兵である水木に対して復讐しかねないという村民の感情を慮ったトペトロの水木に対する配慮であることを事後水木は知った。さらに、1980年代末に水木がトペトロに中古車を贈ったとき、トペトロは「やっと昔の恩が帰ってきた」と淡々と答えた。この瞬間、水木は今まで当たり前だと考えていたトペトロとの関係が戦争の記憶に回帰することを感じた。

多くの戦記物が終戦と日本への帰還で終わるなか、水木の兵士時代と戦後の旅行者としての南洋・ラバウルへの印象と感情の推移が長い目で見られるところに『ラバウル戦記』の特徴がある。敗戦後は南洋の楽園を再体験し、自分の居場所を再確認する「癒しの旅」であったが、水木自身は旅を重ねるにつれて、自分の村での存在が戦争と戦後責任という問題と須藤の南洋オリエンタリズムに複雑に絡んでいく。

ここに『ラバウル戦記』のもう一つの価値──水木の南洋情緒と戦争との関係の意味がある。これは著者の私の立場と見地にもつながる。「ノンポリ」の家庭に生まれ、親や親戚から戦争の話もなく、「平和ボケ」の産物とも言われるバブル時代に学校でも戦争についてあまり教えてもらわないまま育った私は、水木を漫画家としてしか知らなかった。左腕のないダボダボの袖の彼の写真を見ては、片腕でよく繊細で緻密な絵を描けるなと感心したが、彼の戦争経験については全く考えなかった。その後2012年からフィジーの南太平洋大学で教鞭をとり始めて、日本と太平洋諸島の関係について考えるようになった。現地の国家と人々にとり、戦後の日本からの援助や貿易に対する感謝の気持ちの底には、戦中に連合国軍と日本国軍の狭間から生じた物理的・心理的などさまざまな形を持つ深い傷があることは、目を背けられない問題である。太平洋戦争に対する自分の無知・無関心に対し恥ずかしさを痛感した。水木の『ラバウル戦記』の価値は芸術的な面だけではなく、戦争と今を生きる我々との避けられない連鎖を喚起することにあるのではないのかと私は考える。

（西野亮太）

25 現地の人々にとってのソロモン諸島の戦い

――ガダルカナル島の人々の経験

日本とソロモン諸島との歴史を語るならば、太平洋戦争の激戦地としてのガダルカナル島を欠かすわけにはいかない。1942年5月にガダルカナル島へと上陸した日本軍は、同年8月7日に上陸したアメリカ軍と対峙し、陸上で直接的に武力衝突した。当時の歴史的事実については、日本軍の視点からだけでなくアメリカ軍をはじめとする連合軍の視点からも多数の報告と記録がある。一方で、戦場となったソロモン諸島の人々からみた太平洋戦争がどのようなものだったのかは、記録も研究もそれほど多くはなく、詳らかではない。ここでは、ソロモン諸島の人々にとっての太平洋戦争について、特に私が主要な調査地としているガダルカナル島の人々に焦点を当てて紹介する。

私が調査しているガダルカナル島北東部は、のちに大英帝国二等勲爵士やアメリカ合衆国勲功章を授与されたジェイコブ・ヴォウザの出身地である。1892年にガダルカナル島北東部のタシンボコ地区で生まれたヴォウザは、植民地政府のもとで警察官として25年間働き、太平洋戦争がソロモン諸島にもたらされる前年の1941年に退職した。日本軍がガダルカナル島へ上陸したとき、50歳であった彼は沿岸警備隊に志願し、太平洋戦争に関わり始めることになった。

テナル川の近くで偵察していたとき、彼は日本兵に捕まり、ひどい拷問を受けた。銃剣によって腋

ホニアラ西部ロヴェ警察署の前にあるジェイコブ・ヴォウザの立像（2019年）

から喉にかけて傷つけられ、また舌が二つに裂かれた瀕死の状態で捨て置かれたという。しかし、とどめを刺されなかったために意識を取り戻し、ほうほうのていでルンガ岬にあるアメリカ軍の駐留地まで戻った。彼はそこで治療を受けて再び偵察隊としての任務へ戻り、日本軍の攻撃計画を知らせるなどの重要な役割を果たした。

　このような連合軍に対する多大な貢献によって、彼は戦後に連合軍側の諸国から叙勲された。また、死後には首都ホニアラ西部にあるロヴェ警察署の前に銅像が建てられた。ソロモン諸島国内で最もよく知られている太平洋戦争の英雄である。

　首都ホニアラにある国立博物館の太平洋戦争に関する展示パネルには、「沿岸警備隊はガダルカナルを救い、ガダルカナルは南太平洋を救った」という一文が斜体で強調されて書かれている。これは、自分たちこそが日本軍の太平洋進出をくいとめ、太平洋戦争を乗り越えたという彼らの自負を反映しているように思われる。

　しかし、ソロモン諸島の人々が全てヴォウザのような振る舞いをしたわけではない。ソロモン諸島の人々の戦争経験について書かれた数少ない文献の一つである『ビッグ・デス――ソロモン人が回想する第二次世界大戦』（ホワイトほか編、1999年）では、マライタ島やニュージョージア島、サンタイザベル島の出身者たちが沿岸警備隊と共に働いた経験や、アメリカ軍の後方支援を目的として組織されたソロモン諸島労働部隊での経験が紹介されている。そこで語られている個々人の経験は、戦争経験が一様ではないことを物語っている。

アブラヤシの林の中に突如として現れる軍事車両の残骸（2014年）

たとえば、連合軍の一員として日本兵を見つければ救うのではなく捕らえたという話、上陸してきた日本兵を皆殺しにして舟艇を沈めたという話のほかに、死人やけが人に遭遇すれば日本軍かアメリカ軍かを問わず助けようとしたという話などが登場する。その一方で、軍隊生活の過酷な状態やソロモン人にとって無意味な苦しみを憎み、戦闘が嫌で武器を置いて去ってしまったという話もある。

このような沿岸警備や偵察に従事したソロモン人の経験に対して、アメリカ軍の後方支援のために労働部隊として働いたソロモン人の経験も異なる。彼らは、船からトラックへ荷物や武器を積み込んだり、日本兵の遺体を焼却したり、藪で撃たれた人間を連れてきたりする仕事をした。彼らの中にも、爆撃や銃撃戦に怯えて藪の中に逃げ込み、仕事に戻ろうとしなかった者や、それでも十分な食料があったので苦にはならなかったと語る者もいた。ソロモン人にとっての太平洋戦争といっても、当然ながら一括りにできないような個々人の反応があったのである。

それに加えて、太平洋戦争に関わったソロモン人についての物語の登場人物は、そのほとんどが成人男性だということにも留意しなければならない。当然、当時のソロモン諸島には「勇敢な」成人男性だけでなく、「臆病な」成人男性もいれば、多数の女性や子供たちもいた。沿岸警備にも偵察にも労働部隊にも関わることがなく、それゆえ史料に記録が残らない「普通の人々」が、ソロモン諸島には大勢いたということである。

２０１３年、私はガダルカナル島西部出身の老人から、太平洋戦争に関する話を聞いた。戦争当時、まだ5歳くらいであった彼は、飛行機から爆弾が落とされて火の手が上がる様子を遠目に見たことがあるらしく、「花火を見ているようだった」と回想した。しかし、彼は太平洋戦争を間近で経験したわけではなく、日本兵やアメリカ兵に接触はおろか目撃したことさえなかった。

１９６０年代末にガダルカナル島北東部で調査したフィジー人ラサンガの『メラネシア人の選択――ソロモン諸島の現金経済へのタディンボコ住民の参加』（Lasaqa, 1972）によれば、ほとんどの人々は戦闘行為に参加するどころか後方支援にさえも関わらず、海岸部の集落から藪や丘へと避難したという。２０１９年に私がガダルカナル島北東部で話を聞いた50代の男性は、「幼い頃に父親から聞かされた話」として、太平洋戦争当時のガダルカナル島北東部の人々の避難経路について、集落名をひとつひとつ挙げながら説明してくれた。それはラサンガの文献に記載されている避難経路と重なっており、戦後70年あまりを経てもいまだに語り継がれているのである。

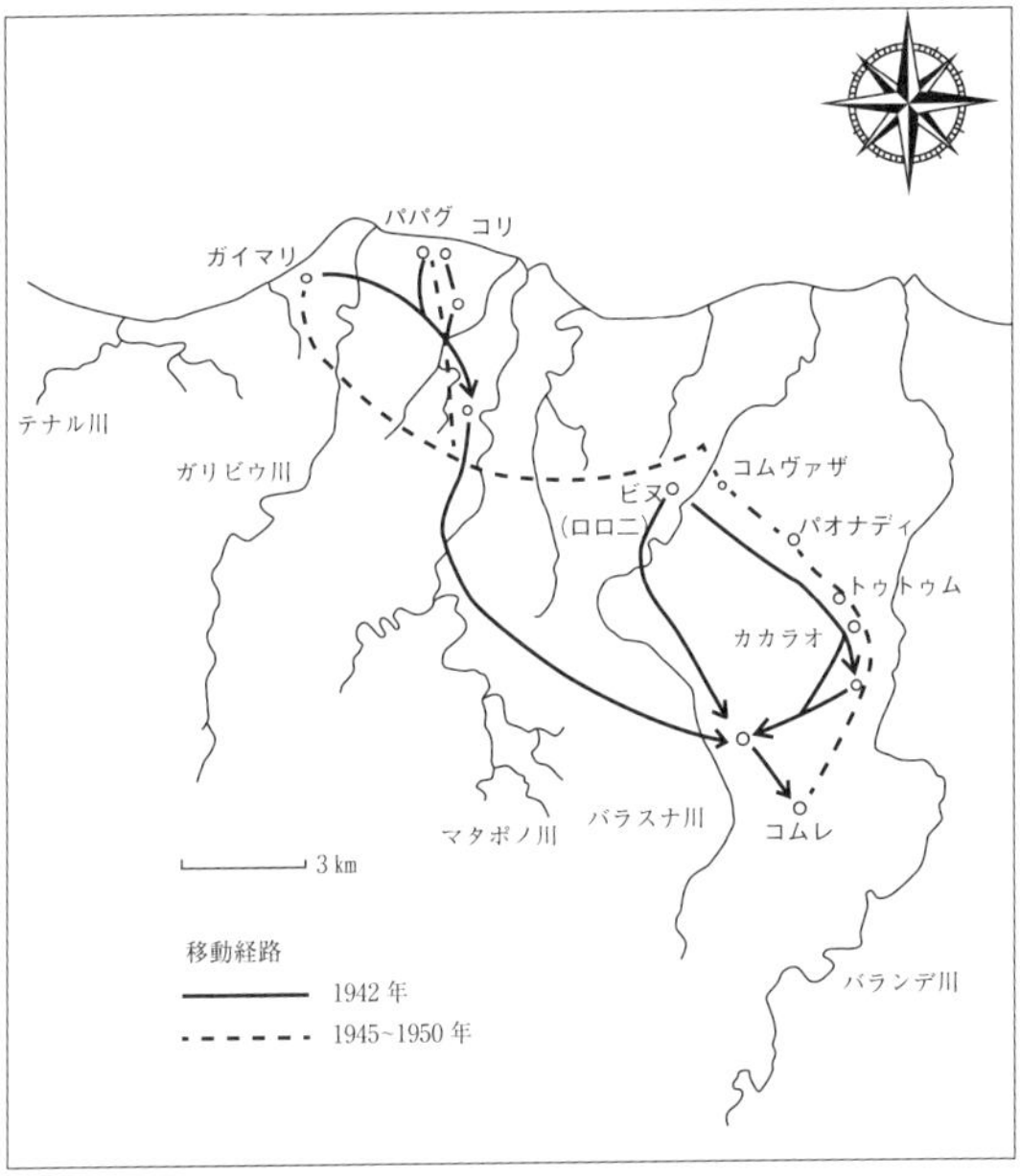

太平洋戦争の頃にみられたガダルカナル島北東部の人々の避難経路［出所：Lasaqa 1972, p.72より作成］

このように、太平洋戦争に対するソロモン諸島の人々の反応はさまざまであった。しかし、一点だけ、おそらく限りなく共通していることがある。それは、ほとんどのソロモン諸島の人々にとって、太平洋戦争はあくまでも日本軍とアメリカ軍との戦いであって、決して自分たちが戦闘行為の当事者であるという意識はなかったということである。国立博物館の展示パネルは、戦争体験者の言葉を次のように伝えている。「第二次世界大戦は私たちの戦争ではなかった。それは、私たちの国で戦うためにやって来た二国の戦争であった」と。

（藤井真一）

26 戦争体験と「新しい世界」
――メラネシアの人々とアメリカ軍の交流

「戦争は、われわれに新しい世界を見せてくれた」。ソロモン諸島のある老人が太平洋戦争に言及しながら筆者に語った言葉である。ここでいう「新しい世界」とは、戦闘行為そのものや戦争中に島の人々が目にした物資や兵器だけではなく、アメリカ軍との交流を通して獲得した考え方や価値観などを含んでいる。ソロモン諸島の人々は、概して日本人と同様に戦争をメルクマールとする歴史観を有しているが、本章では戦争を通して開示された「新しい世界」について考察する。

筆者は2001年以降、ソロモン諸島の西部に位置するニュージョージア諸島で調査を行ってきた。太平洋戦争下、日本軍にとってニュージョージア諸島はラバウルやガダルカナル島に次ぐ南方方面の拠点の一つであった。日本軍は1943年2月にガダルカナル島から撤退した後、ラバウルまで後退せず、ニュージョージア諸島を防衛線に定めた。しかし、すでに日本軍は制海権・制空権を失っており、ニュージョージア諸島の戦いにおいて多くの被害を出す。日本軍の多数の艦船が沈められたこの海域は「駆逐艦の墓場」とも呼ばれている。

ニュージョージア諸島を含めソロモン諸島は19世紀末にイギリスに植民地化され、政治的・経済的な支配を受けてきた。戦争の激化に伴い、イギリス人の行政官や宣教師の多くはソロモン諸島を去った。一方、島の人々は戦火を逃れるために海岸部の村落を離れ、山間部での生活を余儀なくされた。当時を記憶する人々は、山間部に逃げ込んだものの、戦闘機や爆弾の音が凄まじく生きた心地がしなかったなどと語る。なかにはアメリカ軍に雇われてコースト・ウォッチャーズや道先案内人をつとめた者もいた。彼らは昼夜を問わず日本軍の艦船を監視し、不穏な動きがあるとすぐさまアメリカ軍に通報した。また、アメリカ軍に同行して島の地理情報を伝えたり、単独で日本軍の基地近くに侵入して動向を探ることもあったという。

大破した三菱G4M一式陸上攻撃機の残骸。1943年8月、ニュージョージア島ムンダにて［出所：U.S. Navy Photograph］

1943年10月、日本軍はニュージョージア諸島での防衛線の維持を諦め、ブーゲンヴィル島ブインに撤退した。こうして同諸島の戦いは終局したが、その後もアメリカ軍は引き続き駐留し、労働者として雇われた島の人々とともに復興活動などに従事した。このとき両者は同じ場所で同じ食事をとり、ともに戦争を経験した友人として会話を交わした。それは島の人々にとって新鮮かつ特別な出来事であった。なぜなら、アメリカ人の態度や対応は、同じ「白人」であるイギリス人とは違っていたからである。イギリス人の行政官は自分たちよりもはるかに高い位置から命令を下す「主人（ボス）」であり、彼らが汗を流して働く姿など見たことがなかった。イギリス人の宣教師にしても、神のもとでの人間の平等を説くにもかかわらず、島の人々を見下しているように思えた。まして彼らイギリス人と食事をともにするなど考えも及ばないことであった。

さらに、ニュージョージア諸島の人々は、アメリカ軍のなかに自分たちと同様に黒い肌の「黒人」がおり、彼らが白人と一緒に働く姿に驚かされた。黒人は、白人と同じ言葉を話し、同じ服を着て同じ食事をし、一つのテントで生活していた。島の人々からすれば、黒人と白人は肌の色こそ違うが同じアメリカ人であり、両者は対等な関係を有するように見えた。このような島の人々の体験は、既存の白人観に修正を迫るとともに、アメリカ人とであれば対等な関係を構築できるというアイデアにつながっていく。

やがてアメリカ軍が撤収すると、イギリス人の行政官が戻ってきた。彼らの「初仕事」は、アメリカ軍がニュージョージア諸島の人々に与えた物資を没収・廃棄することであった。アメリカ軍は衣類、毛布、食器、食糧、鉄製品などを島の人々に気前良く分け与え、またそれらの多くを基地の倉庫に残した。島の人々はそれらを競い合って家々に持ち帰り、使用していた。しかし、イギリス人は「人心が乱れる」として物資を強制的に取り上げ、人々の目の前で焼却するか、海に投棄したという。島の人々にとってアメリカ人とイギリス人の相違は明らかであった。こうして戦後、白人（イギリス人）および植民地政府に対する不満が次第に高まり、ニュージョージア諸島の各所で人頭税の支払いを拒否する動きが生じ、また宣教師による教会運営に対する批判の声が上がった。

とくにニュージョージア島の北部では、メソジスト教会からの分離を目指す大規模な運動が生じた。メソジスト教会はイギリス発祥の宗派であり、植民地化されて間もない1902年に同島に到来して以来、植民地政府とともに大きな影響力を発揮してきた。この運動の指導者は、サイラス・エトという人物であった。彼は、戦前にメソジスト教会のミッションスクールで教育を受けた人物であったが、戦争体験を経て反白人の意識を強めていた。かつてアメリカ軍の撤収時に、フランクリン・ルーズベルト大統領宛ての「アメリカによるソロモン諸島統治を望む嘆願書」をアメリカ兵に託すという騒動を起こしたのも彼であった。やがてエトはメソジスト教会と袂を分かち、白人から干渉されない「黒人による黒人のための教会」の創設に向かうことになる。最終的にエトの運動は彼の出身地域を超えてニュージョージア諸島の全域に拡大し、1960年代にクリスチャン・フェローシップ教会という太平洋随一の独立教会を生むことになる。

青年が描いたサイラス・エトの肖像画（2003年9月）

戦後のメラネシアの各所で、反白人や反植民地政府を掲げる運動が顕在化した。運動の細部にはヴァリエーションがあるものの、戦争体験とアメリカ兵との交流を通して既存の社会的秩序の転換を目指すという流れが一般的に見られた。たとえば、マライタ島で起こったマアシナ・ルール運動の指導者の一人、ジョナサン・フィフィイによれば、あるアメリカ兵が彼に次のように語ったという。「おまえたち、やらなきゃならないことがある。イギリス政府を追い出すんだ。奴らを追い払うんだ」「おまえたちは強いんだから、怖がっちゃいけない。どんどんどんどん進んで、立ち上がって、白人の目をまっすぐ見すえれば、強くなって、白人から自由になれる。俺たちが言っているのはこういうことさ」。この言葉を受け、フィフィイは怖がることなく運動を実行したと語っている（G・ホワイトほか編、1999年、213～215頁）。

メラネシアの人々にとって戦争体験は次の時代を切り拓く端緒となった。それは1970年代以降の国家独立運動に直結するわけではないが、彼らの権利意識や自治獲得の機運を盛り上げることにつながったといえる。

（石森大知）

27 フィジーの砲台
――戦跡が物語る太平洋戦争

太平洋の各地に、日本人の足跡がある。植民地や戦場となった地域はそうしたわかりやすい例である。ここで取り上げるフィジーは、日本の政治的支配下にはいったこともなければ、太平洋戦争の直接の舞台ともなっていない。その意味で戦前の日本の国の影響がなかった地域といえるわけであるが、太平洋を舞台とする戦争がまったく影響を及ぼさなかったわけでもない。ソロモン諸島で激戦を繰り広げていた日本軍が、勢力の拡大を通じてソロモンの隣国であるフィジーにまで足を延ばすことは、当然のことながら危惧されていた。なにより当時英領に属していたフィジーにとって日本は敵国に当たった。

1939年9月にヨーロッパではじまった第二次世界大戦は、太平洋の島々にも影響を与えていた。いまとなっては一目見ただけではわからないが、戦争がきっかけとなり建てられた建造物がいくつかある。スヴァにある南太平洋大学のラウザラ・キャンパスはもともと大戦中にニュージーランド軍が使用していた空港の跡地であるし、ナンディの国際空港も大戦期に拡大されたものがもとになっている。タマヴァアの病院なども、フィジー博物館のなかでは戦跡に位置づけられている。

人々との会話からも、いまでもそうした戦争の足跡に気が付かされることがある。私が足を踏み入れたことがある内陸部のある村の老人は、当方を見るなり、「自分が子供の頃、日本人は敵扱いで、いうことを聞かない子供には、ほら日本人が来るぞと脅されたものだ」と語りながら、「日本人（筆者のこと）が来たからおとなしくしなさい」と自身の孫をふざけながら嗜めていたことがあった。お世話なっていた家族の方からも、日本とは昔は敵同士だったが、いまは関係ないから気にしなくていいと、わざわざ声をかけてもらったこともある。

しかしなにより目に見える戦争時代の痕跡としては、本島であるヴィティ・レヴ島の各地にある対日戦に備えた砲台であろう。太平洋戦争が進む中で、日本軍によるフィジーの進出は、まぢかに迫った危機として認識され、フィジー軍の強化や防衛のための国土の改造などが急速に進められていたのである。実際、1939年には、フィジー軍（厳密には、当時国防軍であった）の強化が行われた。またナンディとナウソリに軍が使用することも念頭に置いた空港の建設を進めるため、ニュージーランドから4人の指導員が派遣されていた。1941年の戦局が緊張の度合いを高めた時期には、アメリカ軍がフィジーに到着し、1942年中頃になるとフィジーの軍はアメリカ軍とジャングル戦のための合同演習を行ってもいた。

フィジー軍は急速に拡大し、兵隊の過半数は先住系のフィジー人で構成されるまでになる。実戦にも参加しており、ソロモン諸島ガダルカナル島には、1942年に大戦中の最初の派兵がなされている。フィジーの中では戦闘がなかったが、ここで日本兵と会ったフィジー人もいたのであろう。

兵卒の育成だけではなく、国土にも手が入れられていく。フィジー本土では、国防のために、海岸線にそって有刺鉄線が張られ銃撃のための基地がつくられた。さらには日本軍の侵入に備えてロードブロックや橋への機雷の設置もなされていた。そうしたなか、あわせて建造されたのが、現在戦跡とされている砲台である。

本章はフィジー博物館のホームページやモミ砲台歴史公園の案内所に設置された写真展示の情報などをおもに参照して作成している。以下でも、そこから得られたフィジーの戦跡の情報について記しておきたい。首都スヴァ近郊にみられる戦跡としては、ビロやナソニニなど数カ所の砲台跡地がある。いずれもスヴァの港を守るために建造された。一方で、日本の進軍を念頭に置いてヴィティ・レヴ島の西岸にはモミとヴンダなど数カ所に、やはり砲台が設置された。

そのうちモミ砲台は、ナンディ空港からシガトカに向かう途中の海岸側に位置しており、いまではフィジーにおけるナショナル・トラストの管理のもと、モミ砲台歴史公園となっている。一般人が気軽に見学できる数少ない砲台跡地の一つである。

モミ戦跡の入り口（2018年）

幹線道路から海側に向かって15分程度車で移動する距離にある公園は、見晴らしのよいちょっとした丘の上にある。あたり一面、サトウキビ畑に囲まれており、すぐそばに海がみえる以外は、とくにめぼしいものはみあたらない。公園の入り口には、小さいながらも観光案内所が設置されており、そこではモミ砲台を中心にフィジーがいかに日本軍の進軍に備えたのかを解説する写真パネルが展示されている。

モミ砲台（2018年）

それまでは静かな農村地帯であったモミは、戦争にむけて急遽あわただしい場所となった。1941年には、フィジー軍とニュージーランド軍で構成された軍隊が派遣された。その後、軍隊が撤退する1944年8月までの間に、アメリカ軍も訪れ、一時期には海外の兵隊1000名ほどが駐在していたという。

幸いなことに、これらの対日本戦に向けた装備が、実際に使用されることはなかった。1940年代前半に太平洋のフィジーの地まで、戦争が迫っていたことを生々しく伝えているが、それ以上のものではない。そのためか、モミの戦跡も、遺骨収集から慰霊までの行為が醸し出すような、具体的な死と直接にかかわるまがまがしさからまぬがれているように思える。今後、砲台などの戦跡がモミのように外部の見学者のために順次整備されていくのかは不明であるものの、戦場とならなかった太平洋の地においても、日本との間にはモミの砲台が代表するような隠された歴史の一コマがあることを記憶にとどめておいて損はないと思う。

（丹羽典生）

28 玉砕前夜のギルバート諸島
――日本兵とキリバス人との出会い

ギルバート諸島（現キリバス共和国）のマキンとタラワは、太平洋戦争における日本軍玉砕の島としてよく知られている。ただし、戦時の日本でマキンとよばれた島は、正しくはブタリタリ環礁であり、本来のマキン島は、ブタリタリ環礁の隣に浮かぶ小島である。また、サンゴ礁の連なるタラワ環礁のうち、日本軍の壮絶な玉砕地は、南西端のベシオという小島である。日本軍はほかにも、アベママ環礁に少人数の守備隊を置いていた。

現在でもベシオには、コンクリート製の日本軍第三特別根拠地隊司令部跡や、外洋に向けた砲台が原形を留め、礁湖の浅瀬には軍用車両の残骸が波を被っている。地面を掘ると、戦闘で命を落とした兵士のものと思われる遺骨が見つかることも珍しくない。

アメリカ軍によるギルバート諸島攻略計画は、ガルバニック（電撃）作戦という名で世に知られている。1943年11月21日未明、日本軍の意表をついた礁湖側から、海兵隊によるベシオ上陸作戦は開始された。ブタリタリにも同時に上陸が敢行された。ベシオでは、日本軍守備隊（4601人）とアメリカ軍上陸部隊（1万8600人）の間で、水際の壮絶な攻防戦が繰り広げられた。洋上からの激しい砲撃は、島を変形させたといわれる。4日間の激闘の末、11月25日に日本軍はついに玉砕した。兵士の遺体が至るところで腐臭を放ち、激しい戦闘により島は荒野と化した。戦闘の経緯と直後の状況について、従軍記者ロバート・シャーロッドが、手記（『タラワ――恐るべき戦闘の記録』）を遺している。

激しい戦闘ばかり注目されてきたが、日本兵とキリバスの人々は、戦時中、どのような出会いを経験したのだろうか。地元住民が、日本兵から歌や言葉を教わったのは確かである。私がタラワに初めて渡った1994年、日本兵の記憶を残す年配者が、まだ存命していた。ワゴン車を改造した乗り合いバスの中で、私の顔を見るなり突然、日本語の歌を歌い始める老人に遭遇した。

タラワ環礁［出所：栗林、1995年より作成］

タラワから西へ約400キロ離れた海洋上には、1942年8月に日本軍が占領した、小さなバナバ（オーシャン）島がある。2003年、私はバナバ島出身の年配女性たちが作業している場に出くわした。私を日本人と知った途端、女性たちは「出た出た月が……」と声をそろえて歌い始めた。歌詞は曖昧だったが、メロディから明瞭に曲を判別できた。そして、歌詞の内容を教えてくれという。要望通りに説明したが、ロマンティックな恋愛でも悲しい別れでもなく、満月が出たという素朴な内容に、女性たちは納得できないようだった。

また2009年のある晩、私は偶然、バナバ島で生まれた老人（当時79歳）と同室になった。もう寝ようかと消灯したとき、いつも寡黙な老人が、暗闇のなかで突然、「バカモノとはどういう意味か」と尋ねてきた。ほかにもいくつか、片言の日本語の意味を質問してきた。翌朝、老人の息子に前夜の出来事を話すと、自分の父親が日本語を覚えているとは初耳だと、とても驚いていた。その老人も既に他界した。

キリバス人と日本兵の出会いに関する、印象深い記述が残されている。昭和末期、読売新聞大阪本社社会部は、シリーズ〈戦争〉を長期連載していた。タラワに関しては、悲惨な戦闘に巻き込まれる直前、ベシオ駐留の士官から日本の家族への手紙にしたためられた南洋の生活や、玉砕戦を奇跡的に生き残った元日本兵による言語を絶する経験が、生々しく描かれている。一方、凄惨な戦争の描写とは一線を画した記事もある。

佐世保鎮守府第七特別陸戦隊に所属し、玉砕戦前にタラワを離れた予備学生がいた。その平山幹雄少尉が戦後、『第一期海軍兵科予備学生の記』に寄稿した「タラワ――玉砕前夜」が、紙上で紹介されている。島上空を通過するアメリカ軍戦闘機監視の指令を受け、平山少尉ら60名は、要塞化したベシオから環礁内のビケニベウへ配置された。少尉の手記には、キリバスの人々との友好的な交流の様子が、鮮やかに描きだされている。

少尉が部下に命じたのは、現地住民との間に垣根を設けず、徹頭徹尾、紳士的に接することだった。しかし、ある兵士は命に反し、老人からタバコ2本で貴重なブタを強引に取り上げた。少尉は、地元の若いリーダーからこの件で陳情を受け、ブタを老人に返却させた。老人はいたく感銘して、返却されたブタを少尉に贈呈した。これを機に、少尉を深く信頼した人々は、食料の乏しい戦時下、部隊を

集会所でキリバス・ダンスを踊る女性（タビテウエア環礁にて 1995年）

歓迎する饗宴を開催してくれた。

男たちが素手で木箱を激しく打ち鳴らしてリズムを取り、混声合唱に乗せて若い女性たちが踊りながら歩み出て、平山少尉ら客人に花輪を贈呈する。踊り子は客人を誘い、衆目のなかで男女が対面して踊る。おどけた踊りを見た観衆は、歓声をあげて大笑いする。

驚いたことに、平山少尉の手記には、キリバスで調査中の私自身の体験が、まるで二重写しのように描かれていた。私が繰り返し体験したのと、ほぼ同じ饗宴の様子である。違いといえば、戦時下で輸入物資も途絶え、肌を覆う布も不足しており、人々は腰蓑をまとっただけの装いだった。少尉は、若い女性の姿を前にして目のやり場に窮したようだ。

平山少尉が任を終えてビケニベウから去るとき、なけなしの食物が住民から贈られた。さらに、ベシオに戻って数週間後、カヌーの一団が、少尉に食物を届けにきた。それから34年後の１９７７年、元少尉は、ビケニベウで懐かしい面々と再会した。戦時の通訳者の息子には、元少尉にあやかったミキオという名がつけられた。元少尉が亡くなって2年後の1985年9月、地元紙に追悼記事が掲載された。

しかし、戦時中の出会いは、美談だけでは終わらない。キリバス国会の報告書（1996年11月）には、戦時のバナバ島における、462人の個人名の付いた死亡記録がある。補給路を断たれた孤島の窮状下、悲惨な出来事が起こった。餓死や病死、爆撃による死者のほか、日本兵によって斬首や銃殺された者は、100人以上にのぼる。飢餓に苦しむなか、わずかな食料を盗んだという些細な理由により、処刑された者もいた。そしてバナバ島住民は、島からタラワ、ナウル、コシャエ（現ミクロネシア連邦）へ強制退去させられた。

戦後、日本は著しい復興を果たした。高度経済成長期を経て戦争の記憶が薄れゆくなか、玉砕地ブタリタリには慰霊の天女像、ベシオには慰霊碑と南瀛《なんよう》マリア観音像が建立された。マリア観音像は、キリバス名誉総領事の栗林徳五郎氏により寄贈され、1984年3月に除幕式が執り行われた。さらに歳月が過ぎ、キリバスでも日本兵の記憶は消えつつある。忘却のなかで、タラワ随一の人口密集地ベシオの片隅に、小柄なマリア観音像は静かに佇んでいる。

（風間計博）

29 ツバルの滑走路建設
──米軍が残した戦争の爪痕

ツバルの首都が置かれるフナフチ環礁の主島は、細長い島の中心部を滑走路が貫く。面積が1平方キロメートルにも満たないこの島では人々が滑走路の脇で暮らしているようなもので、飛行機が来ればどこにいてもすぐわかるし、その日は家族・親族の迎えと見送り、あるいは単なる見物で空港の建物の周りに多くの人々が集まってちょっとしたお祭りのような雰囲気になる。滑走路は移動を支えるインフラのみならず、暮らしの場所でもある。週3便、フィジー・ナウソリ空港発の旅客機が離着陸するだけなので、それ以外の大半の時間は人々が思い思いに滑走路で過ごす。日中こそ暑くて誰もいないが、朝は人々が散歩し、夕方は多くの若者がサッカーやバレーボールで汗を流す。蒸し暑い夜は風に吹かれて涼み、ゴザを敷いて寝る者もいる。現在でこそ当たり前のように存在するこの滑走路だが、歴史的な巡り合わせの産物という側面もあり、そこには間接的に日本も関係している。

フナフチ環礁に滑走路がつくられたのは第二次世界大戦中の1942年から43年のことである。当時、日本軍はイギリスの植民地であったギルバート諸島やバナバ島などを支配下に入れ、さらなる南下を目指していた。米軍はツバル（当時はエリス諸島）をそれに対抗する前線基地にすべく、フナフチ環礁を秘密裏かつ迅速に基地化した。1942年10月、米軍がフナフチ環礁に上陸するとすぐに滑走路の建設に着手し、5週間後には小型機を離着陸させている。米軍はその後、大型の爆撃機も離着陸できるように工事を続けるとともに、ヌクフェタウ環礁とナヌメア環礁にも滑走路を建設し、ツバルからB24爆撃機を飛ばしてナウル島やタラワ環礁の日本軍を爆撃している。他方、日本軍は1943年3月にようやくツバルに展開するアメリカ軍に気づき、戦闘機による散発的な攻撃を行った。なお、日本軍の攻撃でフナフチ環礁の教会が爆破されてツバル人が1人亡くなったことから、現在に至るまで毎年4月23日は「爆弾の日」としてそれを記念する行事を行っている。

フナフチ環礁の主島［© 2019 Google］

米軍の到着に先立ち、フナフチ環礁とナヌメア環礁では接触を制限するために村落が別の島に移転させられた。とはいえ、両者に接触がなかったわけではない。男性たちは米軍到着時に荷揚げ作業を率先して手伝ったのをはじめ、その後も日中、米軍の下でさまざまな作業に従事した。女性たちは移動した島で兵士の服を洗濯し、時に兵士に伝統的な踊りを披露したり、お土産物をつくって売ったりもしている。ツバルの人々は初めて巨大な軍艦や飛行機、自動車、工作機械、海水淡水化装置、映画などの近代的な科学技術や食料をはじめとする圧倒的な量の物資を目の当たりにするとともに、イギリスの植民地行政官とは異なったフレンドリーな白人兵士と交流することになり、大いに驚いたという。

１９４４年になると戦線が北上していったこともあって基地としてのツバルの重要性が低下し、１９４５年に終戦を迎える頃にはすでにほぼ全ての米軍が撤退していた。米軍が引き揚げると、その熱狂は急速に冷めていったが、滑走路をはじめとする基地の建設は後々にまで大きな爪痕を残すことになった。フナフチ環礁では滑走路建設のためタロイモを栽培するピット（掘削田）が土砂で埋め立てられ、その埋め立て用の土砂を得るために島の両端が掘削されてボローピットと呼ばれる巨大な窪地がつくり出された。ヌクフェタウ環礁やナヌメア環礁でも滑走路建設のためココヤシをはじめとする有用な木が大量に切り倒された。戦後になるとヌクフェタウ環礁とナヌメア環礁では補償金が支払われるとともに、滑走路を再びココヤシ林に戻すべく島の人々総出で植林が行われた。しかし、米軍は滑走路の強度を増すために地表をサンゴで凝結・硬化させており、それを砕いて木々が生えるようにするのはとても大変な作業だった。ナヌメア環礁では人々が口々に「アメリカよくない！」と言いながら作業をしたと伝えられている。せっかく移植したココヤシも育ちが悪く、現在でもそこに生えるココヤシは小さな実しか結ばない。

一方、フナフチ環礁の滑走路も一度植林されたものの、１９６６年に再び滑走路として使われることになった。その後、現在に至るまでツバル唯一の空路を支えるインフラであるとともに、人口過密なフナフチ環礁における貴重な人々の暮らしの場所となっている。現在、滑走路の土地は基本的に政府がリースしており、土地所有者はリース料として定期的に現金収入を得ている。しかし、その陰で

滑走路で遊ぶ（2017年）

フナフチ環礁での生業活動の基盤の一つであったタロピットの多くが失われてしまい、米、小麦などの輸入食品に依存する契機になってしまった。また、支払われるリース料は、手に入れられたはずのタロイモに比して少ないという不満も聞かれる。

滑走路をつくる際、埋め立て用の土砂を得るためにつくりだされたボローピットも戦後そのまま長らく残されていた。ボローピットは海面よりも深く掘り込まれていたため、潮位が高くなると海水で満たされてしまい、使いものにならない場所として次第に投棄されたゴミで埋め尽くされるものも出始めた。１９７０年代以降に人口が急増するとそうした居住に不適切な劣悪な場所にも離島から移り住んできた人々が家を建てて住み始めた。しかし、戦後から70年以上経た２０１5年、このボローピットはニュージーランド政府の支援によって埋め戻された。埋め戻しにはサンドポンプによってラグーン内の海底から取られた砂が使われ、これにより状況が劇的に改善するとともに、フナフチ環礁の総面積の８％に当たる土地が造成された。

ボローピットの埋め戻しは現地でも大いに歓迎されたが、戦争が残した爪痕がそれによって全て消えたわけではない。ヌクフェタウ環礁やナヌメア環礁の滑走路は植林され、衛星写真でみればかつて滑走路だった痕跡を確認することは難しいが、現地に行けば現在でも植生への影響は続いていることがありありとわかる。フナフチ環礁の滑走路によって失われたタロピットは二度と戻らない。戦時中の滑走路建設はツバルの景観に不可逆的な変化をもたらしたのであり、その影響は現在にまで続いている。

（小林　誠）

30 サイパン島・ペリリュー島における地上戦

——玉砕・虐殺・村の破壊

1941年12月のハワイ真珠湾・マレー沖への奇襲以来、東南アジア・ギルバート諸島方面へ肥大した帝国日本の版図は、1942年6月のミッドウェー海戦をターニングポイントとして急速に縮小の一途を辿ることになった。爆撃機の登場によって航空戦が鍵を握るようになった時代に、この海戦で主力空母を一挙に失ったダメージは大きく、以後日本軍は圧倒的な航空力と戦略性を備えたアメリカ軍を前に泥沼の敗退を繰り返した。1942年12月ガダルカナルから撤退。1943年5月アッツ島の守備隊全滅。大本営は開戦後初めて「玉砕」という言葉を国民向けに用い、以後「玉砕」は敗北の実態を覆い隠す都合のよい代名詞となる（平塚、2015年）。11月にはギルバート諸島のタラワ・マキン両島の守備軍が、1944年2月には日本の植民地・南洋群島の東端に位置するマーシャル諸島のクェゼリン島守備軍が全滅。これらの島に暮らす古老は、この戦争を巨大な「台風」になぞらえるという（Poyer et al. 2001）。島の人々の意思とは無関係に勃発し、日本軍による要塞化と食料供出の強制、空襲、そして日米の戦闘がそれ以前の生活を一掃してしまったからだ。

猛烈な勢いでマーシャルを襲った「台風」は、その後マリアナ諸島方面とパラオ諸島方面の二手に分岐した。ニミッツ率いる中部太平洋地域軍はマーシャル－トラック－マリアナ（サイパン・テニアン・

グアム）－パラオを、マッカーサー率いる南西太平洋方面軍はニューギニア－ミンダナオ（フィリピン）を経由してルソン・台湾・中国で合流、その後日本本土上陸を目指す戦略を立てたが、大本営はこうした米軍の進路と規模を完全に読み誤った。マーシャルが奪取された時点で、次の前線はパラオ－フィリピンのラインであると読み、パラオと同じく絶対国防線上に位置したマリアナの防備をほとんど行っていなかったのである。

米軍が上陸したサイパン島南西のチャランカノア町。南洋興発の製糖工場や社員宿舎は瞬く間に灰燼に帰した。町の向こう側（北）に見えるのがタッポーチョー山、その西側にチャモロ人の多くが暮らしていたガラパン町があった
［出所：U.S. National Archives］

１９４４年6月、マリアナで最初に米軍の侵攻を受けたサイパン島は、民間の日本人が大量死した最初の戦場となった。１９４２年の人口統計によると、サイパン島には当時チャモロ・カロリニアン３３６５人、外国人の宣教師や商人19人、第13章で見た南洋興発のサトウキビ・プランテーションで働く日本人移民２万７１６１人（うち沖縄出身者1万９２３９人）、アジア・太平洋戦争開戦前後から開始された日本軍の飛行場建設のために募集され、連行された朝鮮人１３５４人、合計３万５４５人が暮らしていた。１９４４年2月、ここへ南洋群島の各部隊を統括する第31軍司令部が置かれ、民間人を上回る日本兵4万７０００人が派兵された。

他方で、侵攻してきた米兵はそれをさらに超える7万１０００人。兵員数からしても日本側の劣勢は明らかだが、サイパン守備軍はそれ以外にも、先述した大本営の誤算に起因する致命的欠陥を抱え

ていた。まず、米軍がサイパンに上陸した当時、大本営はパラオ方面の防備強化を急ぐため、31軍司令官をパラオへ出向させており、マリアナの軍施設は未完。次いで、満洲の関東軍から転用された29師団はサイパンへ向かう途中米軍の魚雷攻撃にあい、生存兵はグアム、テニアンへ避難。さらに、サイパン防備の主力として新たに名古屋で編成された43師団はほとんど訓練も行わないまま派遣されたうえ、29師団同様米軍の魚雷攻撃によって戦死者を出し、生存兵も命からがらサイパンに上陸する始末だった。司令官を欠き、傷だらけのまま地上戦に突入したサイパン守備隊は、6月11日の大空襲で壊滅的打撃を受け、15日に島の南西の浅瀬・チャランカノアから上陸した米軍の勢いに押されてタッポーチョー山へ後退、25日に大本営がサイパンを放棄したことを知る。7月7日、北部まで追い詰められたサイパン守備隊は「バンザイ突撃」を決行して「玉砕」、最終的に全兵の92・3%が戦死した。この過程の中で、極限状態にあった日本兵の牙は、米兵だけでなく民間人にも向けられた。逃避行の道中、日本人・朝鮮人は日本兵に戦闘の邪魔者扱いされる一方で投降を許されず、軍と共に「玉砕」することを強いられたのである（第31章参照）。

米軍に収容されたチャモロの女性たち

［出所：U.S. National Archives］

他方で、チャモロ・カロリニアンは米軍にすぐに投降する者も多く、それゆえ日本兵にスパイ視された。当時子供だったチャモロの古老69人の戦場体験を孫世代が聞き書きした感動的な記録「涙を呑んで（We Drank Our Tears）」によると、日本軍の進駐と共にガラパン町の家を追われ、畑の洞穴に身を潜めていた彼らは、運悪く日本兵と遭遇した場合、米軍のスパイだと罵られ、耐えかねて別の壕へ移ろうとしたり、投降しようとした父母や親戚を目の前で銃殺された。子供たちは「涙を呑んで」耐え、米兵が近づいてきたときに「パス、チャモロ！（平和を、私たちはチャモロです！）」と叫んで保護されたのである。サイパンの先住民慰霊碑によるとチャモロ・カロリニアンの死者数は930人。日本人死者数はおおよそ1万2000人と言われ、朝鮮人・外国人死者数は不明である。

1944年6月半ば～8月半ばの2カ月でサイパン・テニアン・グアムを押さえた米軍は、これらの島を日本本土・沖縄へのB29出撃基地として再編する一方で、フィリピン奪還のために、ミンダナオ島の真東に位置するパラオ諸島のペリリュー島に標的を定め、9月15日に南西側ビーチから上陸を開始した。

ペリリュー戦の特徴は、サイパン戦と比較するとより鮮明になる。第一に、ペリリュー戦ではサイパンのように民間人が戦闘の巻き添えにされることはなかった。1942年の統計によると、リン鉱採掘・飛行場建設のために島にいた労働者（日本人1043人、朝鮮人300人）はみなパラオ本島へ移送され、900人近くいたペリリュー住民（カロリニアン）も「スパイ防止」のために9月上旬に本島へ退避させられた。そのため、人々はサイパンのような戦場体験を被ることはまぬがれたものの、輸送路を断たれ孤立した本島で飢餓に苦しむことになった。

第二に、ペリリュー戦では守備隊はもはや「玉砕」を許されていなかった。大本営は、マリアナ守

米軍に占領され、再基地化されたペリリュー島
［出所：Naval Historical Center］

備軍の「玉砕」を受けて「バンザイ突撃」を禁じ、後退しつつ闘い続けることを指針とした「島嶼守備要領」（8月19日）を発令。この指針のゆえに、約4万の米兵に押されて1万人いた兵士が３００人に減った時点でペリリュー守備隊長が「玉砕」を願い出たにも関わらず大本営はそれに応じず、昭和天皇は合計11回も兵士を激励する御言葉（御嘉賞）を贈り続けたのである。11月24日、大本営がとうとう許可を発すると守備隊は「玉砕」（84・7％が戦死）、27日に米軍は作戦終了を宣言した。だが、守備隊の動向を知らない生存兵はその後も「島嶼守備要領」を堅持してゲリラ戦を続け、最後の34人が投降したのは１９４７年4月。ペリリュー戦は激戦であっただけでなく徹底した持久戦であったことに特色があった。

　こうして「台風」は過ぎ去ったが、島の人々に「平和」は訪れなかった。その後占領者となったアメリカの再基地化により、例えばサイパンでは１９５０年頃まで島の40％が米軍基地に占拠され続けた。また、ペリリューでは日米の戦闘・再基地化により、五つの村を破壊された人々は新たに開かれた北部の一村に集住せざるをえず、今もなお故郷を追われた状況にある。私たちは、島の人々にとってアジア・太平洋戦争、そして冷戦とは何だったのか、より深く検討する必要があるだろう。

（森　亜紀子）

コラム
6

『ペリリュー　楽園のゲルニカ』

『ペリリュー　楽園のゲルニカ』（武田一義／平塚柾緒、白泉社）はペリリュー島における日米の激戦を、「マッチョで勇敢な兵士像」とは真逆の子供のようにあどけなくひ弱な一等兵・田丸均の視点から描いた戦争漫画である。『この世界の片隅に』のように「戦争を知らない世代」の間でブームを巻き起こしているようだ。ブームの主因は、可愛らしいキャラクターと戦争という主題のギャップ。２０１７年度日本漫画家協会賞優秀賞を受賞した際には、「可愛らしい温もりのある筆致ながら『戦争』という底知れぬ恐ろしさと哀しさを深く表現して見事」と評価された。読者レビューでも「このタッチでなければ読めない」「絵に救われた」という感想が多く、普段戦争モノを手にしない人でも「ゆるキャラ」に導かれるようにして読めるのが魅力だ。

物語の大枠は戦史や生還者の証言に基づく。20歳そこそこの日本兵たちが緑豊かなペリリュー島へ到着して間もなく、西側のビーチから上陸した米軍と死闘を繰り広げ、瞬く間に劣勢に追い込まれる。２０１９年6月時点の最新号・第6巻では、ペリリュー地区本部はすでに「玉砕」し、主人公・田丸らは米軍の掃討作戦に怯えながらも大本営の「持久命令」に従い、ゲリラ戦の只中にいる。田丸は敗戦以後も長らく洞窟に身を潜め続けた、あの34人（第30章参照）をモデルに描かれているらしい。

しかし、本書の最大の魅力はこのように「史実に忠実である」という意味での「リアルさ」にあるのではない。史実を尊重しながらも、感受性豊かで漫画家志望の田丸を物語の中心に据えることにより、戦史では描けず、激戦を生き抜いた者でさえ証言しえなかっただろう兵士たちの心の機微が丁寧に描かれている点にある。楽園のように美しかった島が一瞬ではげ山になったことへの驚き。上官に絵の才能を見込まれて遺族宛ての戦死報告を書く「功績係」となり、戦友の「あっけない死」を「勇敢で華々しい死」へと脚色したことへの葛藤。常に行動を共にしているクールな「吉敷くん」に、大事な家族写真がボロボロになる前に書き写してほしいと頼まれた時に生まれた温かな感情。米兵を「殺してしまった」という感覚。パラオ本島に避難しそびれ、両親を戦闘で亡くしてしまったらしいペリリューの子供とのひととき。

『ペリリュー　楽園のゲルニカ』
［©武田一義・平塚柾緒／白泉社（ヤングアニマル）］

「仲間食い」をして生き延びた兵士の存在を知ったときの戦慄や、満点の星空を見上げた時の切なさ。兵士の心の襞を分け入るようにして戦場を追体験できる。

この物語は今後どのような結末を迎えるのだろう？　田丸がゲリラ戦を生き抜き、無事に郷里・水戸へ復員することは確かである。第1巻の冒頭で、天皇のペリリュー島慰霊訪問（第43章参照）が世間の話題を呼んだのをきっかけに、田丸の孫が島を訪れる姿が描かれているからだ。この長い「戦後」という時空を想像した時、私は、彼と彼の孫がペリリューの戦いをどう総括するのだろうかという点に特に興味を惹かれる。戦争の大局を読み誤り、前線の兵士に「無駄死に」を強いた大本営と、負け戦と知りながらペリリューの兵士たちに11回もの「御言葉」を贈って鼓舞し続けた昭和天皇に、田丸はどのような感情を抱き、何を考えるのか。日本軍という総体で見ると、一等兵という一兵卒に過ぎず、選択の有無なく過酷な戦場

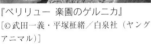

体験を背負わされた田丸は被害者だが、ペリリュー島民からしてみれば、愛する村をその後住むことができなくなるほど完膚なきまでに破壊した加害者・日本人の一員である。激戦の合間のふとした瞬間にも、島の麗しさに目を奪われ、鮮やかな鳥たちの写生に没頭してしまう彼は、その「楽園」を奪われてしまった島の人々の痛みに気付くだろうか。そして、田丸の戦場の記憶から、孫は何を学び、継承するのだろうか。

本書が、兵士と住民に苦難を強いた為政者の戦争責任と、それを何世代にもわたって曖昧にしてきた日本社会の病巣を浮き彫りにし、「戦争を知らない世代」が今後ミクロネシアの人々と新たな関係性を築く際の手がかりとなるような作品として完結されることを期待したい。（森　亜紀子）

31 BANZAI Cliff（バンザイクリフ）

――沖縄の人々の証言からサイパンの「集団自決」を考える

サイパン島北端のマッピ岬は、「バンザイクリフ」という名で知られる。南西の海岸から北上してくる米軍と、その攻撃に押されて敗退を重ねる一方の日本軍に追い詰められ、多数の日本人移民が身を投げた海抜約80メートルの断崖絶壁である。人々が「天皇陛下、万歳！」と絶叫しながら、あるいは両手を挙げて投身する姿を目撃した米軍が後にこう名付けたと伝えられる。私は2009年の5月末、南洋群島帰還者会（沖縄に暮らす南洋群島引揚者の組織）が公式に主催する慰霊墓参団に同行し、初めてここを訪れた。断崖の上から下を覗き込むと、暗い紺碧の海原が広がり、真っ白な波が岩に砕け散る――絶望した人々の瞳に映り込んだだろう〈最期の光景〉である――。振り返ると、「スーサイドクリフ（自殺の崖）」と呼ばれる断崖が切り立つ。ここからも多数の日本人が投身自殺した。麓には沖縄出身の犠牲者を慰霊するために1968年に建立された「おきなわの塔」がある。塔の前で開かれた慰霊祭で目にした、あたかも65年前に引き戻されているかのような心ここにあらずの遺族の姿が、戦前に「南洋桜」として親しまれたという鳳凰木の花の深紅とともに強く印象に残った。

沖縄に戻り、慰霊祭に参加してきたことを沖縄本島中部のうるま市に暮らす佐次田光枝さんに伝えに行くと、光枝さんは「わっちも、もう一度行きたいねぇ」と呟いた。彼女もまた、あの岬からの生

たくさんの慰霊碑が並ぶバンザイクリフ周辺。近年、北マリアナ連邦政府はこの一帯をバンザイクリフではなくチャモロ語で「プンタンサバネタ（プンタン平原）」と呼ぶように推奨している（2009年）

還者の一人であるからだ。今も夜に目を閉じると、逃避行の場面が脳裏に映し出されるという。

１９４４年6月11日の大空襲の日、16歳だった光枝さんは島中央部に位置するタッポーチョー山の麓の家で過ごしていた。お昼の芋汁を食べているときに空襲警報が鳴り、逃避行の日々が始まった。北へ向かい始めて間もなく、父と長姉カマドの夫とはぐれた。爆撃で負傷して歩けなくなったカマドを母と次姉シズが交互に背負いながら逃げていると、「民間人がウロウロするな」と日本兵に怒鳴られ、泣く泣くカマドを置き去りにした。6月30日、母が艦砲射撃に背を大きくえぐられて息絶えた。最年長者となった次姉シズは、この頃から急激に追い詰められていった。カマドの赤子を抱き、下のきょうだい（三女光枝、四女竹子、四男盛市、六女正子）を引き連れて逃げる道中、行く先々で「赤子がうるさい」と日本兵に叱られ、やっと見つけた「良い壕」も「負傷兵のため」と追い出された。島の北端・マッピ岬（バンザイクリフ）の辺りまでやってきたのは、日本軍司令部が「玉砕」した7月7日頃のこと。シズは弟妹と赤子をみな目前に広がる海原に突き落とすことにした。陸で死ねばウジに喰われるが、海に飛び込めば綺麗な姿のまま沈んでゆける。だが、最後に自分ひとりで飛び込む勇気がない。躊躇していると日本兵に怒鳴られる。米兵に捕まれれば強姦されてしまうと信じ込まされていた。7月12日、手榴弾で「自決」するという人に出会った。シズは「自分も死ねる」と喜んだ。手榴弾を持つ人、シズ、乳飲み子、四女竹子、六女正子の5人が輪になって座り込んだとき、光枝さんは「絶対死なない」と1人

1940年頃、次男兄が出征した後に撮られた写真。前列右端が光枝さん、左へ順に弟の盛市、妹の竹子、良子、正子。真ん中の列の左端から母、長姉カマド、次姉シズ、父、テニアンの南洋興発附属専習学校に通っていた三男兄の盛三。後列は南洋庁関係者

反発し、弟の盛市の手を引いて岩陰へ逃げ込んだ。

入れ替わるように2人の朝鮮人「慰安婦」が「私も死なして頂戴」と輪に加わった直後、手榴弾が爆破された。駆け付けた光枝さんは、「肉が一面チリヂリバラバラ、脳は飛び出し、腸も飛び出し、血の海の屠殺現場みたい」な惨状を目にする。

こうしてサイパン島のバンザイクリフで始まった凄惨な「集団自決」は、その後同様の地上戦が展開されたグアム、テニアン、フィリピン、沖縄、満洲——いずれも帝国日本の外縁部——で何度も繰り返された。各地の「自決」現場からの生還者に取材を続けてきた下嶋哲朗は、沖縄のチビチリガマで起きた集団自決が、サイパン「玉砕」のニュースを知った「サイパン帰りのオジイ（戦中

中央が光枝さん、右が正子さん、左が筆者。正子さんは「自決」現場で輪になったが、朝鮮人慰安婦が偶然盾になり助かった。腹の側ではなく背中に火傷を負ったのは、輪の中心に置かれた手榴弾に咄嗟に背を向け、体を守ったからだろうか（沖縄県うるま市にて、2009年）

に沖縄に引き揚げていた人物）」の「サイパンでもこういう風にしたから、そうするべきだ」という声高な主張が引き金となっており、満洲開拓団の間で起きた集団自決では「沖縄にならえ！」が合言葉になっていたことを丹念に炙り出し、こうした国民の集団的な「自死」の連鎖を、「世界に例を見ない、日本人特有の死の形」であると規定した。

　この死の形は、山県有朋が発案した軍人勅諭「義は山獄よりも重く死は鴻毛より軽しと覚悟せよ　基操を破り不覚を取り汚名を受くることなかれ」（１８８２年）において自死こそ名誉とする「死生観」として定式化され、同じく彼発案の教育勅語（１８９０年）によって学校教育にも取り入れられた。以来、１９４１年の東条英機による戦陣訓「生きて虜囚の辱を受けず、死して罪過の汚名を残すこと勿れ」に至るまで脈々と為政者に受け継がれ、三世代（約60年間）を経て日本国民の心に深く根を下ろしたのである（下嶋、２０１２年）。

　沖縄の人々は、こうした死生観を中核とする国民精神を最も極端な形で植え付けられたといえる。日本政府の対沖縄政策は、琉球処分（１８７２～１８７９年）以後しばらくは旧慣温存政策を基調としたが、日清・日露戦争頃から「国民化」を推進する方向へ急旋回したからだ。他方で、新たに帝国日本の南端に編入した植民地台湾に対するような産業振興やインフラ整備を行うことはなかった。このため沖縄の人々は県内では就労の場を確保できず、海外移民に希望を託した他、貧しい人ほどパスポートのいらない外地（南洋群島、台湾、フィリピン、満洲）へ渡るようになった。そして、フィリピンでは「オートロ・ハポン（変な日本人）」、南洋群島では「ジャパン・カナカ（日本のカロリニアン）」と呼ばれて「日本人」ではなくむしろ現地住民に近い存在として差別された。それゆえ、なおさら日本国民にふさわしく振る舞おうと沖縄移民の内部から生活改善運動（琉球語・琉球風俗を払しょくする運動）が沸き起こった（冨山、1995年）。沖縄で南洋群島引揚者に聞き取りをしていると、沖縄はもちろんのこと、フィリピン、満洲で親・きょうだいを亡くしている人も多い。離散した肉親がどのように亡くなったのか知る人はいないが、「自死こそ誉れ」とする国民観念が移住先においてもなお彼・彼女らの心を深く捕らえ、生き延びようとする力を予め弱体化させていたことは想像に難くない。

サイパンの「集団自決」はなぜ起き、なぜその後もグアム、テニアン、フィリピン、沖縄、満洲で繰り返されてしまったのだろう。沖縄の人々はなぜ帝国日本の周縁部で離散死せねばならなかったのだろうか。また、どういう社会であれば、光枝さんのように極限状態にあっても「絶対に死なない」という強い心を持ち続けられる子供たちを育んでいくことができるだろうか。これらの問いを深く受け止め、社会のあり方を根本から変えていかない限り、「あの戦争」は終わることはない。

（森　亜紀子）

32 テニアン島とエノラ・ゲイ
――サトウキビ栽培地から原爆搭載地、そしてリゾートに

テニアン島は、マリアナ諸島の一角を成す石灰岩質の島で、陸地面積は約101平方キロメートル、サイパン島の南西数キロメートルの地点に位置する。最高峰のラッソ山は標高171メートルほどあるが、隆起珊瑚でできた平坦な土地が広がっている。先住民チャモロのラッテストーンの遺跡「タガの家」があることでよく知られているが、スペイン統治期の17世紀末には強制移住により無人島となり、牛や豚の放牧場となった。日本統治期には、半官半民の南洋興発株式会社の運営する製糖工場が稼働しており、沖縄や東北地方からやって来たサトウキビ栽培の労働者が多数生活していた。1939年の統計によれば、日本人1万5605人に対してわずかに外国人4人、ミクロネシアの人々13人が住むだけの帝国日本の島であった。

現在のテニアン島の人口は約3500人、日本統治時代の面影は薄くなり、アメリカ合衆国自治領北マリアナ諸島の一角をなす。テニアン島に行くには、グアム島から北マリアナ諸島の中心地であるサイパン島を経由する必要がある。サイパン島から一日10便以上運航されている小型機で、テニアン島中央部にあるテニアン国際空港に降り立つ。1998年にオープンした香港資本のテニアン・ダイナスティー・ホテル&カジノにはミクロネシア地域で最大規模のカジノがあり、中国をはじめ、東ア

ジアからの観光客も多かったが、同ホテルは既に破綻した。テニアン島まで足を延ばす日本人は多くはないが、沖縄出身者をはじめ日本統治期の旧移住者および元軍人・軍属が、太平洋戦争で亡くなった人々の慰霊のために定期的に訪問しており、慰霊碑も建立されている。

米軍上陸後に整備されたノースフィールド空港
［提供：Courtesy of The National WWII Museum］

リゾートホテルの跡とともに、テニアン島には人類史上最も残酷な出来事の痕跡が刻まれている。それは現在の国際空港ではなく、島の北部の飛行場跡の一角にひっそりとたたずんでいる。平坦な土地が広がるテニアン島は、太平洋戦争時に格好の軍事拠点となり、日本軍により島の北部はハゴイ飛行場として整備された。アメリカ軍上陸後はノースフィールド空港として整備され、グアム島のアンダーセン空港およびサイパン島のアスリート空港とともに日本本土爆撃の拠点となった。ノースフィールド空港には、当時としては最大級の約２５００メートルの滑走路が4本整備されていたことから、新兵器の搭載場所に選ばれた。広島と長崎に投下された原子爆弾、リトルボーイとファットマンはノースフィールド空港の一角にそれぞれに掘られた竪穴でＢ29型爆撃機に搭載された。当時の作業員

リトルボーイがエノラ・ゲイに格納される様子
［出所：www.atomicheritage.org］

は、原爆搭載についてよく知らされておらず、上半身裸や半袖などの軽装で作業にあたった。リトルボーイを搭載したのはエノラ・ゲイ、ファットマンを搭載したのはボックスカーと呼ばれるB29型爆撃機で、前者は現在、アメリカ合衆国ワシントンDCのスミソニアン国立航空宇宙博物館別館に展示されている。

原爆搭載地点の二つの竪穴は戦後放置され、簡易な看板が立てられていたものの、穴は埋めたてられていた。しかし、原爆投下60周年にテニアン島で行われた記念式典に際して、竪穴が掘り返され、戦跡として整備が進められた。現在、二つの原子爆弾が搭載された竪穴はガラス・ケースで囲まれて保存され、原爆が搭載された地点であることを明記した案内板が立てられている。1945年の写真では、滑走路の近くに枝分かれした形状の搭載地点2点を確認できるが、現在でも衛星写真でノースフィールド空港跡のなかに同じ形状を残したままの搭載地点を確認することができる。原爆搭載地点は、テニアン島の訪問者にとって島の数少ない見どころの一つとなっている。戦後、節目の年に行われた記念式典には、多くのアメリカ退役軍人も訪問してきた。近隣に配属されているアメリカ軍の研修地として利用されることもある。一方で日本からの訪問者は概して少なく、テニアン島が原爆搭載地点であったという事実もあまり知られていない。

テニアン島は地の利の悪さもあり、原爆が投下された広島・長崎、甚大な原発事故があったチェルノブイリなどとは異なり、訪問地としては十分に整備されていないのが現状である。敵国に使用するための核兵器の搭載という人類史の重要な局面が生起した場であったことを考慮すれば、テニアン島は、戦後史のなかで忘れられた場所であったといっても過言ではない。戦史研究のなかでもテニアン島は看過されてきた。核開発が進められた「マンハッタン計画」やニューメキシコ州での核実験などを対象とした研究は数多くあるが、テニアン島が原爆搭載地となるまでの史資料の検討は十分になされてこなかった。近年になって、テニアン島在住の郷土史家ドン・ファレルは『テニアンと爆弾』（2018年）で、新たに発掘した史資料からテニアン島で原爆が搭載されるまでの経緯について、3世代でアメリカ軍に関わってきた自身の家族史とともに検討している。当時の科学技術、軍事戦略、政治的思惑が一時的にでも集約された場がテニアン島であったということが垣間見えてくる。

現在の原爆搭載地点［提供：時事通信フォト］

大日本帝国によって経済開発の場として、そして軍事拠点として活用された島で原爆が搭載されたという歴史的事実について、我々は改めて考えさせられる。沖縄や広島・長崎とはまた別の観点から、テニアン島は平和教育の場となる可能性を持っている。一方で、アメリカ中心の歴史観においては、戦争の長期化によってさらなる犠牲が生じることを回避した英断として原爆投下を肯定的に評価する傾向も根強くあり、テニアン島が必ずしも人類の「負の遺産」を学ぶ場として位置づけられるとは限らない。ノースフィールド空港跡がアメリカ軍の研修地として活用されるのも、自軍の過去の事績を確認するためである。1995年にスミソニアン国立航空宇宙博物館で、エノラ・ゲイの企画展が計画された際には、アメリカ退役軍人らからの強い反対があり、原爆投下に至る政策過程の検証や、原爆投下後の人的・物的被害の展示は当初の企画から削除された。原爆が搭載されたテニアン島、原爆を搭載したエノラ・ゲイを巡る歴史認識は現在でも論争の的となり、「記憶のポリティクス」を生成している（米山、2003年）。

もう一つ忘れてはならないのは、現地社会の視点である。現在テニアン島には、戦後の再定住を経てチャモロの人々も住んでいる。かれらからすれば自身の関知しえない、列強の軍事戦略によりテニアン島は原爆搭載の地となった。自らが選択しえなかった過去に遡って不可避的に「原爆搭載の地」と見なされてしまうことに対して、かれらは現在の住民として痛みを覚えるという。テニアン島における戦争の記憶は戦争当事国の日本やアメリカの観点からのみ想起されがちであるが、ローカルな戦争の記憶は、日米いずれの史観からもこぼれ落ちてしまう視点を示唆してくれる。

（飯高伸五）

33 日系人収容の話
――オーストラリアに送られた日本人・日系人抑留者たち

1941年12月8日、太平洋戦争勃発により連合軍支配下にあるアジア太平洋地域の各地に居住する日本人・日系人が敵性外国人として抑留された。アメリカやカナダで起こった日系人収容については比較的よく知られているが、本章では、まだあまり知られていない東南アジアやオセアニア地域の日系人・日本人抑留に光を当てる。

第二次世界大戦中、オーストラリアは各連合軍政府の要請で、捕獲された戦争捕虜のみならず、多くの民間人抑留者を受け入れた。全国17カ所に収容所が開設されたが、3カ所の収容所で民間人の日本人が抑留生活を送った。日本人は最大時4000名を超えた。その内訳はオーストラリアで拘留された者（以降「豪州組」と呼ぶ）が1141名、蘭領東インド（現在のインドネシア）の1949名、仏領ニューカレドニアから1124名、ニューヘブリデス（現在のヴァヌアツ）の34名、そして少し遅れてニュージーランドから50名が送られてきた。これらの抑留者たちの多くは、明治後期から大正、昭和の南洋ブーム時代に渡った出稼ぎ移民労働者や彼らの現地の家族や二世たち、また企業の駐在員などである。最も人数が多かった蘭印組には、当時日本統治下にあった台湾籍や朝鮮籍の人々約500名（大多数が台湾籍）も含まれていた。

蘭印の日本人コミュニティは、スマトラ、ボルネオ、ジャワ、セレベス、蘭領ニューギニアと広範囲に点在していた。抑留者たちは、現地で一時拘留され、チラチャップに移動し、そこから2隻の護送船でオーストラリアへ移送された。そのうち1隻のクレーメル号に乗船した抑留者は手記でこの航海を「地獄」と呼び悲惨な船旅を回想している。

ニューカレドニアの日系社会は１８９２年から１９１９年まで続いたニッケル鉱山の出稼ぎ労働者が基礎になっている。重労働の鉱山から逃亡し農業や漁業で身を立て、現地人の女性と所帯をもった男たちが多かった。また、ヌメアの都市部では、商業ビザで雑貨屋や仕立て屋などを構える日本人家族がいた。１９４１年にはニューカレドニア在住の日本人・日系人は１３４０名になっていた。そのうち１１２４名が抑留され、オーストラリアに4隻の船で移送された。男たちは、着の身着のままで逮捕されてオーストラリアへ移送された。日本人家族の妻や子供は移送船が出るまで軟禁状態で待機し、男たちと一緒にオーストラリアへ送られた。しかし、現地人妻や日系二世は抑留対象にならず、家族離散が起こった。

ニューヘブリデスの日本人コミュニティは小さく、農業、漁業、船大工業などで生計を立てていた。34名が連行され、シドニーへ移送された。ニュージーランドは日本からの契約移民を受け入れておらず、抑留された日本人は数人のみだった。ニュージーランドは近隣のフィジーやトンガで拘束された日本人抑留者（合計48名）を一旦受け入れ、ソーメス島とパヒアツア収容所でしばらく抑留した。フィジーの日本人には現地人妻との家族持ちがいたが、ニューカレドニアと同じように妻子は抑留の対象外で父親のみが連行され、家族離散を起こした。彼らは、ニュージーランドから１９４３年11月に

オーストラリアの民間人戦時収容所の位置

オーストラリアへ移送された。

豪州組も開戦と同時に各地で抑留され、内陸部に設営された収容所へ送られた。オーストラリアの収容所へ送られてきた日本人民間抑留者たちは、基本的に三つのグループに分けられた。単身男性は南オーストラリア州のラブデー収容所（地図上の1）およびニューサウスウェールズ州のヘイ収容所（2）に、家族組や女性はビクトリア州のタツラ収容所（3）に収容された。豪州組も、それぞれ1942年3月ごろまでにはおおよそ収容所に落ち着いた。しかし、同年8月には、第1回日英捕虜交換が行われ、日本人は外交官や領事館関係者、日本企業の駐在員などを中心に、オーストラリアから31名、ニューカレドニアから74名、蘭印から715名の合計871名（タイ人4名を含む）が交換船でオーストラリアを離れた。第2回捕虜交換は交渉がもつれ、実現しなかった。

オーストラリア政府はジュネーブ協定の捕虜取

り扱い規約に基づき、抑留者の処遇に注意を払った。そのため、抑留者の日常の生活に対する不満は少なかった。生活必需品やその他必要な物資は供給され、食糧も十分供給された。収容所内の運営は抑留者による運営委員会にまかされ、収容所内ではかなりの自由が許された。愛国的行事も盛んに行われたが、オーストラリア側の管理本部は厄介な問題を起こさない限り、あまり干渉しなかった。ジュネーブ協定により、抑留者は労働を強制されることはなかったが、自発的に仕事に就くことはできた。日当はすべて1日1シリング（当時約1円）で、賃金が支払われる仕事としては、農園、収容所の建設および改善、調理、仕立ておよび修繕、靴修理、薪割り、家畜飼育などがあった。

終戦から3カ月後の1945年11月15日、収容所には3268名の日本人抑留者（台湾人437名、朝鮮人2名を含む）が収容されていた。豪州組は抑留者本人がオーストラリア生まれ、または家族にオーストラリア生まれがいる場合は、残留するか日本へ引き揚げるかの選択が与えられ、141名が残留した。しかし、その他の地域から移送されてきた者は、管轄政府の方針でその選択肢は与えられず、全員日本へ強制送還となった。その結果、ニューカレドニア、蘭印、ニューヘブリデス、フィジーなどでは現地に家族を残したまま戦後も家族離散を起こすこととなった。日本人の引き揚げは1946年2月光栄丸と大海丸の2隻で、3月には台湾人と朝鮮人が駆逐艦宵月でオーストラリアを離れた。

戦時中に193名の日本人抑留者が病気や高齢のために収容所で亡くなった。彼らは、各収容所近辺の一般墓地にいったん埋葬された。しかし、戦後、日豪両政府の計らいで日本人戦争捕虜の脱走事件で234名の死者を出したニューサウスウエールズ州のカウラ（地図上の4）に日本人戦争墓地が設置されることになり、1962年、各地に散在していた民間人抑留者の遺骨がカウラに改葬された。内訳は子供3名を含む合計193名で、そのうち、台湾出身者が11名、朝鮮出身者が1名含まれる。このカウラ日本人戦争墓地では定期的に慰霊祭が行われており、カウラ日本人戦争墓地というウェブサイトも立ち上がった。このサイトからカウラに永眠している民間人抑留者についてのデータベースを見ることができる。

（永田由利子）

コラム 7

メラネシアにおける戦争の語り口

太平洋戦争に関する調査は日本軍あるいは連合国軍の視点からなされたものが大半を占め、戦いの舞台となった太平洋の人々の視点が欠落してきた感は否めない。ようやく1980年代後半以降、とくにメラネシアの人々の戦争体験に関する研究が提出されるようになった。一連の研究において、インタビュー調査を行う者の属性――たとえば日本人か、アメリカ人か――がメラネシアの人々の語りに影響を与えるという興味深い指摘がなされている。以下、マーティ・ゼレニエッツと斉藤尚文の論文（Zeleneitz and Saito 1989: 167-184）をもとに、メラネシアの人々の戦争の語り口を考察する。

ゼレニエッツと斉藤がおもに調査を行ったのは、ニューブリテン島の北西部に居住するキレンゲの人々である。1942年、日本軍は同島の北東部のラバウルをオーストラリア軍から奪取し、陸海軍の航空隊の基地を含む一大拠点を築いた。また、日本軍は同島各所に小集団を配備し、キレンゲの土地の一部も占拠したという。こうしてキレンゲの生活空間に日本軍が侵入し、両者のコンタクトが始まった。なお、日本軍による占拠以前に焚き木の煙などを狙った爆撃や掃射はあったようだが、キレンゲの土地で日本軍と連合国軍の本格的な戦闘が行われたことはない。

日本人人類学者の斉藤がキレンゲの戦争体験に関するインタビューを行ったところ、キレンゲの人々は日本兵の寛容さ、礼儀正しさを強調するとともに、自分たちと協調的・友好的な関係を築いたことを誇らしげに語るという。一方、北米出身の人類学者であるゼレニエッツらが同地域で調査を行った結果は、それと対照的であった。人々によれば、日本軍の侵入が始まると自分たちの多くは山中に逃げ込み、後にアメリカ軍が到来するまで海岸部の村落に戻らなかったという。そうだとすれば、そもそもキレンゲの人々と日本兵の直接的な交流は限られていたことになる。また、日本兵はキレンゲの畑から食料を奪い、ココヤシの木にダメージを与え、家屋や所有物を破壊するなどの理不尽な振る舞いをしたという。

1943年1月、アメリカ軍による爆撃を受けるラバウルの飛行場
［出所：National Museum of the U.S. Air Force］

一方、アメリカ軍についてである。キレンゲの人々は斉藤に対してアメリカ軍がキレンゲの若者を徴用して家族の元から引き離し、ブーゲンヴィル島などの戦地に連れて行ったこと、その結果、幾人かが命を落としたことを批判的に語るという。ところが、人々はゼレニエッツらに対してはアメリカ兵の寛容さ、驚くほどの気前の良さ、物質的な豊かさ、そして彼らの平等主義的な態度などを称揚するのだという。

このようなキレンゲの人々の語りは、インタビューを行う者が異なれば語る内容も異なることを示している。ここでキレンゲの人々にとっての物語りおよびその語り口に注目してみる。キレンゲにおいて物語りは、話し手と聞き手の弁証法的なプロセスを経て、両者の共同作業で創出されるという。そのさい、話し手は、聞き手が聞きたいと思っている内容を推し量り、提供しようと努める。というのも、物語りとは余暇活動の一つであり、その話が事実かどうかよりも、聞き手が望むであろう話を伝え、聞き手を楽しませることに重点がおかれるからである。加えて、キレンゲの人々は聞き手への気遣いを怠らない。聞き手との関係を有する人々（斉藤にとっての日本軍、ゼレニエツらにとってのアメリカ軍）を肯定的に語ることは、聞き手に敬意を払い、聞き手を称揚することでもあるという。

キレンゲの人々は、たとえ戦後世代であっても自らを物語りの中心におき、あたかも昨日の出来事であるかのようにヴィヴィッドに戦争を語る。彼らにとって唯一の正しい戦争体験など存在しないが、それぞれの語りに人間的な深み・重みがあるといえるだろう。

（石森大知）

第Ⅳ部

戦争の傷跡を乗り越えて

34 慰霊巡拝
――ミクロネシア・メラネシアの旧戦場を旅する

厚生労働省は、第二次世界大戦の海外戦地における日本人戦没者数を240万人と概算している。その内訳は軍人・軍属が約210万、民間人が約30万人である。旧厚生省は1952年から南方戦線で遺骨収集を始めており、今日にいたるまで戦没者や抑留中死亡者の遺骨収集事業が継続されている（第35、36章参照）。遺骨収集事業と並び、旧厚生省および現厚生労働省は、戦没者慰霊事業に取り組んできた。事業内容は主として戦没者慰霊碑の建立と遺族を募って実施される戦地への慰霊巡拝である。

1971年、東京都小笠原村硫黄島に「硫黄島戦没者の碑」が建立されているが、海外の戦地には1973年にフィリピン共和国ラグナ州に「比島戦没者の碑」が建設されたのを皮切りに、現在に至るまで15の戦没者慰霊碑が建立されている。ミクロネシアおよびメラネシア地域には、中部太平洋戦没者の碑（アメリカ合衆国自治領北マリアナ諸島サイパン島マッピ、1974年3月建立）、南太平洋戦没者の碑（パプアニューギニア・イーストニューブリテン州ラバウル、1980年9月建立）、ニューギニア戦没者の碑（パプアニューギニア・イーストセピック州ウェワク、1981年9月建立）、東太平洋戦没者の碑（マーシャル諸島共和国マジュロ、1984年3月建立）、西太平洋戦没者の碑（パラオ共和国ペリリュー島、1985年3月建立）がある。

これらの慰霊碑に刻まれている概算戦没者数は、中部太平洋（マリアナ諸島、東カロリン諸島、メレヨン環礁等）約11万8700人、南太平洋（ビスマーク諸島、アドミラルティ諸島、ソロモン諸島）約11万300人、西イリアンを除くニューギニア島約12万7600人となっている。東太平洋（マーシャル諸島、ギルバート諸島）および西太平洋（パラオ諸島）については記載がないが、陸海軍関係の資料等からは、マーシャル諸島7790人、ギルバート諸島5214人、パラオ諸島ペリリュー島1万695人、同アンガウル島1191人の戦死者が出たほか、パラオ諸島バベルダオブ島では戦没者のほかに餓死者も多数いた。日本統治下にあった赤道以北のミクロネシア（旧南洋群島）には、現地召集の軍人・軍属のほか、一部本土への避難途中に米軍の魚雷で命を落とした民間人移住者も多く、死者数の把握は困難である。

ペリリュー島、西太平洋戦没者の碑（2017年）

戦没者慰霊碑の前で実施される現地慰霊巡拝については、1970年代後半から旧厚生省により組織され、各都道府県援護担当課を通じて参加遺族――戦没者の配偶者（再婚した者を除く）、父母、子、兄弟姉妹、参加遺族（子・兄弟姉妹）の配偶者、戦没者の孫、戦没者の甥・姪――の募集が行われている。参加者には旅費の3分の1が国費から補助される。近年、遺族の高齢化が進み、既に亡くなった人も多いが、現在でも厚生労働省

ペリリュー島の公共墓地にある慰霊碑群（2017年）

主催の慰霊巡拝は実施されている。２０１９年度には、硫黄島と海外戦地各地の合計で４１７人の参加者が募集されている。このうち、普段民間人の立ち入りができない硫黄島では、１００人の巡拝団が2回にわたって募集されている。ミクロネシア地域とメラネシア地域を含め、それ以外の戦地は10名から20名程度の少人数で参加者が募られている。

もっとも、これら公的機関が主導した慰霊巡拝に先立ち、元軍人・軍属や旧移住者らは、日本人の海外渡航が可能になった１９６０年代後半から自発的に慰霊墓参団を組織し、様々な団体ごとに海外戦地を訪問し、独自の慰霊碑を建立してきた。旧南洋群島で激戦地となったマリアナ諸島およびパラオ諸島には、部隊ごとに建てられた、あるいは旧移住者によって建てられた慰霊碑や観音像、戒名が刻まれた墓碑などが多くある。

パラオ諸島では、アンガウル島の戦いの生き残りで、戦記物の書き手としても多数の著作を出版している船坂弘（１９２０～２００６）が、１９６８年に戦後初めての慰霊墓参団を組織している。そして、コロール島の日本人墓地、ペリリュー島、アンガウル島には、船坂の著書の印税や寄付金によって慰霊碑が建立された。その後、ペリリュー戦に従事した宇都宮第14師団歩兵第二連隊の生存者や遺族をはじめ、各部隊や出身地域ごとに慰霊祭が実施され、多数

サイパン島、バンザイクリフの慰霊碑群（2013年）

の慰霊碑が建立された。現地社会では、日本統治期に日本人移住者と現地人女性との間に生まれた「日系」の人々がパラオサクラカイというアソシエーションを組織し、日本からの慰霊団の受け入れにあたるとともに、現地での慰霊碑建立の便宜を図った。

戦後ミクロネシア地域から沖縄に帰還した人々は「南洋帰り」と呼ばれ、現地慰霊祭を熱心に行ってきた。「南洋帰り」は早くも１９４８年に南洋群島帰還者会を設立し、当初はミクロネシアへの再定住の請願、後に早期の慰霊墓参実現の請願を行ってきた。そして、慰霊墓参が実現すると、１９６８年にサイパン島のススペに「おきなわの塔」を建立した。塔は１９７４年に同島北部のスーサイドクリフの麓に移転され、現在は日本政府による「中部太平洋戦没者の碑」と隣接している。ここから少し離れたところには、多くの民間人が身を投げたバンザイクリフがある。バンザイクリフは多数の慰霊碑が建ち並ぶ慰霊の場であるとともに、風光明媚な景観から観光客の記念撮影の場所にもなっている（第31章参照）。

南洋群島帰還者会の下には、居住していた島々を単位として任意団体が設立され、沖縄の「南洋帰り」による各地への慰霊墓参を組織してきた。近年では、旧移住者の高齢化により、慰霊墓参に行く人々は減少し、解散した団体もある。それでも、現地への慰霊墓参は観光や文化交流もかねて一般参加を募って実施されており、「南洋帰り」の二世、三世も参加している。また、戦後世代への記憶の継承のために、サイパン、テニアン、ロタ、パラオでは、日本統治時代の公的建築物跡に標識を立て、かつての移住者の暮らしぶりを次世代に継承しようとする事業が行われている。こうして現地慰霊祭は若い世代にとって学びの機会ともなっている。

メラネシアへの民間団体の慰霊は、地の利の悪さや現地の不安定な政治・社会情勢もあり、ミクロネシア地域よりも遅れて始まった。ニューギニア戦線に従事した第18軍には長野県出身者が多かったが、１９７１年に設立された長野県ニューギニア戦友会（１９９３年、長野県ニューギニア会に改称）は、１９７７年に第1回の慰霊団を組織している。現地慰霊団の派遣は２０１８年で第39回を数え、これまで慰霊祭に参加した人々は延べ７００人以上にのぼる。慰霊団はウェワクの慰霊碑や観音像の前で慰霊祭を行うほか、交流事業として現地学校訪問なども行っている。ソロモン諸島およびニューギニア島東部に比して、ニューギニア島西部にあたるインドネシア領の現パプア州への訪問はさらに困難であった。それでも同会は、これまで3度の現地訪問を行っている。

忘れられがちなことであるが、太平洋戦争には、朝鮮半島や台湾から徴用された現地人も参加していた。ニューギニア戦線もその例外ではなく、台湾原住民の高砂義勇隊などが投入された。近年では国立台東大学の蔡政良が、戦死した高砂義勇隊の子孫と共に現地訪問し、祖先の霊を故地に連れて帰る鳥の翼をかたどった慰霊碑をウェワクに建設、その一部始終をドキュメンタリー映画『高砂義勇隊の翼』（The Wings of the Takasago Giyutai 高砂的翅膀、２０１６年）に収録した。慰霊を巡る実践が日米の戦争当事国の観点からだけでは捉えきれないことを物語っている。

（飯髙伸五）

35 ミクロネシアにおける遺骨収集

――遺骨をめぐる人々の様々な思い

かつてミクロネシアの多くの島々は、南洋群島と呼ばれ、大日本帝国が国際連盟によって委任統治を託されていた。国際連盟による委任統治の時代には軍事基地を置くことは禁止されていたが、日本が国際連盟を1933年に脱退した後には、これらの島々にも軍事基地が築かれていった。特に、当時はトラック島と呼ばれていたカロリン諸島のチューク諸島は、連合艦隊の一大基地となり、戦略的に重要拠点として位置付けられた。

1941年より始まった太平洋戦争では、ミクロネシアの多くの島々が戦場となった。とりわけ1943年以降、ソロモン諸島の戦いに勝利したアメリカ軍は、ミクロネシア方面への進撃を始め、1943年11月から1944年2月までのギルバート・マーシャル諸島の戦いから、1944年2月17日・18日のトラック島空襲を経て、1944年6月から11月までのマリアナ・パラオ諸島の戦いにおいて、多くの島々が戦場となった。

ミクロネシアへの進撃では、アメリカ軍はいわゆる「飛び石作戦」を実施した。それは、島を一つずつ順番に攻略していくのではなく、一つずつ飛ばして攻略していくという作戦である。そうすることで、戦力を分散させず集中して用いることができることに加え、攻略されずに残された島も補給線が絶たれて孤立し自然壊滅に任せることができるという効果があった。この作戦のため、攻略の対象として選ばれた多くの島々では、そこを守備する日本軍は玉砕にまで追い込まれた。中でもサイパン島では島に居留していた民間人も玉砕戦に巻き込まれ、約3万人の日本兵に加え、約1万人の民間人が死亡した。また攻略されなかった島も、飢餓によって多くの兵や民間人の命が失われた。

戦争が終わり、島に残された日本人戦没者の遺骨収集が開始されたのは1952年の平和条約（サンフランシスコ講和条約）の発効後からである。通常、戦没者の遺骨収集はその国の軍がおこなうことが多いが、日本は戦後に軍が解体されたため、厚生省（現在の厚生労働省）が事業を担当することとなった。また日本遺族会や日本戦没者遺骨収集推進協会などの複数の民間団体も遺骨収集事業に協力している。

ミクロネシア全体での戦没者の概数は24万7000人とされ、これは海外戦没者全体の概数240万人のおよそ10分の1にあたる。このうちこれまで収容された遺骨数は約7万3900柱、未収容の遺骨数は約17万3100柱であり、7割ほどが未収容であることから、この事業の難しさをうかがい知ることができる。また終戦からすでに長い年月が経っていることから、情報が少なくなったり、現地の状況も変化したり、また遺骨収集事業に協力してきた遺族の高齢化や世代交代が進んだりすることによって、その実施が徐々に困難になってきているのも事実である。

以下では筆者が関わった経験のある、パラオのペリリュー島での遺骨収集事業の事例について紹介してみたい。

ペリリュー島はミクロネシアの中でもとりわけ激しい玉砕戦がおこなわれた島の一つである。19

密林に覆われた「石松」壕の様子（2005年）

４４年９月15日に始まった戦闘は、その後２カ月以上にわたって続き、11月27日に日本軍の組織的な抵抗は終わったが、１万人以上の日本兵が戦死した。遺骨収集事業によってこれまで７７８９柱の遺骨が収容されたが、島の洞窟やトーチカ跡にはまだ多くの遺骨が残されているといわれている。

筆者は、２００５年３月に実施された厚生労働省遺骨収集調査事業に考古学専門家として同行し、前年に遺骨が確認されたペリリュー島の「石松（イワマツ）」壕において調査をおこなった。考古学の専門家として参加した理由は、戦跡（戦争遺跡）を文化財として保護していこうとするパラオ政府の意向を受けてであった。遺骨収集にあたっては、考古学的手続きによる発掘と記録の作成、さらには形質人類学者による人骨の同定が条件として当局から示された。そのため筆者に加え、法医人類学の専門家も調査に参加した。この背景には、前年の2004年にカナダのテレビ局が「石松」壕を不法に発掘して遺骨を撮影したために逮捕され、罰金刑に処せられた事件があったと考えられる。

3月の事業は、まず遺骨の存在を確認し、現地当局と収容方法について協議することが目的で、翌年に実施する予定の収集事業の予備調査という性格のものであった。しかしあいにく現地当局との協議では折り合いがつかず、結局翌年の調査も延期されることとなった。

現地との折り合いがつかなかった理由としてはいくつかの可能性が考えられる。一つは、パラオにおいて戦跡を文化財とみなし、それを保存しようという意識が高まったことが挙げられる。遺骨収集によって遺骨を収容することは、考古学的に見れば遺構の破壊に他ならない。以前の遺骨収集事業では、戦跡の保存ということが考慮されたことはほとんどなく、それが現地で問題となったこともあったという。例えばフィリピンでは、日本の遺骨収集団が現地の埋葬遺跡を発掘して遺骨を持ち出したため、祖先の遺骨を奪われたとみなした現地住民との間でトラブルになった事例もあった。

特にパラオにおいては、戦跡に対して現地住民が特別な感情をいだいていることが多いといわれている。パラオの人々は伝統的に死者への敬意が非常に厚く、たとえ外国人であってもパラオで亡くなれば「親族」とみなされ、霊はその埋葬地で永遠の安らぎの場を得るとされるという。そのため玉砕の地はパラオ人にとっても「聖地」であり、死者の眠りを妨げたくないという意識が強いという。それがかえって、たとえ日本人であっても遺骨に手を出してほしくないという感情につながった可能性も考えられる。

もう一つの理由としては、遺骨収集団を受け入れる見返りに現地側が経済的な利益を求めたという可能性が考えられる。このとき現地当局は、遺骨収集事業を認める代わりに政府開発援助（ＯＤＡ）の経済支援を要求し、それがかなわなかったため交渉が不調に終わったという話も聞いたことがあるが、真偽のほどは不明である。しかし同時期に、フィリピンの遺骨収集事業でも現地住民から対価を要求され、そのことが日本でも報道され問題となったことがあった。

ペリリュー島の旧日本軍司令部跡（2005年）

結局「石松」壕で遺骨収集が実施され、6柱の遺骨が収容されたのは2015年3月のことである。これは、同年4月に天皇皇后両陛下がパラオに行幸されるのを前に、ペリリュー州知事が遺骨収集事業に協力する意思を表明し、そのことが事業の実施につながったものと考えられる。

パラオをはじめ、ミクロネシアには親日的な国が多いといわれている。しかし太平洋戦争で多くの島が戦場となり、その現地住民も深く傷ついたこともまた事実である。遺骨収集は、そうした戦争のトラウマに触れるものであることもまた事実であろう。

（石村　智）

36 メラネシアにおける遺骨収集
――歴史的経緯と現在の状況

第二次世界大戦（1939〜45年）では、およそ310万人の日本人が命を落とした（当時、日本の統治下にあった地域の人々もここには含まれている）。そのうち海外（沖縄含む）で亡くなったのは240万人、激戦地の一つであったメラネシア（東部ニューギニアおよびビスマーク、ソロモン諸島）でも25万人近くが命を落としている。

日清戦争以降、海外で死亡した兵士の遺体・遺骨はすべて日本に送還されるのが原則であった。しかし1943年のガダルカナル島戦以降は、戦況の悪化とともに遺体収容は困難になり、日本に帰せないことが常態化していった。遺骨の代わりに家族の元に届けられたのは、遺留品や霊璽《れいじ》（死者の名を刻んだ小型の標柱）、場合によっては戦地の砂や石であった。たとえばガダルカナル島での戦没者の遺族には「留魂砂」と称した白砂が届けられた。

結果として240万人の死者の中で遺骨が日本に戻ったのは128万だけで、今もなお112万を超える遺骨は未収容のままである。メラネシア地域にも13万を超える遺骨がのこされている。これらの遺骨の収容・帰還に関心が向けられるようになったのは、海外に残された生存者の引き揚げが概ね終わった1950年代に入ってからだった。1952年から58年にかけて実施された第一次遺骨収集は、国交未回復の地域および相手国の事情から入域が困難な地域を除いた広い範囲の旧戦地で実施され、1万1000柱以上の遺骨を持ち帰った。中でも1955年に運輸省航海訓練所の練習船「大成丸」によって実施された東部ニューギニア・ソロモン諸島方面での収集活動では約6000柱と大きな成果を上げている。だが、これは先述した全戦没者の数からすればごくわずかにすぎない。この数の少なさの背景には当時の収集活動の方針があった。この活動で目指されていたのは全ての遺骨を持ち帰ることではなく、発掘した中の一部の遺骨のみを「象徴遺骨」として持ち帰り、その他は現地にのこして慰霊碑を建てるなどして慰霊することだったのである。持ち帰った遺骨のうち、身元が判明したものは家族の元に、不明分については1958年に竣工した千鳥ヶ淵戦没者墓苑に納骨され、政府はこれで海外での遺骨収集は概ね終了したものとした。

だが1960年代に入ると状況は一変した。高度経済成長を経て生活の安定を得、また海外渡航自由化（1964年）で交通手段も確保した遺族と戦友が、自ら旧戦地を訪ねるようになったのである。現地で野晒しになった遺骨を目にし、彼らは政府にさらなる遺骨収集の実施を要請した。政府はこれに応えて第二次（1967〜72年）、第三次（1973〜75年）の大規模な遺骨収集事業を実施した。これ以降の収集活動では第一次とは異なり、発掘した遺骨はすべて日本に持ち帰られている（遺骨収集の歴史的経緯については浜井〔2014年〕を参照のこと）。

この時期にはメラネシア地域へも大規模な遺骨収集団が派遣された。第二次計画では1969年に東部ニューギニアに55名を派遣し8800柱、1970年にはニューブリテン島、ブーゲンヴィル島に26名を派遣し2600柱を収集した。また第三次計画ではメラネシア各地に計四次、延べ240名

遺骨の捜索（2014年）

以上を派遣し６０００柱近くを収集している。これらの収集活動で大きな役割を果たしたのが１９６０年代に活発化した戦友会、遺族会であった。特に、東部ニューギニア戦友会、ラバウル陸海軍戦友会、全国ソロモン会など全国規模で組織された戦友会は、上記の遺骨収集団に人員面、資金面共に大きく貢献した。またこれらを含む多くの団体が、政府主催のもの以外にも自主的な遺骨収集団・慰霊団を多く派遣している。

　第三次計画が終了した１９７６年以降も、残存遺骨の情報が寄せられた場合にはそのつど収集団を派遣するという形で遺骨収集帰還事業は継続された。１９９５年までの間に、東部ニューギニアには計８次で延べ１７００人が派遣され２００柱近くを、ビスマーク・ソロモン諸島には計13次で延べ４２４人が派遣され１万柱以上を収容している（政府の遺骨収集政策については厚生省（１９９７年）を参照のこと）。

　一方で１９８０年代以降、政府の慰霊事業は遺骨収集から慰霊巡拝へと重点を移していった。この背景には遺族・戦友世代の高齢化がある。特に２０００年代以降は戦友会の活動が下火になっていく中で、遺骨は物理的に風化していくだけでなく、日本社会における遺骨についての記憶自体も徐々に風化しつつあるといえよう。

こういった中で２０１６年に施行されたのが「戦没者の遺骨収集の推進に関する法律」である。同法の下で社団法人「日本戦没者遺骨収集推進協会」が設立され、２０２４年までの期間に集中的な遺骨収集の推進を目指している。遺族・戦友の高齢化と遺骨の風化を考えると、この活動は集中的な遺骨収集の最後の機会になるかもしれない。

最後に現在の遺骨収集活動の様子を、筆者自身が活動に同行したあるボランティア団体を事例に紹介しよう。この団体は戦友会の若手有志メンバーを中心に構成されており、ソロモン諸島のガダルカナル島（戦争で2万人の日本兵が命を落とし、いまだ1万以上の遺骨がのこされている）山中での遺骨収容および戦没者の慰霊を目的に２０１０年から活動を行っている。

山中にはいまだに砲弾がのこされている（2014年）

遺骨収容では事前の情報収集が重要である。この団体では渡航前に戦史やこれまでの活動の記録の分析、また事情に詳しい現地邦人やソロモン人の地権者と相談を重ねて活動地を決定する。町から四輪駆動車で2時間ほど入った山中は密林が濃く、単独行動では遭難の危険があるため、ソロモン人メンバーを含む小グループでの行動が徹底される。30度を超える蒸し暑さの中で、金属探知機なども用いて可能性の高い場所を特定し、重

焼骨式（2014年）

い粘土質の土を手作業で掘削する。薬品のガラス瓶やベルトのバックル、メガネのフレームなどの生々しい遺留品とともに発掘、収容される遺骨のほとんどは、70年間の月日で腐食し、風化した骨の断片であり、全身が揃うケースは多くはない。掘り出された遺骨は、きれいに土や泥を落とされ、専門家の鑑定を受けて日本人の骨であることが確認され、現地で荼毘に付される。遺骨の個人特定がなされたケースは筆者が２０１３～16年に見た中では一度もなかった。遺骨は日本に持ち帰られ、「無名戦没者」として千鳥ヶ淵の戦没者墓苑に納骨される。２０１５年以降は人物特定の可能性ありと判断された一部の骨についてはＤＮＡ鑑定の検体として厚労省に保管されている。

最後に、強調しておきたいのはこの活動におけるガダルカナル島の現地の人々によるサポートの重要性である。彼らは単なる土地所有者ではなく、１９６０年代からこの活動を手伝ってきたベテランでありプロフェッショナルである。体力面ではもちろん、捜索場所や方法についての経験や知識の面でも、彼らなしには活動は成立しない。また彼らにとっても定期的な遺骨収容活動の手伝いは貴重な現金収入源であり、その知識や経験は世代を超えて継承される、自分たちの土地に関するきわめて重要な知見となっている。

（深田淳太郎）

37 ミクロネシアにおける戦争遺跡観光

――観光資源か、文化財の保存か、それとも

太平洋戦争においてミクロネシアの多くの島々は戦場となった。そうした戦跡には、今でも大砲や航空機の残骸といった遺物が残されていることも多い。あるいは実際には戦闘がおこなわれなかった島であっても、砲台やトーチカといった遺構が残されていることも多い。戦後、こうした戦争遺跡を目的に訪れる観光もおこなわれるようになった。

こうした戦争遺跡観光の目的としては、一つには慰霊を目的としたものが挙げられる。これは特に日本人戦没者の遺族が参加するものが多く、日本遺族会が実施する慰霊巡拝の事業などが代表的なものである。しかし遺族の高齢化や世代交代を背景に、慰霊を目的とした観光は徐々に減少していく傾向にある。

もう一つは、純粋に戦争遺跡を観光の対象としたものである。その中には、歴史的な遺産の一つとして戦争遺跡をみなすものから、いわゆる「ダーク・ツーリズム」の対象、すなわち負の遺産として戦争遺跡をみなすものまで含まれる。さらには、そうした戦争遺跡の歴史性にあえて目を向けずに、いわゆる「廃墟」を探検するようなアトラクション的な観光のあり方もまた、ここに含まれるだろう。

ミクロネシアには太平洋戦争で沈められた数多くの艦船が、沈船（レック）として水中に残されて

おり、特に有名な場所としては、ミクロネシア連邦チューク諸島とパラオ諸島が挙げられる。これらの場所では、スクーバダイビングで沈船に潜るレック・ダイビングが盛んで、こうした沈船すなわち戦争遺跡が観光資源にもなっている。

このうちミクロネシア連邦チューク諸島は、かつてトラック島と呼ばれ、連合艦隊の一大拠点であったため、1944年の2月17日から18日にかけてアメリカ軍の激しい空爆を受け、50隻近くの艦船が沈められた。その中には巡洋艦3隻、駆逐艦4隻も含まれるが、大半は民間から徴用された船舶であった。またパラオ諸島では、トラック空襲の後に後退してきた連合艦隊の艦船が停泊していたところを、1944年3月30日から31日にかけてアメリカ軍が空爆をおこない、やはり50隻近くの艦船が沈められた。ここでもその大半は徴用船や輸送艦といった補助的な艦船であった。これらの沈船のうちの多くは、戦後の早い段階でサルベージされたが、今日でもいくつかのものはそのまま水中に残されている。

パラオに沈む日本軍の沈船（2011年）

現在、パラオおよびミクロネシア連邦では、こうした沈船は文化財としてみなされ、保存の対象となっている。特にミクロネシア連邦では、2018年にユネスコの水中文化遺産保護条約を批准し、水中の戦争遺跡の保存に力を入れようとしている。こうしたときに、戦争遺跡を文化財として保存することと、観光資源として活用することの間には、いくつかの課題が見出される。

一つは盗掘の問題である。沈船から不法に遺物を引き揚げるトレジャーハンターの存在は、以前より懸念される問題である。一例を挙げるならば、2006年に豪華クルーザーでパラオに乗りつけたイギリス人資産家が、パラオ港内に沈む「忠洋丸」などの沈船に潜り、多くの遺物を不法に引き揚げたため、当局に拘束され、罰金刑に処せられた。こうした盗掘行為は、パラオの文化財を棄損する行為であると同時に、そこで亡くなった日本人戦没者の尊厳をも冒瀆するものである。

戦没者に対する尊厳の問題はもう一つの重要な問題である。日本の厚生労働省は、海に沈んだ戦没者の遺骨については、その存在が確認されない限り収集をおこなわない方針である。それは、沈船それ自体を「戦没者が安らかに眠る場所」と位置付けているからである。しかし現実には沈船内に遺骨が存在し、それが観光客（ダイバー）の好奇の目にさらされるという問題も起こっている。一例を挙げると、チューク諸島では現地ガイドが、主に欧米のダイバーを対象に、「愛国丸」に残された遺骨を見せるツアーをおこなっていたことが2007年に報道された。チューク諸島では1980年代にもこうした遺骨見学ツアーが実施されていたことが明らかにされたが、同じような状況はやむ気配にない。

これとは別に、遺跡の物理的な保存に関する問題もまた重要である。いくつかの沈船には、今なお燃料の油や、不発弾の火薬といった有害物質が残されており、文化財の毀損や、周囲の環境の汚染、さらにはダイバーへの被害の可能性が懸念されている。例えばパラオでは、通称「ヘルメット・レック」として知られる沈船には大量の爆雷が積み込まれており、そこから火薬が漏れ出ている可能性があるため、現在ではダイバーの立ち入りが制限されている。またチューク諸島では、沈船から油の流出が確認されており、日本政府がＯＤＡを活用してその対策支援を進めており、自衛隊ＯＢらでつくる「日本地雷処理を支援する会」などの民間団体が油の回収作業を実施している。

実は筆者自身も、パラオの沈船の水中考古学的調査に携わったことがある。このときは、普段は沈船ダイビングのガイドをしているパラオ人ダイバーと一緒に潜ったが、パラオ人にとっても沈船に対しては特別な感情があるという話を聞いた。彼によると、船がダイバーを「歓迎してくれている」ときとそうではないときがあるという。歓迎してくれていると感じるときは安心してダイビングを楽しむことができるが、そうでないときは海の状況が良くなかったり、予期しないトラブルが起こったりするので、できれば潜るのを避けたいという。それは、沈船が単なるダイビングポイントではなく、戦没者が眠る場所であるという意識と関係するのだろう。死者への敬意の念が厚いパラオ人にとっては、それはなおさらのことなのであろう。

ここでは沈船の例に限って紹介したが、このように戦争遺跡と観光をめぐっては、文化財としての保存と、観光資源としての活用をめぐる課題に加え、戦没者の尊厳に関する倫理的な問題や、戦争の「負の遺産」をめぐる責任の問題といった、様々な要素が絡み合っている。しかしたとえ観光というアプローチをとったとしても、訪れる人々がその場所の歴史を理解し、敬意を持ち、そのことを自分なりに考えることが、こうした問題の解決につながることを期待したい。

（石村　智）

38 「日本兵」が潜伏した島
——グアムと横井庄一

1972年、すなわち太平洋戦争の終結から四半世紀あまり後、生きた「日本兵」が太平洋の島で発見されたというニュースが、太平洋の小島から世界中へ伝えられた。

このころ日本は、8年前に東京オリンピックを開催し、2年前には万国博覧会（大阪万博）を終えたばかりだった。いわば世界第2位の経済大国として高度経済成長を謳歌していたところに、太平洋戦争の「日本兵」が米国領土のグアム島で出現した。この衝撃的なニュースは人々の注目を集め、さまざまな疑問と憶測を呼んだ。なぜ「日本兵」は、グアム島のジャングルに潜伏していたのだろうか。そこで彼は27年あまりも何をしていたのだろうか。そもそも彼を「日本兵」と呼んでよいのだろうか。

このときグアム島で発見されたのは横井庄一氏であり、1915年に愛知で生まれた洋装の仕立職人（テーラー）であり、1944年に戦死したはずの陸軍伍長だった。小学校を卒業して職人奉公に出た横井氏は、20歳のときに召集されて陸軍で約4年間の兵役を務めた。帰郷後に念願の自分の店「テーラー横井」を開いたものの、3年足らずで再び召集され、兵隊の食糧や武器などを調達する輜《し》重兵《ちょうへい》として満洲に送られた。1944年、29歳になった横井氏の所属部隊は、新たな任務のために船に乗せられた。極寒の満洲を出発して日本列島を通過し、南下を続けた船がたどり着いたのは、常夏の「大宮島」だった。

「大宮島」とは、日本が統治していた時代のグアムの島名である。1941年12月8日、日本軍はハワイ・オアフ島の米軍基地を空爆し、日米開戦の火ぶたを切ったことはよく知られているが、この真珠湾攻撃と同じ日に、日本は同じく米国領土のグアム島も空爆していた。しかもハワイと異なりグアム島には上陸作戦を決行し、数百人の米兵捕虜とともに同島を手に入れた。そして日本はグアム島を「大宮島」と改称し、占領統治した。

「大宮島」に常駐した日本兵は少数だったが、その島の様相が一変したのは、横井氏たち2万人を超える日本の軍隊が送り込まれた1944年3月だった。その前年に設定された「絶対国防圏」を米国の攻撃から守るため、日本軍は満洲などに展開していた軍隊を寄せ詰め、「大宮島」を含む太平洋の島々へ再配置した。文字通り「死守」するため、まったく環境の異なる満洲から「大宮島」へ連れて来られた日本の将兵たちは、その住民たちに対し強奪、暴行、拷問、そして殺害などを繰り返したという。

同年7月21日、5万人あまりの米軍が「大宮島」への上陸作戦を開始した。圧倒的な武力で「大宮島」を奪還した米軍は、グアム島の「解放」を宣言した。このとき島の日本軍の半数にあたる1万の将兵が、戦闘で命を落としたとされる。また生き残った半数のうち米軍の捕虜になったのは最終的に2000人ほどだった。つまり1万人ちかい日本軍が、グアム島のジャングルに潜伏した計算になる。その一人が、横井庄一氏だった。

のちに横井氏が発表した著書によれば、米軍の苛烈な攻撃に曝《さら》された横井氏たちは、反撃を試みる

グアム島のジャングルから28年ぶりに帰国し、出迎えの人たちに手を振って応える元日本兵の横井庄一氏（東京・羽田空港）［提供：時事］

ためにジャングルへ一時退去したという。しかし米軍の猛攻で仲間や上官が倒れていき、さらには日本軍に恨みを抱く住民たちが「ジャップ・ハンティング（日本人狩り）」をおこなったグアム島では為す術もなく、まず身を潜めてやり過ごし、時を稼ぐことしかできなかったという。そうして潜伏が長引くうちに、仲間と喧嘩した横井氏は単独で行動するようになり、結果として20年あまりも一人で自給自足の潜伏生活を余儀なくされた。

この間、横井氏はジャングルの地下に自ら掘った穴倉で日中を過ごし、夜に食料などを調達しつつ、島内の米軍の動向を調べて回る日々を送ったという。いつか友軍が「大宮島」へ再上陸を果たす日が来ることを信じ、先導する準備をしていたという。すなわち彼は敵前に逃亡した元日本兵ではなく、たった一人で「大宮島」の戦争を続けていた、現役の日本兵だった。

このころ横井氏が自製した軍服が、グアム島の首都ハガニアに再建されたグアム博物館に収蔵されている。テーラーだった横井氏は、ヤシの実の繊維から糸を紡ぎ出し、それを重ね合わせて布を作り、さらに縫い合わせて軍服を作るという、気の遠くなるような作業の数々を自らに課すことで、恐怖と孤独のために発狂しても不思議ではない状況を戦い抜いたと考えられる。

そうして「大宮島」にやってきたとき20代だった青年は、初老の疲れ切った姿に変わり果てて発見された。その直後から、新聞をはじめとする日本のメディアは横井氏の動静を続報し、ひとり苦しみ抜いた「日本兵」への同情や心配、そして太平洋戦争に対する後悔や反省を述べる日本人たちの声を伝えていった。生きていた「英霊」の出現は、多くの日本人たちに忘れていた戦争の記憶を想起させ、あるいは戦争を知らない世代に太平洋戦争が「遠い過去」ではないことを知らしめたようだった。

グアム島の病院に保護された横井氏は同年2月、斎藤昇・厚生大臣（当時）やグアム島戦友会の関係者たちが出迎える羽田空港に帰着した。彼が発した「恥ずかしながら生きて帰って参りました」という言葉は日本中に報道され、人々の知るところとなった。

しかし1970年代の日本では、大きな衝撃をもたらした「日本兵」の生還でさえも、数カ月の賞味期限しか持たないメディア・イベントとして消費された。「大宮島」を生き続けた横井氏の独特な言動は、時代遅れの奇妙なオジサンによるパフォーマンスとしてメディアで描かれていった。たとえば横井氏は、高度経済成長期の「変わり果てた日本」に驚き、ときに嘆息や怒りを露わにするひょうきんな元「日本兵」として週刊誌やテレビ番組に登場するようになり、そうして「横井さん」は「ヨコイさん」に転換していった。

横井氏発見の2年後、もう一人の「日本兵」が太平洋から生還した。フィリピンのルバング島で発見された小野田寛郎氏である。横井氏と小野田氏は出身も経歴も、そして潜伏の背景も、まったく異なる。しかし当時の日本社会は小野田氏に対し、第二の「ヨコイさん」になることを期待した。過剰な報道や無理解に悩んだ小野田氏は「オノダさん」になることを拒み、再び日本を離れて実兄が暮らすブラジルへ移住した。

こうして遅くとも１９７０年代までに、日本では太平洋戦争の歴史は消費の対象となり、占領統治と玉砕の記憶は埋め立てられ、そして「太平洋」は戦場から観光地へ転換していたと考えられる。そして「大宮島」をふくむグアム島のさまざまな記憶は、いまも「グアム」の下に眠っている。他の太平洋の島々における、さまざまな「太平洋」たちと同じように。

（山口　誠）

コラム 8

『マッドメン』

ニューギニアというと「未開」「石器時代」「秘境」といった言葉を想起される人がいるかもしれない。諸星大二郎による漫画作品『マッドメン』は、そうした雰囲気を満喫したい読者にぴったりである。「マッド」は泥（mud）の意味である。マッドメンは、パプアニューギニア東部高地州のアサロ渓谷に住む人々が創った観光客向けの民族舞踊のキャラクターであり、観光素材としてパプアニューギニアでは大変有名である。一方、漫画のあらすじはおおよそ次の通りである。

ニューギニアのガワン族を研究する人類学者篠原教授によって日本に連れてこられたガワン族の少年コドワは、教授の一人娘の波子に出会う。コドワは全身に刺青をもち、そこには部族に伝わる秘密が隠されていた。コドワと波子の前には、ガワン族の秘密を探ろうとする人類学者が次々に現れる。彼らによってコドワが窮地に陥ると、彼の胸に彫られた創世神であるン・バギ――恐竜に似た生物として描かれる――が登場し、人類学者を排除しコドワを救う。マッドメンとは、祖先を模して泥で作った仮面をかぶって踊るガワン族の男性を指す。コドワとの神秘的な体験の後、波子はマッドメンの姿をしたガワン族の精霊が見える

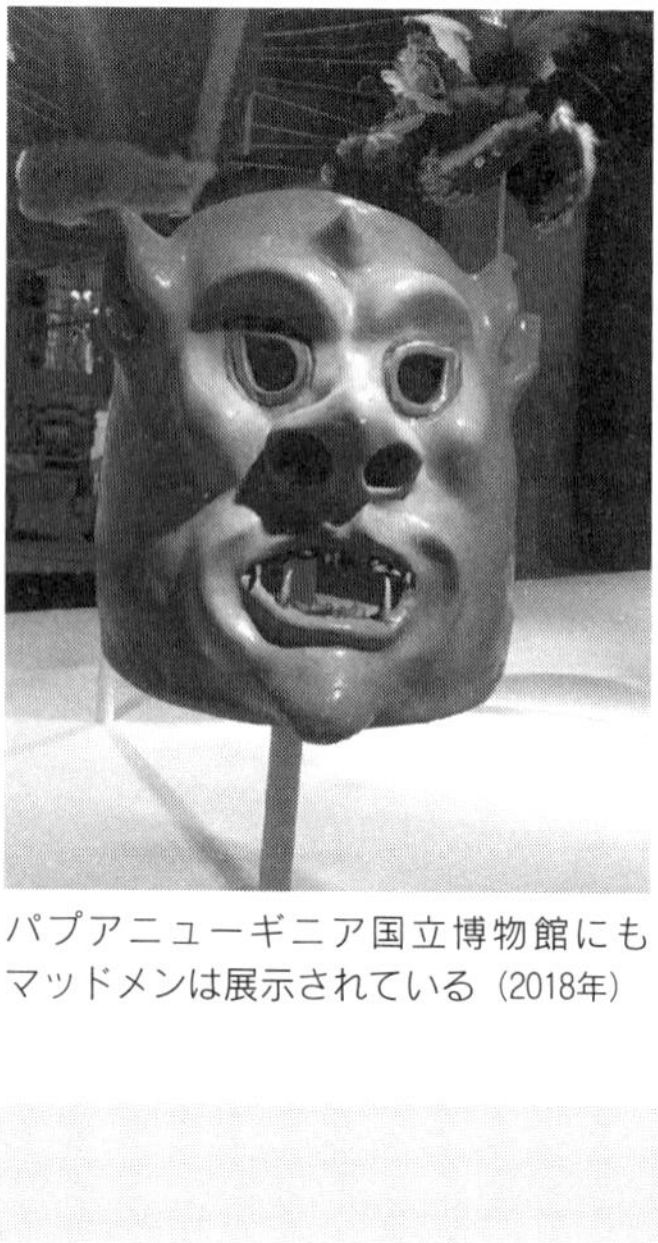

パプアニューギニア国立博物館にもマッドメンは展示されている（2018年）

ようになった。物語では、コドワと波子、2人のよき理解者である民族学者のミス・バートンの3人を軸に、主にニューギニアと日本を舞台に、次々と生じる神秘的な出来事の顛末が描かれる。

『マッドメン』は、1975年から1982年にかけて『月刊少年チャンピオン』（秋田書店）と『マンガくん』（小学館）に断続的に掲載された一話読み切りの漫画11話がまとめられた単行本である。作者の諸星大二郎は1949年生まれ。『西遊妖猿伝』などの伝奇作品を数多く発表してきた漫画家であり、『マッドメン』は代表作の一つである。『マッドメン』はこれまで6度出版されており、そのつど、作者は構成を少しずつ変えている。最新版は2010年の『MUD MEN最終版 The Director's Cut Edition』（光文社）である。

諸星大二郎『MUD MEN 最終版』（光文社、2010年）

『マッドメン』の魅力の一つは、作者による考証と想像が織り交ぜられて独特の世界観が作り出されている点であろう。最新版の「あとがき」によると、儀礼時の男性や仮面の写真、民話集、ニューギニア男性の自伝といったニューギニア文化に関する書籍などに触発されたという。大林太良（民族学者）や小澤俊夫（民話学者）、福本繁樹（考古学者）といった専門家の解説も参照されている。こうした考証によって創作に現実味が加えられ、大いに楽しめる作品となっている。筆者も大学院生のときに読みふけった記憶がある。

リアルなモチーフの一つにカーゴカルトがある。『マッドメン』では「カーゴ運動」として描かれている。ニューギニア島のカーゴカルトは、

20世紀初頭から記録されてきた宗教運動であり、「供物を準備して待ち続けると、やがてたくさんの物資を積んだ飛行機に乗った祖先が現れる」という信仰に基づく。文化人類学では、高度に発達した西洋社会との接触した土着社会による反応の形態の一つと解釈されている。このほか、古事記の中でイザナギによる黄泉の国からの逃走を想起させるエピソードも扱われる。

『マッドメン』のクライマックスでは、ニューギアの森の中にあったガワン族の祖先のモチーフである恐竜の化石が波子の行動によって動き出し、そのことによって地下から天然ガスが噴出して炎上する。それを見て地質学者の佐土原は石油会社に天然ガスの発見を報告する。そして、ミイラであった巨大な祖先が復活し、コドワと波子は追いかけてくる巨大な祖先から逃れて山中に姿を消すというところで作品は終わる。

最終版の「あとがき」で作者は、「21世紀になってもう10年も経つ（中略）。私が想像で描いた秘境ニューギニアは、現在のパプア人たちにも遠い世界になっているのだろうか」と書いている。作者が『マッドメン』の物語終盤で取りあげたモチーフは石油資源開発であった。現在、鉱物エネルギー資源開発はパプアニューギニアの経済成長を進め、急激な現代化が国家にもたらされている。

（田所聖志）

39 博物館展示と戦争①

――ソロモン諸島ガダルカナル島の青空博物館

ソロモン諸島ガダルカナル島北岸部の平原地帯には、広大なアブラヤシ・プランテーションが広がっている。ある朝、滞在先の友人らと一緒に青空市場へ出かけたところ、一定間隔で整然と並んで植えられているアブラヤシの林の中で、赤茶色に錆び果てた軍事車両が目に飛び込んできた。同行していた友人に尋ねたところ、それは太平洋戦争の際にガダルカナル島へ上陸したアメリカ軍のものらしい。

日本軍とアメリカ軍が陸上で直接的に武力衝突したガダルカナル島北岸部には、戦争終結から70年あまりを経た現在でも、両軍の戦争遺物が散在している。具体的には、沈没した艦船や上陸後に乗り捨てられた水陸両用車両のほか、野砲をはじめとする銃火器、弾丸や薬莢、さらには水筒や認識票などである。それらは、例えばアブラヤシの林の中に、あるいは海岸部の砂浜や山地の丘に、もしくは集落の中心に点在している。こうした戦争の遺物を一所に集めて展示している「博物館」が、ソロモン諸島にはいくつかある。

青空市場があるのだから、青空博物館があってもおかしくはない。もちろん、ソロモン諸島の首都ホニアラにある国立博物館には、私たちにとって馴染み深い見せ方で、実物の展示と解説文が書かれ

ヴィル戦争博物館の様子。九六式十五糎榴弾砲のほか、戦闘機や戦車の残骸などが並んでいる（2009年）

たパネルが並んでいる。しかし、国立博物館以外にも、戦争の遺物を集めて並べただけのような、場合によっては解説文どころか建物さえもないような青空博物館が存在する。ここでは、ガダルカナル島内にあるそうした青空博物館をいくつか紹介しよう。

ガダルカナル島北岸に位置している首都ホニアラの西部、タサファロング岬とエスペラント岬の間から内陸部へ少し入ったところに、ヴィルという村がある。ここが、ガダルカナル島の中でも最も整えられた青空博物館の一つである。とはいえ、「青空博物館」と表現したように、そこにはセメントで作られた建物があるわけでもなければ、現地でよく見かけるサゴヤシの葉で葺かれた建物が並んでいるわけでもなく、いわばジャングルの中を切り拓いた広場があるだけである。入り口のゲートを越えて敷地内に足を踏み入れると、ほぼ原形を留めたままで並べられている日本軍の九六式十五糎榴弾砲が来場者を出迎えてくれる。広場の外縁に沿って歩くと、野砲や高射砲のほか、戦闘機や戦車の残骸が整然と並べられている。全体的に、とてもよく手入れされた青空博物館である。

一方、ホニアラ市内東部に位置するラナディ地区にも、太平洋戦争当時の遺物を一所にまとめているところがある。ラナディ地区は工業団地とでも呼ぶべき場所であり、第二次産業に含まれるさまざまな産業が集まっている。その一画に、戦争遺物が集められた博物館がある。こちらの博物館で展示されている戦争遺物の多くは、機関銃などの小火器、薬莢や弾倉、手榴弾のほか、蜂の巣状に穴が開いたドラム缶やヘルメット、水筒や眼鏡、時計、コカ・コーラのガラス瓶といった小物である。これらの小物は、風雨に晒されるのを防ぐためにサゴヤシの葉で葺かれた建物の中に置かれている。建物の外側に広がる敷地内には錆びついた砲台や野砲、戦闘機のプロペラやエンジンといった部品が展示されている。ヴィル村とは異なり、こちらの博物館における戦争遺物の取り扱いは、少々雑然とした印象を受ける。その理由の一つは、工業団地という立地に求められよう。工場へと運ばれてくる、収集された鉄くずの中から、戦争遺物を選り出してまとめられているのだ。

ラナディ地区の戦争博物館。小火器や薬莢、水筒など、比較的小さな戦争遺物が多い（2009年）

　ホニアラから東へ20キロメートルほど行った場所、テテレ海岸にある集落もまた、青空博物館として知られている。ここは、1942年8月にアメリカ軍が上陸した地点である。それゆえ、彼らがガダルカナル島へ上陸する際に使用した水陸両用の軍事車両が大量に残されている。その中には、軍事車両に空いた穴や車両同士の隙間から樹が生えて、大きく根を張っているものもある。たいていの場合、これらの軍事車両は完全な形をなしておらず、金属製の部品の多くが取り外され、持ち出されている。たとえば、ある程度の大きさがある金属板などは、小川に架けられた橋や洗濯物を干すための台として再利用されているのである。ガダルカナル島の人々にとって、これらの戦争遺物は博物館展示のためだけではなく、建材の一部や日用品といった形で彼らの生活空間の一部をも構成しているといえる。

ところで、ソロモン諸島国内では、首都区画を除くほとんどの土地が「慣習地」と呼ばれている。慣習地では、古くからその土地で暮らしている人々が、居住や生計などを行うための土地権を握っている。それだけでなく、土地の権利者から許可を得ずに立ち入ると賠償を要求されることがある。観光客が戦争の遺物を訪ねて彼らの土地に立ち入るときには、入場料を支払わなければならない。

先に挙げたような戦争の遺物の多くは、こういった慣習地に散在している。銃や薬莢のほか、ヘルメットや水筒などのような比較的軽くて小さいものは、鉄くずなどを回収する民間業者によってまとめられ、ホニアラ郊外の「博物館」で陳列されていることもある。しかし、戦車や戦闘機などは容易に場所を動かすことができない。それゆえに、大型の遺物が多く集まっている場所もまた「博物館」として整えられている。ほとんどの場合、こうした青空博物館へは入場料を支払って立ち入ることになる。

日本軍とアメリカ軍が対峙した戦場としてのガダルカナル島。そこに散在している錆びついた戦車や戦闘機、発掘された膨大な銃剣や遺品は、観光資源としての意味を帯び、ソロモン諸島の人々にとって少なくない現金収入源となっている。近代化と現金経済の波に飲み込まれている現在の彼らは、朽ち果てず捨て置かれた鉄くずとともに、それらを彼らの暮らしの中へと上手に取り込みながら活用して生きているといえよう。

（藤井真一）

40 博物館展示と戦争②
――パールハーバーの戦艦アリゾナ記念碑

太平洋の多くの島々がそうであるように、ハワイにもたくさんの軍事施設が存在している。なかでもオアフ島のパールハーバー（真珠湾）は全米最大規模の基地である。

１８９３年にアメリカ合衆国の関与で崩壊したハワイ王国は、１８　年にはアメリカに正式に併合された。20世紀に入るとアメリカはパールハーバーの軍事基地化を本格的に開始し、アジア太平洋における覇権の拠点とした。日米開戦の前夜、両国間の緊張が高まるなか、パールハーバーにはアメリカ海軍の船舶が結集し、いつでもアジアへ向けて出発できる体制が整えられていた。

１９４１年12月7日の朝（ハワイ時間）、日本海軍はハワイ諸島の北の海に停泊させた空母より戦闘機を飛ばし、オアフ島を奇襲した。パールハーバーを中心に無数の爆弾と魚雷を落とし、アメリカ軍に甚大な被害を与えた。３時間ほどの攻撃で、一般市民を含め２４００人を超える死者を出した。なかでも爆弾が直撃し大爆発を起こした戦艦アリゾナ号では１１７７名もの乗組員が命を失った。

日本海軍によるパールハーバー攻撃はアメリカが自国の領土で被った史上最悪の軍事的敗北だった。その後、アメリカは第二次世界大戦に参戦し、連合国を勝利に導き、世界の超大国となるわけであるが、戦争初期のこの敗北の記憶はアメリカ社会に深く刻印されている。

戦艦アリゾナ記念碑（2017年）

今日のパールハーバーには「戦艦アリゾナ記念碑（The U.S.S. Arizona Memorial）」がある。日本軍の攻撃で爆破、沈没したアリゾナ号の船体をまたぐように白い記念碑が設けられている。訪問者は船で記念碑まで行き、そこから海底に沈むアリゾナ号を見下ろすようになっている（写真）。多くのアメリカ人にとって、ここは突然の攻撃で未来を奪われた兵の命を悼むとともに、そのような敵の襲来に常に備える国防の大切さを確認する場である。

アリゾナ記念碑のビジターセンターには歴史博物館も併設されており、訪問者が攻撃について理解を深められるようになっている。博物館は二つの建物に分かれており、それぞれ攻撃に至るまでの経緯と、実際の攻撃とその後の歴史を紹介している。

日本からの訪問者にとっては、いささか居心地の悪い場所を想像しがちだが、実際には日本を強く糾弾する姿勢は見られない。むしろ、アメリカとの戦争が始まる前の日本のアジア侵略や軍国主義化は批判的に描かれている。しかし当時の日本社会をある程度理解しようという試みもみられる。例えばアメリカの人気野球選手ベーブ・ルースが日本を訪問したときの写真を展示することで、軍国主義が進み、反米感情が高まるなかでも、アメリカ社会と同じように野球を楽しみ、アメリカのスター選手を大歓迎する日本人が多数いたことを紹介している。

また連合艦隊総司令官山本五十六が指揮した真珠湾攻撃を紹介するにあたり、それは戦略としては「よく計画されていて、うまくいった」という当時のアメリカの太平洋艦隊司令官の言葉を引用している。多くのアメリカ人の命を奪った攻撃を褒めているわけではないし、宣戦布告をしないまま攻撃を始めたことには当然ながら非常に批判的である。しかし航空機を使った山本の作戦は、巨大な戦艦が主導する戦争の終焉を的確に読み、空母を使った航空戦の時代の幕開けを予想したものだったとしている。

博物館にはところどころにテレビモニターが設けられ、攻撃を体験した人々の思い出が紹介されている。アメリカ人のみならず、攻撃に参加した旧日本兵も登場し、上空から見た真珠湾を振り返っている。スクリーンに映し出される、年老いた、穏やかな表情の旧日本兵の表情は、卑怯で残虐な敵のイメージからほど遠いものだ。

さらに展示の最後には広島に投下された原爆の影響で白血病を発症し、1955年に亡くなった少女佐々木禎子が折った鶴が展示されている。禎子の家族が寄付したこの小さな折り鶴を歴史博物館では2013年より常設展示している。巨大な軍事施設のなかにあるこの展示の最後に、日本の少女の平和を願う祈りが置かれているのだ。

このようにパールハーバーの展示はずいぶんと日本に配慮するものとなっている。うがった見方をすれば、日本の観光客に大きく依存するハワイ社会の忖度なのかもしれない。同時にそれはこの太平洋上の島において戦後の日米関係がどれほど重視されてきたかを示してもいる。１９９１年、自らも日本と戦った退役兵だったジョージ・ブッシュ大統領はパールハーバーを訪れ、「私は日本に対する恨みは一切ない」と言い切り、日米関係の重要性を説いた。その25年後の２０１６年12月、日本の安倍晋三総理はバラック・オバマ大統領とともにパールハーバーを訪問し、「和解の力」に基づく強固な日米同盟を謳いあげた。

パールハーバーの歴史博物館の戦争展示は、真珠湾攻撃の様子を生々しく再現しながらも、戦後の日米同盟の流れを斟酌し、強化している。このような特徴は、パールハーバーにある他の戦争博物館（戦艦ミズーリ号や太平洋航空博物館）の展示でも繰り返される。日本や日本人を非難する論調はあまり見られない。むしろ攻撃を仕掛けた日本が今やアメリカとともにあるということが、今日のアメリカの力の象徴と理解されるような展示になっている。

最後に、パールハーバーの戦争展示は日米関係に焦点が絞り込まれているために、当時のハワイ社会の他の側面がいろいろと切り落とされていることを指摘しておかなければならない。たとえば、攻撃当時、ハワイの人口の約4割を占めた日系アメリカ人の運命は十分に論じられていない。アメリカ兵となってヨーロッパ戦線で戦った二世の若者への言及はあるものの、ハワイに残された人々の生活はあまり紹介されない。また、そもそも「プウロア」と呼ばれたこの湾をアメリカに奪われたハワイ先住民の歴史と文化はほとんど触れられない。ハワイ先住民からすれば、日本がパールハーバーを攻撃したのはそもそもアメリカがハワイを占領したからである。パールハーバーはアメリカの正義を論じる場ではなく、むしろ世界的な覇権を争う列強の侵略を批判し、反省すべきところである。しかしながら、このような視点はパールハーバーの記念碑や博物館には存在しない。

太平洋の島における戦争の記憶は、往々にして日米の軍事衝突を中心としたものになる。なかでもパールハーバー攻撃はさまざまな記念碑、博物館、映画、書籍、政治家など著名人の訪問等を通して、日米の衝突と和解の象徴として記憶され続けてきた。しかし太平洋における戦いは地理的にも広範で、日米の軍隊とは無関係の多数の人を巻き込むものだった。パールハーバーの陰にある多様な過去をも憶える努力も必要であろう。

（矢口祐人）

41 ダニエル・イノウエ

――ハワイそして日系人社会のヒーロー

2017年4月、ハワイを訪れる人々を出迎えるホノルル国際空港に、新たにある日系人の名前が付けられた。ダニエル・K・イノウエ国際空港。ハワイで生まれ育ち、アメリカ軍兵士として第二次世界大戦に参加したのち弁護士となり、そしてハワイ州選出の連邦議会議員となった人物である。日本で彼のことを知る人は多くはないが、特にハワイでは、ダニエル・イノウエはハワイを代表する「英雄」であると言っても過言ではないだろう。

ダニエル・イノウエ（Daniel Inouye、日本名：井上健）は、1924年にハワイ準州ホノルルで、4人キョウダイ（妹が1人、弟が2人）の長男として生まれた。父ヒョウタロウ（兵太郎）は福岡県出身で、4歳のときに両親とともにハワイに渡り、カウアイ島のサトウキビ・プランテーションで育った。母カメ（旧姓イマナガ）は、広島県から移民としてハワイに渡った両親のもとマウイ島ラハイナで生まれたが、幼いときに両親が相次いで他界したため、ハワイ人家庭で育てられ、のちに先住ハワイ文化に造詣の深いメソジスト教会の白人牧師の養子となった。

イノウエが生まれ育ったのは、観光の中心であるワイキキ地区にほど近い、マッカリー地区およびモーイリイリ地区。隣り合う両地区は、当時は日系住民が多く、現在でも日本人墓地やハワイ日本文化センターなど日系人関係の施設や商店が多い。

イノウエの幼少期、父は宝石店の店員として働き、母は家事に追われる毎日であった。生活は決して豊かとは言えず、イノウエは高校にあがるまで、靴を履かずに過ごすことも珍しくなかった。また、家庭内での会話は日本語で、放課後には日本人学校にも通った。しかし、アメリカ人としてのアイデンティティが強かったイノウエ少年は、日本史よりもアメリカ史に関心があり、自身をアメリカの歴史の中に投影していたという。

ダニエル・イノウエ［© State of Hawai'i］

労働者層出身の子供たちが、社会で成功するために重要な教育であったが、当時のハワイ社会および経済の中心は白人層であり、日系人が活躍できる場はごく限られていた。しかし、少年期にレスリングで左腕を骨折し、整形外科手術を受けたことが切っ掛けで、イノウエは外科医を志すようになる。高校を卒業した1941年、イノウエはハワイ大学の医学部に進学する。

17歳になった3カ月後の1941年12月7日の朝、日本軍の真珠湾攻撃が起こった。攻撃の日、イノウエは日曜日の礼拝に出かける前にラジオで音楽を聴いていると、突然DJが「真珠湾が爆撃された！」と叫び出した。外に出ると約15キロメートル離れた真珠湾から煙が上がるのが見えた。そして、日の丸を付けた3機の飛行機が頭上を通り過ぎて行ったのである。それは攻撃を終え空母に戻る日本の爆撃機だった。

戦争が始まると、大学生だったイノウエは出兵を志願する。しかし、開戦以降、政府は日系人を敵国人と見なし徴兵を禁じていたため、アメリカのために戦うことを希望していた日系アメリカ人たちは歯がゆい思いをしていた。敵国人という汚名を晴らし、母国アメリカへの忠誠を示すために、一部の日系アメリカ人二世たちはロビー活動を行い、参戦を嘆願した。イノウエも、ハワイ在住の日系人とともに、ホワイトハウスに嘆願書を送った。その結果、1943年1月、すでに入隊が認められ訓練を始めていた日系人（イノウエもこの中にいた）を含めた、「日系人部隊」第442連隊戦闘団が編成された。出兵に際して父はイノウエに、これまで自分たち家族を養ってくれた国のため、家族の名誉と自分が育った国の名誉のために戦うよう告げ、彼を戦地に送り出した。

442連団はヨーロッパ戦線に送られ、イタリア、フランス、ドイツでの戦闘に参加し活躍をした。そんな中、イタリアでドイツ軍との戦闘中に、イノウエは右腕（右ひじ）をライフル銃で撃たれてしまう。利き腕だった右腕を失い、外科医になる夢も絶たれたイノウエは、アメリカに帰国、ミシガン州にある陸軍病院で22カ月間のリハビリを受ける。イノウエによれば、当時の軍病院でのリハビリは、水泳などのスポーツや楽器の演奏（イノウエはピアノを選択）、食事の作法、配管、電気工事など様々なプログラムを一つずつパスしていくものであったという。22カ月間のリハビリプログラムは彼に大きな自信を与え、弁護士になるという希望を抱きながら、陸軍病院を退院したのだった。

退院後、イノウエはハワイ大学に復学し今度は政治経済学を学んだ。ハワイ大学卒業後には、ワシントンDCにあるジョージ・ワシントン大学の法科大学院に学び、弁護士資格に必要な学位を取得している。

ハワイに戻ってからは、法律関係の仕事に従事したのち、ホノルル市の次席検察官をつとめた。1954年、兼ねてから民主党の活動に関わっていたイノウエは、ハワイ準州議会選挙に民主党から出馬し当選を果たす。さらに5年後の1958年には、ハワイ準州選出のアメリカ合衆国下院議会選挙に出馬し当選、国政に進出することになる。翌年の1959年8月21日、ハワイが州に昇格しアメリカ合衆国50番目の州となったその日、イノウエはハワイ州初の下院議会議員として着任した。その後イノウエは上院議員選でも当選し、上院歳出委員会、上院通商科学運輸委員会、上院インディアン問題委員会などの委員長を歴任し、アメリカそしてハワイの発展に尽くす。ここでは、議員としてのイノウエの業績について全てを語ることはできないが、イノウエに関する印象深い出来事を三つ紹介したい。

1987年、レーガン政権の一大スキャンダルであったイラン・コントラ事件の調査委員会を取り仕切っていたイノウエは、全国放送された公聴会の席でレーガン政権を、「法の及ばない闇の政府」として痛烈に批判し、その毅然とした姿は多くの国民の中に強く印象付けられた。また、1996年には、民主党ビル・クリントン政権下で立案された、同性婚を禁止する「結婚防止法」に、民主党議員として反対票を投じている。さらに、2002年にブッシュ政権下で実施されたイラクに対する軍事攻撃に関しても、ほとんどの議員が賛成に回る中、イノウエは反対票を投じている。

2006年には57年連れ添った妻のマーガレットが他界する。その後の2008年、84歳のときに日系三世のアイリーン・ヒラノ（当時の全米日系人博物館館長）と再婚し、夫婦で日米交流団体の創設に関わるなどした。2009年には、上院委員会の中でも特に力を持つと言われる上院歳出委員会の委員長に任命され、さらに2010年には9期目の上院議員に選出。これは、歴代2番目に長い在任記録である。また、2010年にはそれまでの上院議長で最長在任議員であったロバート・バードが他界したため、慣例によりイノウエが上院議長に任命された。これによりイノウエは、アメリカ大統領、副大統領、下院議長に次ぐ地位に就いたのである。

しかし、2012年に入ると、膝をかばうために車いすで議会に出席するようになり、また、酸素濃縮器も欠かせなくなった。それでも議会の仕事には意欲を見せていたが、同年12月17日、治療で入院していた病院で呼吸器不全のため、妻と息子に見守られ他界。享年88であった。イノウエの最後の言葉は、ハワイ語で出会いや別れの挨拶、そして愛を意味する言葉「アロハ」だったという。最後まで現役を貫き、アメリカとハワイのため、そして日系人の地位確立と向上のために捧げた人生であった。

（四條真也）

42 「日系」パラオ人リーダーたちの戦後

――パラオ人として新しい国をつくる

第一次世界大戦と第二次世界大戦の間の約31年間日本が統治していたパラオは、南洋庁本庁や企業の本社が多数置かれるなど、南洋群島の中心地として繁栄した。日本統治時代の最終段階には、パラオ人人口約5000人に対して日本からの移民とパラオに展開した日本軍兵士の人口を合わせるとその数は4万人以上となった。この時代にパラオ人女性と日本人男性の婚姻が進んだため、現代パラオ社会にも多くの日系人が存在する。日系人のほとんどは父方に日本ルーツがあり、アサヌマ、ウエキ、キヨタ、キシガワ、キンジョウ、スギヤマ、チバナ、ナカムラ、ヤノなどを姓名に持ちながら、現代パラオ社会の各方面で活躍している。本章では、日本にルーツを持つパラオ人のうち、戦後のパラオで国家建設のために活躍した3名の著名な個人に焦点を当てることで、日本による統治から現代まで連続するパラオの歴史の一部への理解を深めたい。

ミノル・ウエキ（1931年生まれ）は、日本統治時代のパラオに生まれた日系二世である。ウエキは、愛知県出身の父とパラオ人の母の子として生まれ、日本統治時代のパラオで中学校まで通った。長男であったウエキは、政府の方針で戦後すぐに内地に「帰還」させられたが、ほどなくして母親が住むパラオに戻ることとなる。勉学に長けていたウエキは、1950年からフィジーの医学学校で医

ミノル・ウエキ前駐日パラオ共和国特命全権大使（2018年）

師になるための教育を受ける。ハワイの医学部でさらに学んだ後、ミクロネシア各地で医師として勤務し、流行する百日咳やポリオの対応などにあたった。パラオに戻ってからは、結核を専門としながら保健行政を率い大臣も務めた。ウエキはミクロネシア議会や政治地位委員会での活動を通じて、やがて独立を迎えるパラオの国家建設のために尽力した。１９８０年代になり、パラオに観光開発の兆しが見えると、ウエキは観光開発ビジネスを展開し、現在でもパラオ最大の旅行会社を経営している。ウエキは、パラオサクラ会（日系人団体）を設立し、日本の遺族会や帰還者会、遺骨収集団への支援に力を入れてきた。２００９年から２０１３年までパラオ共和国特命全権大使として東京で勤務し二国間の外交関係促進に携わったことは、生涯の中で「最高の報酬」だったと自ら評価する。こうした官民問わないパラオと日本の関係強化と友好親善への大きな功績が認められ、２０１８年秋の叙勲で旭日重光章を受章した。パラオ人としては史上２人目の叙勲受章者となり、大きな注目を浴びた。

クニヲ・ナカムラ（１９４３年生まれ）は、パラオが１９９４年に米国の自由連合国として事実上の「独立」を果たしたときの大統領である。日本では、ペルーのフジモリ元大統領と並んで、日系人大統領として注目された。ナカムラの父・善七は、日本統治時代に三重県からパラオに渡った船大工であった。ハワイ大学で経済・経営学の学士を取得したナカムラは、大統領になるまでに、ミクロネシ

クニヲ・ナカムラ元パラオ共和国大統領（2018年）

ア議会、憲法制定会議、副大統領職などパラオ近代政治における重要場面の数々を経験し、国家建設の中心を歩んできた。大統領として米国と宣言書の署名を取り交わしたナカムラは、エピソン元大統領をはじめとした歴代リーダーたちが皆、目に喜びの涙を浮かべていたその瞬間の記憶が今でもよみがえってくると、当時を振り返る。ナカムラは、現在はビジネスパーソンとして企業経営を主活動としているが、出身地であるパラオ南部・ペリリュー島のある集落の伝統首長の称号も持つ。ナカムラは、現在のパラオについて、ある種皮肉な状況が自分の身にも降りかかっていることを説明する。彼自身がその締結に大きく関与した米国との自由連合協定は、パラオ人に米国に移住できる権利を与えた。少なくない数のパラオ人が、職や教育の機会を求めて米国へと旅立つ。そのため国内ではパラオ人労働者が不足し、ナカムラの経営する会社でも外国人労働者を雇用している。ナカムラは、急速な開発は問題をもたらすが、緩やかでパラオのよさを前面に出した開発は望ましいと、今は経営者として現代パラオの発展の方向性を模索している。

ヨシタカ・アダチ（1961年生まれ）は、2005年から17年まで、パラオの最大の人口を持つコロール州の知事を務めた日系三世である。父母それぞれの父親が日系二世である。父方の祖父・安達

ヨシタカ・アダチ前コロール州知事（2018年）

貞二は山形県山辺町の出身で、日本統治時代に真珠養殖の仕事でパラオに渡った。母方のルーツの詳細は判明していない。アダチは、ミクロネシアのチュークにあるカトリック系高校に進学したが行き詰まり、一時的にパラオに戻ってカトリック教会神父宅で奉仕活動に従事した。このとき、米国の大学から派遣された日本人学生伝道者が彼を大きく勇気づけた。アダチは、この若い学生伝道者から、「決してあきらめてはいけない」「将来への希望を持つべき」ということを教わり、アダチはそれをモットーとしてその後の人生を歩んだ。アダチは、この日本人伝道者によって自分の中の日本ルーツの部分が大いに刺激されたと感じた。この考え方が、その後、政府や州知事の仕事をするうえでも大きな力となったと言う。未来への意欲を取り戻し、無事に高校を卒業したアダチは、給付奨学金を得て米国の大学へと進んだ。大学卒業後はパラオに戻り、金融機関や財務省の仕事に従事した。１９９０年代になると、コロール州議会議員に当選し、２００５年まで16年間務めた。２００５年の選挙で州知事に当選してから州知事として手腕を発揮し、観光客からの税収を増やし、公有地の適正利用化を進め、日本人技術者と連携してリサイクルシステムを構築・運用するなどした。知事就任当初は約3億円だった州の予算を、２０１７年の退職時には5倍以上に成長させ、毎年余剰を出すまで自治体経営を安定化させるという大きな功績を残した。

ここでは3人の著名な日系人を特に国家建設との関わりから取り上げたが、現代パラオの文脈では、本来、日系人であること自体を理由にして注目することに重要な意味を見出すことは難しい。パラオには、彼らのように日本にルーツがあることが名前から推測できる人もいれば、日本名が使われていないが日本をルーツとする人もいる。また戦時中や引き揚げ時からの日本人残留孤児もいる。どの場合も、自らを日系人として名乗ったり日系人としてのアイデンティティや政治性を前面に出すことはほとんどない。彼らは日本にルーツを持たない人と他の国にルーツを持つ人を含め、皆が「パラオ人」として平等な存在として、新しい国を建設・発展させることに尽力してきたことに注目したい。

（三田 貴）

43 サイパン、パラオへの天皇訪問

——忘れられた日本統治の記憶が再認識された「旅」

2014年6月2日にNHKニュースで、天皇皇后両陛下（現在の上皇上皇后両陛下）のパラオ訪問が発表された。翌3日には産経新聞で「両陛下、パラオご訪問を検討」という記事が掲載された。その時点では外務省など政府からの回答はなかったものの、それから3カ月後の9月16日、官房長官が正式に陛下の訪問について発表した。

天皇陛下は、これまでも諸外国を訪問する機会があったが、パラオ訪問に関しては各方面より高齢からくる体力面の影響や現地のインフラなどの面から難しいと思われていた。それだけに、今般のパラオ訪問の正式発表は各方面から意外なものと受けとめられた。このような予想を覆すことになったのは、かつて南洋群島と称されたミクロネシア地域に対する陛下の強い思いがあったことがあげられる。

1914年、第一次世界大戦でコロール島を占領した日本は、ヴェルサイユ条約でパラオを含めた南洋群島を1920年に委任統治下に置き、2年後、同地に南洋庁を設置した。その後30年間にわたり、日本の施政下におかれ、日本文化が流入していった。

1944年9月、フィリピンへの進撃を目指した米軍が、日本軍の飛行場があったパラオのペリリュー島に上陸し、激戦となった。日本軍は島に張り巡らした塹壕や洞窟に身を隠しながらゲリラ戦を続けたが、約2カ月半で守備隊約1万人がほぼ全滅。生き残った34人はその後も約2年半にわたり、密林や洞窟に潜伏した。パラオ全体での戦死者は日本が約1万6０００人、米軍も２０００人近くに上った。激しい戦闘はミクロネシアの島々で繰り広げられた。

こうした戦争記憶も含めつつパラオをはじめとした旧南洋群島地域に対する天皇陛下の思いは戦後も心の中に強く刻み込まれていたのであろう。それを示すエピソードとして、ミクロネシアの子供たちとの交流についての話が残されている。

１９７６年よりミクロネシア協会（現在の太平洋協会）が中心となり、ミクロネシアの子供たちと日本の子供たちが交互に行き来をする交流事業が行われた。第1回目がパラオで、日本の子供を１００人パラオに連れていき、降ろした飛行機で現地の子供たちを１００人日本に連れてきて、日本にホームステイをさせて日本の文化を体験させた。チューク、北マリアナ諸島、その翌々年からはポンペイと、この4地域を順番に都合13回、子供の交流事業を行った。この中で、１９７９年にポンペイの子供たちの訪日の際、ポンペイの子供たちが当時の皇太子殿下に会いに東宮御所に行くことになった。当時同席した小林泉太平洋協会理事長によると、そのときに陛下（殿下）は「私は小さいときに尋常小学校の国語の教科書で『トラック島だより』というものを見ております」とおっしゃられ、また『南洋だより』というページのことを指摘しながら、「こういうのを見てヤシの実だとかパンの木だとか、そういうものに非常に興味を持っていて、私はぜひ行きたいところだと思っておりました」と子供たちに話したと言う。そして、「そういう所から来る皆さんとお会いできるのは大変楽しみで待っておりました」と語ったとされる。それ以後、御引見は計4回実施された。

　2003年ころ、ミクロネシア三国の現地の新聞で、外務省や宮内庁職員が三国を訪問しているという記事が発表された。日本政府は正式なコメントを出さなかったが、現地報道によると陛下がミクロネシアの三つの国を歴訪するという話が持ち上がり、本当に陛下をお連れして大丈夫かどうか下見に来たということだった。

　陛下は「旧南洋群島のところに行きたい」ということをずっとおっしゃっていた。ところが、南洋群島は独立の過程で四つの地域に分裂し、三つの独立国（パラオ、ミクロネシア連邦、マーシャル諸島）と一つのアメリカ領（北マリアナ諸島）になった。全部まわりたいという陛下のご希望があり、それで調査を出したものと思われる。その結果、飛行場の問題と宿舎の問題、報道の際の通信インフラ面などが大きな壁になり、三つの独立国へのご訪問は断念され、2005年の戦後60周年の年には北マリアナ諸島のサイパンだけ訪問なさった。

　それから約10年たち、陛下は確実にお年を召された一方、受け入れ側のインフラ整備がキチンと整ったというわけでは必ずしもない。その中で、今回の訪問が実現したのは、最初に子供たちに会ったときに、陛下が「『トラック島だより』で子供の頃から南の島に行きたかったよ」と言った、その思いがあったためと思われる。

　2015年4月8、9日、天皇皇后両陛下は戦没者慰霊のためパラオ共和国を訪問した。天皇陛下は8日の晩餐会のあいさつで、先の大戦では食糧難や疫病で地元住民にも犠牲が出たことに触れたうえで「戦後に慰霊碑や墓地の管理、清掃、遺骨の収集などに尽力された」と述べ、深い感謝の気持ち

「米陸軍第81歩兵師団慰霊碑」に供花し、黙とうされる天皇、皇后両陛下（当時）（パラオ・ペリリュー島、2015年4月9日）［提供：時事］

を表された。パラオ、マーシャル諸島の両大統領は今後も遺骨収集に協力する考えを示したという。9日には、ペリリュー島の南端にある「西太平洋戦没者の碑」に日本から持参した白菊の花を供えられ、深々と頭を下げられた。続いて、海を隔てたアンガウル島に向かって拝礼された。ペリリュー島から船で約1時間というアンガウル島でも、日本軍約1200人が戦死している。また「米陸軍第81歩兵師団慰霊碑」では米海兵隊員らの出迎えを受け、両陛下は米国流に紅白のリボンが付いた白い花輪を花壇の前に供え、追悼の祈りをささげられた。上陸してきた米軍を日本軍が迎え撃ち、双方に甚大な被害が出た「オレンジビーチ」も近くからご覧になった。

両陛下の訪問に対しては、現地では概ね高評価であった。パラオの老人たちからは、訪問が実現することを最初は信じていなかったが、実現したことで涙を流して喜んだ者もいた。またペリリュー州政府は両陛下の訪問を祝して、翌年から4月9日を州の定める祝日とした。日本国内でもパラオに残る日本の言葉や文化について再注目される報道がなされ、マリンスポーツのメッカとは違う観光地としての魅力を広く日本人に知らしめることになった。

一方で、陛下は日本の旧委任統治領の三つの国全てへの訪問を希望していたとされる。ミクロネシア三国からも日本への公式訪問の際それぞれの大統領が繰り返し陛下を自国に招待したいと述べてきた。しかし、2015年の訪問においては、パラオのみの訪問になったため、ほかの二つの国にも正式に説明すると同時に、パラオ訪問時に両国大統領を招待するという形でそれぞれの国に対する敬意を示した。

戦後70年が過ぎ、米国の文化が根付いているミクロネシア地域ではあるものの、天皇皇后両陛下の訪問はミクロネシアの歴史の一ページとして日本の存在がもう一度認識される機会につながったことは間違いないであろう。

（黒崎岳大）

コラム 9

大首長ススム・アイザワ

ススム・アイザワ（相澤進）という元プロ野球選手がいる。1950年代に千葉ロッテマリーンズの系譜にある高橋ユニオンズやトンボユニオンズなどで活躍した投手である。ススムは現役6年間で通算8勝と輝かしい成績をあげたわけではないが、引退後もたびたびメディアに取り上げられる機会があった。そのさい、彼は野球選手としてよりも、「ミクロネシアの首長」という点で注目されてきた。以下、ススムについて詳しく記された小林泉著『南の島の日本人――もうひとつの戦後史』（産経新聞出版、2010年）に基づき、彼の足跡をたどりたい。

ススムは、日本人の父・庄太郎とトラック諸島水曜島（現在、ミクロネシア連邦チューク諸島トル島と呼ばれる）の首長の娘であった母・ノツムールのもと、1930年に同島で誕生した。庄太郎は現在の神奈川県藤沢市出身であったが、南進論が盛り上がった1914年にトラック諸島にわたり、南洋貿易株式会社で働き始めた。水曜島は母系社会であり、土地・財産や社会的地位は母方の血縁を通して継承される。よって、首長の娘を母にもつススムは、生まれながらに首長の地位を世襲する権利を潜在的に有していた。

庄太郎がトラック諸島に赴任した1914年は、第一次世界大戦が勃発し、日本がトラック諸島を含むミクロネシアの島々を占領した年である。その後、1919年に島々は日本の委任統治領となり、日本人の流入と産業開発が進展した。ススムは現地の尋常小学校を卒業後、1942年から日本に住む父方の叔父のもとに預けられ、神奈川県立湘南中学校に通った。中学卒業後、彼は晴海の倉庫会社に就職し、職場仲間とともに草野球チーム・湯島倶楽部に加わった。ススムにとって野球は幼い頃から馴染みのあるスポーツであった。というのも、日本軍が駐留したトラック諸島では若い男性の間で野球が盛んだったからである。元来スポーツ万能であったススムはすぐさま「エースで四番」となってチームを牽引し、湯島倶楽部を軟式野球の全国大会準優勝に導いた。

ススムの活躍に目を付けたのは、阪神タイガースの若林忠志監督であった。ススムは、若林の勧めで１９５０年に毎日オリオンズに入団したが、目立った記録を残すことなく、１９５４年に高橋ユニオンズに移籍する。１９５５年に高橋はトンボに買収されてチーム名が変わったものの、同年にススムは先発投手として4勝をあげるなど充実した1年となった。彼のチームメイトのヴィクトル・スタルヒンが日本プロ野球史上初の３００勝をあげたのもこの年である。１９５６年にチーム名が再び高橋に戻った後、１９５７年のシーズンオフに高橋ユニオンズは大映スターズと合併して大映ユニオンズとなり、このタイミングでススムは引退した。生涯成績は93試合8勝17敗、防御率４・２０であった。

ススムはプロ野球引退後にトラック諸島に戻り、母系社会に生まれた彼に期待されてきた、首長としての役目を果たすようになる。彼は、雑貨・モーターボート・建築資材の輸入販売などのビジネスを手掛ける一方、多忙な仕事の合間を縫って島の人々の相談にのり、私財を投じて学校舎の補修や道路の造成などを積極的に行った。ススムは首長の役目を「みんなの生活の面倒を見て、地域の共同体社会に貢献すること」とし、身をもってそれを実践したのである。前掲書の著者・小林泉は、ススムの伝統的指導者としての行動やその貢献は（彼の出身島である水曜島を超えて）トラック諸島全体、さらにはミクロネシア全域に及んだのであり、彼をトラックの大酋長（大首長）と呼んで差し支えないだろうと評している。

（石森大知）

第Ⅴ部

新たな関係性の構築

44 戦後外交の幕開け

――太平洋・島サミット

２０１８年5月18、19日の2日間、福島県いわき市において第8回太平洋・島サミットが開催された。同会議には、太平洋上に浮かぶ島国である14の独立国の首脳とオーストラリア、ニュージーランドの閣僚に加え、今回新たにニューカレドニアとフランス領ポリネシアという太平洋の非独立地域のリーダーが参加した。

太平洋・島サミット（Pacific Islands Leaders' Meeting：ＰＡＬＭ）は、日本と太平洋島嶼地域との間の協力関係について、3年に一度日本に首脳レベルを招き、直接議論をする国際会議である。太平洋島嶼国側からみても、オセアニア地域の地域国際機関である「太平洋諸島フォーラム（ＰＩＦ）」のメンバー国の首脳が一堂に会する非ＰＩＦメンバー国主催の定例会議は、太平洋・島サミットだけである。過去7回にわたり、この地域の首脳がほぼすべて参加してきた。一方で、日本政府にとっても、自国が単独で主催する恒例の国際会議は、このサミットだけである。

太平洋・島サミットが始まったのは、１９９７年。冷戦終結後、国連を中心とした多国間外交の重要性が高まる中、日本は国連改革の重要性を唱え、自らも安全保障理事会における常任理事国入りに向けて関係各国に協力を求めていた。その中で、いち早く賛同し、共同提案国に名前を連ねたのが、

第8回太平洋・島サミットに参加した各国のリーダー（福島県いわき市、2018年5月19日）
［提供：時事］

太平洋諸島の国々である。以前からも国連非常任理事国選挙をはじめ、多くの国際会議で日本政府の提案を支持する、国際的にみても貴重な友好グループであった。この友好国との間で、首脳同士が直接膝を突き合わせながら、地域の将来について協議しようという趣旨で始まった。日本の総理と直接議論できる機会ということもあり、各国首脳にとっても3年に一度開催される重要な政治イベントと位置付けており、この3年のサイクルで日本と太平洋諸島の外交日程が進むことから、「PALMサイクル」として認識されている。

2000年の第2回太平洋・島サミットが宮崎で開催されて以降、沖縄や北海道、福島県いわき市など地方で開催されることが定例化している。また2010年10月より太平洋・島サミットのちょうど中間の時期に、外相級閣僚を東京に招へいし、前回の島サミットでの日本側の公約の進捗状況についてのレビューと、次期開催地の発表を行う中間閣僚級会合も開催されることとなった。

太平洋・島サミットは、日本国内でも3年に一度太平洋諸島に対する意識を高めるという意味でも大きな役割を果たしており、国会議員やビジネス団体による太平洋諸島との会合や経済および文化交流を促進するための会議やイベントがこの太平洋・島サミットと同時期に開催されてきた。この結果、徐々にではあるが日本国内でも太平洋諸島に対する関心が高まり、その重要性を認識されつつあるという意味で一定の役割を果たしてきたと言えるだろう。

しかしながら21世紀に入り、日本の太平洋諸島外交の基軸ともいえるこのサミットをめぐる環境にも変化が生じてきている。

国際情勢の変化を受け、日本以外の周辺諸国も同様の会議を開催するようになった。２０００年代半ば以降、中国と台湾（中華民国）はそれぞれ国交を結んでいる国々との間で、定期的に国際会議を開催している。中国は２００６年より「中国・太平洋島嶼国経済開発協力フォーラム」を開催し、同盟国との間でインフラ整備を中心に経済支援を約束している。また台湾も06年に「台湾・太平洋同盟諸国サミット」を開催し、それ以降も総統が自ら島嶼国を周遊するなど積極的な外交を実施している。これらの会議は両方とも日本の太平洋・島サミットをモデルとして、太平洋島嶼国との外交を強化する試みを実施してきた。

また、フランス、ロシア、中東諸国なども、国際社会の中で島嶼国の数の力に気づき始めた。フランスは、大統領自らが太平洋諸島を訪れ、島嶼国首脳との会合に参加すると同時に、自国の海外領土であるニューカレドニアとフランス領ポリネシアをＰＩＦに加盟させて、島嶼地域への関与を強めている。またインドや中東諸国も首脳級会議を開催し、島の首脳たちを自国に招待し、経済支援の強化を表明するなど、この地域での存在感を急激に高めてきている。米国も国務長官がホストとなって定期的に島嶼国の首脳を開催してきたものの、大統領が参加するまでには至っていない。こうした点からも、太平洋・島サミットがこの地域においていかに重要な会議であると、ＰＩＦメンバー国ならびに周辺ドナー国から意識されてきたかということは理解できるだろう。

その一方で、日本国内の外交政策の視点からみた場合、太平洋・島サミットに対する意識は必ずしも発展・強化してきているとは言えない。この間、日本は景気低迷もあり、同地域に対するＯＤＡ支援額も伸び悩んでいる。さらに一部の島国の首脳からは、サミットを開催すること自体の意義にすら疑問を呈する声も聞こえてきている。２００９年の第5回太平洋・島サミット以降、それまでの開催することに意義があるという段階から、この太平洋・島サミットを今後どのように発展させるかを問うべきという主張が高まってきたのだ。

その後の太平洋・島サミットをめぐる有識者からの意見や中間閣僚会合および本会合での討議を通じて、いくつかの考えが示されたこともあった。２００９年の第5回太平洋・島サミットでは、「太平洋環境共同体基金」が設置され、島嶼国に対して日本企業の持つ環境技術を支援するプログラムが作られたが、これは日本と太平洋島嶼国による新たなグループを作ろうという枠組み「太平洋環境共同体」を想定していたものであった。また２０１３年の第2回中間閣僚会合では、日本がＰＩＦに加盟することを含めた協力の強化が議長声明に記載されている。いずれの提案も日本国内での議論が不十分なまま頓挫してしまい、実際には日本とＰＩＦ加盟メンバー内での会議として整理され、その結果事務方であるＰＩＦ事務局が窓口になり、その影響力を高めているというのが現実のようだ。その結果、島嶼国の首脳の中には太平洋・島サミットに対するマンネリ化を感じ、その重要性に疑問を呈し始めているリーダーたちも出てきているという。

太平洋・島サミットがスタートして20年が過ぎた今、まさにサミット自体の意義が問われる段階に来ていると言えるだろう。日本としては、恒例行事を開催するという段階から抜け出し、自らが先頭に立って、太平洋地域における共同体の結成を打ち出すなど新たな提案を示す姿勢も必要だろう。島嶼国側は、日本が同地域に関与を強めることに対しては歓迎である。太平洋諸島における地域統合の行方を睨みつつ、日本が太平洋・島サミットの今後の方針を示していくことは急務の課題と言える。

（黒崎岳大）

45 太平洋における日本の公的援助の変遷と今後

――「日本らしさ」を求めて

本書の第Ⅱ部で述べた通り、日本と太平洋島嶼地域との継続的な関係が生まれたのは明治維新後のことである。それは主に、南方へ積極的に進出するべきであるという南進論に基づくものであった。しかし、そのような太平洋島嶼地域における日本のかかわりも、終戦と共に終息を迎える。本章では戦後の動向に焦点をあてて、太平洋における日本の公的援助の変遷と今後についてみていきたい。

太平洋戦争後しばらくの間、日本と太平洋の島々との公的な関係は途絶えていたが、島々が相次いで独立する1970年代以降に復活した。その頃から現在に至るまで、独立国となった島はいずれも農林水産業や観光などの比較的不安定な産業に経済的に依存しており、外国や国際機関からの財政支援、開発援助、民間企業の直接投資を必要としている。特にミクロネシア地域はアメリカから、メラネシア地域はオーストラリアから、ポリネシア地域はニュージーランドから経済支援や行政部門における人的支援など、多様かつ多額の援助を受けてきた。これらの援助国は戦後世界においてそれぞれの地域に主として軍事戦略的利用価値を見いだし、それと引き換えに現地に財政支援を行ってきたのである。

日本も太平洋島嶼地域を、広大な排他的経済水域における水産物や、天然ガス、ニッケル、金、銅、熱帯材などの天然資源を確保し、エネルギー資源のための輸送ルートを安定的に維持するなどの理由から、戦略的に重要視している。そのため、１９７０年代以降日本は、アメリカ、オーストラリア、ニュージーランド、中国、台湾、ＥＵなどと共に、この地域における主要な政府開発援助（ＯＤＡ）の供与国であり続けている。

一般に日本の公的援助は、被援助国自身による自助努力を重視し、経済的自立を達成することを目指す点に特徴がある。そのことは、日本の支援が相手国政府からの「要請」を起点とする原則をもつこと、贈与（無償資金協力と技術協力）よりも返済義務のある有償資金協力（円借款）を中心とすることに現れている。しかし、日本から太平洋島嶼地域に対する援助はその原則からはずれ、贈与、すなわち「返してもらわなくてよい」援助に偏っている。例えば、２０１６年度に日本はこの地域に１億８０００万ドルのＯＤＡを拠出しており、そのうち44・5％が無償資金協力、26・38％が技術協力であった。つまりこれらを合計した約70％が贈与であり、有償資金協力は29・12％に過ぎない。しかも有償資金協力は、２０１２年から２０１６年度までの5年間でみても、パプアニューギニアとヴァヌアツへ（２０１２年度）、パプアニューギニアとフィジーへ（２０１５年度）拠出されただけである。贈与中心の理由はこの地域の経済的特徴が関係している。太平洋島嶼地域の経済は、拡散性（島々が広域に散在している）、遠隔性（世界市場から離れている）、狭隘性（国内市場が狭い）、海洋性（海運、空運が主要インフラ）を特徴とし、国内産業の振興や国際競争力のある経済活動が期待できない。それは、ＧＤＰなどの経済指標を頼りにした経済成長の可能性がきわめて低いことを意味する。日本は、この地域におけるそのような特徴を踏まえて、国家経済の成長のみに焦点を当てるのではない、社会面や文化面をも視野に入れた公的援助を行ってきた。そのことに関連して、近年では、廃棄物管理・運営能力向上のための支援やサンゴ礁保護などの沿岸生態環境の劣化に対する支援、サンゴ礁でできた環礁島における水対策のほか、地震や津波などの自然災害に対する備えを強化する試みや、気候変動による海面上昇への対応を支援するなどの広域協力も活発に行っている。

日本の無償資金協力で橋が架けられたことを示す看板（ソロモン諸島、2008年9月）

さらに、技術協力の一部である青年海外協力隊員の派遣も、それが現地の人々と同様の生活を送り、彼らと「一体となって」活動を行うことを建前とする事業であることから、「社会面や文化面を視野に入れた支援」に含めることができるだろう。この地域における協力隊員の派遣職種は農業などの生業系、コンピュータ関係、自動車整備などの技術系、村落地域の問題解決や特定のプロジェクトの運営改善などを行う村落開発普及員（コミュニティ開発）など多岐にわたるが、太平洋島嶼地域では、近年小学校教師・教諭、環境教育、看護師などの医療系分野の派遣が目立つ。それらに続いて理科教育・理数科教師の数も比較的多い。数は少ないが、トンガにおける日本語教育と珠算教育はいずれも30年以上ほぼ継続的に同国に派遣され続けている。中期的・長期的視野から、草の根レベルで社会に入って行きそれぞれの国の中核を担えるような人材を育成したり、技術を伝えたりすることを目的とした事業である。国の規模が小さく、産業振興が進んでおらず、近代的知識と経験に長けた人的資源に乏しい太平洋島嶼国において、協力隊員の活動は実質的に日本からの支援の中核的部分を占めるといっても過言ではない。彼らの活動は草の根的であるため目立った成果は少ないが、現地の人々と共にあることを理想とするがゆえに、協力隊員が同僚や隣近所の人々などの記憶に残る存在となっていることがよくある。現地の人々に植え付けられた「記憶」は、この地域に対する公的支援の重要な成果としても指摘できるであろう。

日本政府は、1997年から3年に一度、日本と太平洋島嶼地域との関係を強化する目的で、同地域の首脳たちを日本に招き「太平洋・島サミット（PALM）」を開催している。毎回サミットの終了時に出される首脳宣言では次回のPALMまでに取り組むべき中心課題が確認され、それが日本からの支援の基本的方向性を規定している（第44章参照）。

近年では中国が太平洋島嶼国支援を積極的に行っている。その背景には、中国の覇権確立、海洋権益確保、台湾問題などの政治的思惑が関係していると言われる。途上国に対する公的支援が政治的・経済的戦略性を色濃く帯びた行為であるとすれば、日本の公的支援の展開において、そのような中国の動向を無視することはできない。太平洋島嶼諸国に対する「日本らしい」公的支援のありかた、他の援助国や国際機関と協調しつつも独自のパートナーシップの姿を模索し実行に移していくことが、今後ますます求められる。

（関根久雄）

46 「沈む島」への援助
――ツバルにおける気候変動対策

援助は、日本と太平洋の島々を結ぶ重要なつながりの一つである。これまでに日本から太平洋の国々に多様な援助がなされてきたが、近年では環境分野での支援が注目を集めており、なかでも「沈む島」としてメディアを騒がせてきたツバルは気候変動対策として多くの支援が行われてきた。ツバルは気候変動に起因する海面の上昇にともない、今後、高波や海岸侵食の被害が深刻化する、あるいは首都フナフチ環礁ではすでにその被害があらわれているといわれており、対策が叫ばれてきた。ツバルを例に環境支援を通した日本と太平洋の島々との新たな関係の構築を見ていこう。

２００７年に行われた会談の中で、ツバルのイエレミア首相（役職名は当時。以下同様）からの支援の要請に対して、福田首相（当時）は調査団の派遣を表明し、気候変動対策に関する支援が動き始めた。その後、鴨下環境大臣（当時）や調査団がツバルを訪問し、現地政府と具体的な支援策が話し合われた。その結果、島の形成・維持メカニズムを解明して長期的な対策の提案を行う「海面上昇に対するツバル国の生態工学的維持」と海岸防護に関する短期的な対策の提案を行う「ツバル国におけるエコシステム評価及び海岸防護・再生計画調査」が両輪として実施されることとなった。

前者の長期的な対策は、科学技術振興機構（ＪＳＴ）と国際協力機構（ＪＩＣＡ）が共同で実施する

JICAによる養浜（2017年）

「地球規模課題対応国際科学技術協力プログラム（ＳＡＴＲＥＰＳ）」に基づくもので、東京大学の茅根創教授を中心に２００８年度から２０１３年度まで行われた。同プロジェクトはツバルの土地の半分から4分の3が星の砂と呼ばれる有孔虫の殻によって構成されていることに注目した。有孔虫とは海底に生息するアメーバ様原生生物で、石灰質の殻を持つ。この有孔虫（の殻）の生産・運搬・堆積を最適化することは海面上昇に対する国土のレジリエンスを高めることにつながる。同プロジェクトは、フナフチ環礁における有孔虫の生産・運搬・堆積メカニズムとその定量的なモデルを示すとともに、それぞれの局面における問題点を明らかにし、水質改善による生産の向上、島と島を結ぶ土手道（コーズウェイ）の開削と桟橋の撤去による運搬の向上、砂浜の造成（養浜）と植樹による堆積の向上などの対策をツバル政府に提案した。他にも、２０１０年には有孔虫養殖の実験施設を開設し、飼育や繁殖技術の確立を図っている。さらに、プロジェクト全体を通して地形調査やモニタリング、地図の作成、有孔虫養殖などを現地のカウンターパートとともに実施しており、ツバル政府の技術と能力の向上にも貢献している。

後者の短期的な対策はＪＩＣＡの「開発計画調査型技術協力」に基づくもので、まず海岸保護の具体的な実施方法を検討するために現地で調査を実施した。当初、ツバル側は護岸工事や埋め立てを希望していたが、前述のプロジェクトの知見を受け、長期的な砂の運搬・堆積と矛盾しない、あるいはそれを促進する養浜を採用し、ツバル側に提案した。その後、２０１２年に「沿岸災害対応のための礫養浜パイロットプロジェクト」を始動させ、２０１５年に養浜を行った。養浜にはフナフチ環礁の南の島から採取したサンゴ礫（1972年にフナフチを襲ったハリケーン・べべによって堆積したもの）と、サンドポンプを用いてラグーン側の海底から浚渫《しゅんせつ》した砂が用いられ、フナフチ環礁の村落近くのラグーン側の海岸に幅20メートル、長さ１８０メートルほどの砂浜をつくりだした。なお、同時期にその南の海岸に、ツバル政府が同じく海底の浚渫で得た砂を用いて幅20メートル、長さ５００メートルの養浜と幅80メートル、長さ３００メートルの埋め立てを行っている。

気候変動への支援は何も政府レベルに限らない。写真家である遠藤秀一氏が代表を務めるツバルオーバービューはツバルでの環境支援に長らく取り組んできたＮＧＯである。同ＮＧＯの活動の一つにマングローブの植林がある。日本人駐在者やツバル人スタッフを中心に現地で種の採取から育苗まですべて行ったうえで、フナフチ環礁の南のフナファラ島近隣の砂浜で植林してきた。植えたマングローブの中には大きく成長したものもあり、海岸侵食を防ぐとともに、砂の堆積を促進することが期

マングローブの養殖（2017年）

待される。なお、ツバル オーバービューは将来的に気候変動による海面の上昇でツバルに人が住めなくなることを見越して、フナファラ島周辺の浅瀬にサンドポンプで新たな島をつくって避難先とする「エコアイランド構想」を提案している。

そもそも、フナフチ環礁の景観は自然の営力と人間の営為の絡み合いによってかたちづくられてきた。造礁サンゴが島の基盤をつくり、有孔虫が堆積してその上に陸地をつくる。波は海岸線を変化させ、サイクロンはときに島の景観を一変させる。この島に現在のツバル人の祖先であるポリネシア系の人々が移り住み、ココヤシやパンノキなどの多くの有用植物を植え、タロイモ栽培のためのピットを掘削した。人間の営為はツバル人のそれに限らない。第二次世界大戦中の１９４０年代には米軍が滑走路建設のために島のタロピットを埋め立て（第29章を参照）、港湾設備の整備のための護岸工事でラグーン側の砂浜を消失させた。近年では気候変動に起因する海面の上昇のみならず、その対策によってフナフチ環礁の景観が大きく変わりつつあり、さらに今後も「沈まない島」に改変すべく多様な提案がなされている。

こうした状況に対して、フナフチ環礁の古老は次のような印象的なことを言っていた。「最近は外国から専門家や科学者がやってきては島をああしたらいい、こうしたらいいと提案してくる。そうしたことが本当にいいことなのかはよくわからない。確かなのは、彼らは何かやり終えると二度と帰ってこないが、私たちはずっとこの島に住み続けなければならないことだ」。援助や支援を実施することはとても意義深いことであるが、それらが終わった後も何らかの関与を続けていくことはそれと同じくらい重要であるかもしれない。また、援助を実施する際に現地の人々に丁寧な説明が行われているが、未来はどこまでいっても不確実であり、将来にまで続く影響について現時点で何をどこまで考えればいいのかはわからない。そもそも、現地政府は短期的な効果を求めることが多いなかで、長期的な視野に立った援助や支援が受け入れられるのは難しいという事情もある。さらに、諸外国からやってくる様々な援助や支援を受け入れて調整する現地政府の能力にも限界がある。いずれにせよ、フナフチ環礁の人々は今後も気候変動の物理的な影響のみならず、それへの様々な援助や支援と向き合っていかなければならないことは間違いない。

（小林　誠）

47 水産業からみえる太平洋と日本の関係史
――カツオ・マグロ漁業にみる島嶼国の資源外交と日本の役割

太平洋諸島は、パプアニューギニアを除けばいずれも国土は狭小で人口も少なく資源もほとんどない。そのうえ国際市場から隔絶されており、社会経済開発という点では非常に多くの困難を抱えている。こうした中で各国が注目しているのが水産資源である。とりわけ日本と島嶼国の漁業の関係で最も注目されるのがカツオ・マグロの漁獲量である。２０１３年度水産庁の統計によれば、世界のマグロ・カツオ漁獲量は全部で約５００万トン。その約55％の２７０万トンが、太平洋諸島の多くが属する中西部太平洋水域で漁獲されている。また、日本の全世界でのカツオ・マグロの漁獲量44万トンの約85％にあたる38万トンが、この水域で捕られている。この点からも世界にとっても日本にとっても、太平洋諸島はきわめて重要な地域である。

しかしながら現在、この水域でのカツオ・マグロ漁業に関しては三つの課題、すなわち、資源の適正な管理、過度な環境保護圧力、そして島嶼国自らによる漁業開発への強い願望がある。

資源の適正な管理については、２００４年に「マグロ類資源の地域漁業管理機関」が設立されたことによって、世界の海洋全てにマグロ資源の管理機関が成立した。この中で近年動向が注目されているのがクロマグロの管理である。クロマグロ資源は、世界のどこの水域でも、捕り過ぎか、捕り過ぎのギリギリ手前という状況にある。現在、大西洋クロマグロの国際取引を一切禁止するという提案を推進する「アメリカ・EU連合」とこれに反対する「日本+持続的漁業を支持する途上国」の戦いとなっている。日本を中心としたグループの主張は、マグロ資源の管理は各地域にある資源管理機関に任せるべきというものであり、大西洋のみならず、太平洋のクロマグロや近似種であるミナミマグロについても、今後一層適正な資源管理を有すると主張している。また、メバチマグロとキハダマグロは、熱帯地域に棲息する種で、クロマグロよりも成熟年齢が若く資源の回復力が強いため資源的に問題はないだろうと言われているが、最近になって両種とも危険な水準にあるとの見方が強まってきている。さらにカツオに関してもそろそろ漁獲制限を検討すべきという主張がされるなど、カツオ・マグロをめぐる漁獲制限を求める圧力が高まっている。

過度な環境保護圧力については、カツオ・マグロ漁業における巻網漁業に対する批判から起きてきた問題である。巻網漁法はマグロの稚魚やサメやウミガメなどまで一網打尽にしてしまうため、環境団体からは最悪の漁法と非難されている。そのうえ、近年、マグロが流木、クジラ、イルカ等の下に集まる習性を利用してFAD（ファッズ：Fish Aggregating Device）という人工的な集魚装置が導入されたため、巻網漁業の効率が一層向上し、これが資源悪化の原因の一つと見られている。こうした中、日本は2010年の中西部太平洋漁業委員会会議で、キハダマグロ、メバチマグロ、カツオの保存のために、巻網漁船の隻数制限を提案した。しかしカツオ・マグロの巻網漁業に反対の欧州諸国に加え、巻網漁船を制限することに反対の台湾をはじめとするアジア諸国・地域の同意を得られず、提案は否決された。また、太平洋諸島は、日本の提案は島国の漁業開発を妨害するものとして強く反発している。さらに同年名古屋で「生物多様性条約締約国会議」が開催されたが、そこで太平洋諸島などから海洋の15％を海洋保護区にしようという提案が出された。環境保護団体は、地域漁業管理機関が機能していない現在、海洋資源を守るためには、海洋保護区、すなわち漁業禁止区域を設定するしかない、15％では不十分で40％の禁止区域が必要だと主張した。同様に中西部太平洋でも、今後島嶼国が公海水域の漁業禁止を主張するなど、太平洋地域での漁業禁止に対する主張が高まっていくことが予想されている。

島嶼国の漁業開発に対する強い願望も大きな課題である。日本は世界最大の遠洋漁業国だったが、新しい海洋法制度の下で、沿岸国が次々と排他的経済水域（ＥＥＺ）を設定したため、遠洋漁業から撤退を余儀なくされた。しかしながら、マグロ漁業だけは国連海洋法条約第65条で、マグロのような高度回遊性の魚種は漁業国と関係する沿岸国とが協力して管理すべきという規定がある。日本は二国間ベースでの漁業交渉を行い、その結果、入漁料を支払いさえすれば、ＥＥＺ内での操業が認められてきた。しかし近年、島嶼国から、太平洋水域で外国漁船が年間何十億米ドル相当の漁獲を上げているにもかかわらず、自分たちはそのわずか５％程度を入漁料として得ているにすぎず全く不公平・不正義であると主張がなされ、新たな多国間の枠組みからなるグループによる交渉が実施されるようになってきた。パプアニューギニアやミクロネシア諸国など８カ国からなるナウル協定グループの動きである。

ナウル協定は１９８２年に発効し、二国間交渉に代わりナウル協定が一括して交渉をするものである。ナウル協定加盟諸国は２００７年12月に漁船が漁場で操業する日数で管理するＶＤＳ（隻日数入漁）方式を導入した。ＶＤＳ方式による収入は遠洋漁業国の全漁獲高の８～13％を占めるまでに増加した。外国が購入するＶＤ価格は２００８〜11年は１２００〜１５００米ドルであったが、２０１２年には５００米ドルに跳ね上がり、２０１６年には公的価値で８００米ドル、実際価格では1万米ドルを超えるまで上昇し、島嶼国のＶＤ販売収入は、各国の国家収入の40〜50％にまで達した。さらに今後は島嶼国が自らマグロ漁業を開発すると言及してきた。その方法の一つに、漁業国が自国の漁船の船籍を島嶼国に移し、島嶼国の港で燃料・食糧等を補給し、島嶼国民を船員として雇用する、あるいは、島嶼国に合弁会社をつくり、島嶼国民を雇ってマグロを加工し輸出するというものである。島嶼国首脳は日本をはじめ漁業国に対して缶詰工場設立などの経済インフラ投資を求めている。

キリバス漁業訓練学校（2012年）

太平洋諸島との間には、以上のような入漁料の大幅引き上げ、現地化工場への投資の拡大などに加え、パラオに代表されるようにＥＥＺを海洋保護区に設定し、外国漁船の商業漁業禁止を目指すなど、日本にとっても厳しい条件が突き付けられている。それでも日本政府は、日本漁船が入漁料を払って島嶼国のＥＥＺで操業するのが現状では最適と考えており、これまでＯＤＡを用いて島嶼国の漁業開発を支援してきた。キリバスには、日本政府も支援し、現地の若者に対して、カツオの一本釣り漁船乗組員の育成を念頭においた訓練学校も設立されてきた。このような技術協力支援も含め、島嶼国に対する幅広い協力をさらに推進し、より良い関係を構築することによって、日本の漁業の安定的操業を確保する必要があるのだろう。

（黒崎岳大）

48 太平洋における鉱物エネルギー資源開発

――日本企業のかかわり

オーストラリアを除けば島世界である太平洋に鉱物エネルギー資源のある地域というイメージをもつ人は少ないだろう。だが、複数のプレートが入り込んで活発な造山活動が行われた環太平洋火山帯には多様な鉱床が発達し、各種の鉱物が埋蔵されている。実は太平洋でも鉱物エネルギー資源開発が行われてきた。

では、どこでどのような鉱物エネルギー資源の開発が行われただろうか。南太平洋では次の通りである。ニューギニア島の東半分を占めるパプアニューギニアでは金、銀、銅、ニッケル、石油天然ガスが、西半分を占めるインドネシアのパプア州では世界最大規模の鉱山で銅と金が産出されている。さらに西パプア州では天然ガス鉱床の開発も始められた。東に目を転じれば、ソロモン諸島では金とニッケルの開発が進められてきた。フィジーでは、金、銅、ボーキサイト、亜鉛が産出されている。ニューカレドニアでは20世紀初頭からニッケルが生産されてきた。そのほかナウルではリン鉱石が長期間採掘され、現在は枯渇した状態に近いことが知られている。

こうした太平洋の鉱物エネルギー資源開発の中心を担ってきたのは、オーストラリア、カナダ、イギリスといった先進国の企業であった。２０００年代になると途上国や新興国の送電線などのインフラ整備あるいはバッテリー製品の素材としての需要拡大によって銅やニッケルの国際価格が上昇し、それに反応した中国や韓国、日本といったアジア企業の活動も盛んになった。

鉱物エネルギー資源開発は、開発地国家にとって大幅な経済成長をもたらす。パプアニューギニアでは鉱物エネルギー資源の国際価格が軒並み上昇した2000年代初頭からの「資源ブーム」の時期には年10％以上のGDP成長率も記録した。一方、開発地住民にとっても雇用機会が生まれるので現金収入を増やす絶好のチャンスである。自給自足に近い生活をしてきた人々が塩や石けんなど日用雑貨や子供の学費を賄えるようになり、また米や缶詰などの購入食品を食べるようになるなど生活が変化する。他方で人々の間に収入格差が生じたり、急激な食生活の変化が肥満をもたらしたり、開発による自然環境の変化が思わぬ環境問題を引き起こすなどの影響も報告されている。

では、日本企業はどのような関わり方をしているだろうか。パプアニューギニアを中心に太平洋諸国の概況を見てみよう。

パプアニューギニアでの日本企業の目立った活動は大規模プロジェクトへの間接投資である。たとえば、クトゥブ湖近辺で行われた石油開発はパプアニューギニアのオイルサーチ社がオペレーターとよばれるプロジェクトを主導する役割を担ったが、日本の石油元売であるJX日鉱日石開発（以下JX）と国際石油開発や、三菱商事や丸紅といった商社も資金を出資した。

このほかアメリカのエクソンモービルがオペレーターであるヘラ州のハイズ地域での大規模な天然ガス開発にもJXは間接投資している。このプロジェクトは内陸で産出した天然ガスをパイプラインで沿岸部の工場に送り、そこでマイナス162度に冷やして容積を減らした液化天然ガス（LNG）

に加工して船積みし、中国、台湾、日本へ輸出するという構図である。これに日本企業は請負業務としても関わった。たとえばガスパイプラインとLNG工場の建設は千代田化工建設と日揮が行った。またLNGを陸上の工場から船上の貯蔵タンクに送り込むローディングアームと呼ばれる装置は、東京貿易エンジニアリングが受注した。生産された液化天然ガスの購入者は、中国と台湾の企業のほか、東京電力と大阪ガスであった。さらにLNGタンカーでの輸送は商船三井によって行われており、最初の輸入は2014年5月であった。

ヘラ州で行われている天然ガス開発プロジェクトのガスプラントの様子。ここにつながるパイプラインは日本の企業が敷設した（2017年）

一方、パプアニューギニアと同じニューギニア島にあるインドネシア西パプア州で行われている大規模な天然ガス開発であるタングーLNG開発プロジェクトでも、オペレーターはイギリスのブリティッシュ・ペトロリアムであるものの、日本の複数の商社や石油元売、石油天然ガス・金属鉱物資源機構が間接投資をしている。また生産量の25％は関西電力が購入することになっている。なお、このプロジェクトで使われるローディングアームも東京貿易エンジニアリングが受注した。

他の国については、フィジーのナモシ州の金銅の鉱床での探査を行う現地企業へ三菱マテリアルと日鉄鉱業が間接投資している。探査とは特定地域の鉱物エネルギー資源の埋蔵量を調べる活動である。また、ニューカレドニアのニッケル鉱山では、2005～2016年まで住友金属鉱山と三井物産が共同で直接投資して企業を設立し、ニッケル鉱石を生産していた。現在は他会社へ売却されて操業が続けられている。住友金属鉱山は2005～2017年までソロモン諸島でも直接投資してニッケルの探査・開発を行ったが、採掘権の取得が困難かつニッケルの国際価格の低下のため撤退した。

太平洋における鉱物エネルギー資源開発および日本企業の関わりの特徴について4点指摘したい。第一に、太平洋諸国は日本に地理的に近いため日本企業は関わりが密になる点である。鉱物エネルギー資源開発では概して欧米メジャー企業が有利である。だが太平洋では日本企業は運搬輸送コストを抑えられるなど有利であり競争力を強められる。

第二に、日本企業が直接投資するプロジェクトは少なく間接投資が多い点である。直接投資とは国から鉱区を取得して探査を行い、井戸や工場などの生産設備を準備し、生産物の輸送販売をするという一連の開発過程を主導する企業活動である。

第三に、ある日本企業が関わるプロジェクトには、間接投資、設備建設の請負、部品の販売や輸送、購入などで別の日本企業も関わる傾向がある点である。多くの場合、日本企業は日本国内向けの資源調達を目的としている。そのため日本向けの活動に競争力のある日本企業が関わる傾向がある。

第四に、太平洋も日本にとって石油天然ガスといったエネルギー資源の調達地の一つであるという点である。エネルギー資源開発では調達地の多角化が重要視される。世界的にはエネルギー資源開発は「技術的により難しく」「政治的により不安定な」地域で行われるのが近年の傾向である。それを背景に生産量、技術的難易度、政治情勢などの点で不利である太平洋も選択肢となってきているのである。

（田所聖志）

49 民間資本による農業ビジネスの可能性
——トンガの事例から

太平洋諸島におけるビジネスはその地理的な環境から国際市場の中で成功する事例は限られていた。こうした中で、きわめて例外的ではあるが日本市場への農産物の輸出という点で成功を収めてきた国がある。トンガ王国である。トンガは南半球に位置し、首都ヌクアロファのあるトンガタプ島には肥沃な土壌が存在し、タロイモなどの農作物が生産されてきた。

１９７０年にイギリスの保護領から独立すると、国王トゥポウ四世の下で、国内の経済を発展させることに注力するようになる。それまで多くのトンガ人は教育や労働のためにオーストラリアなどに移民として移り住んでしまうことから、国内の産業および人材の枯渇が大きな問題となってきていた。国王は有能な若者を海外で教育し、その能力を活かした国づくりを進めることを目指し、積極的に海外で教育を受けた人材の大臣官僚クラスへの登用を進めていく。

このような人材の一人としてビジネス界から力をつけていったのがフェレティ・セベレである。彼はオーストラリアでビジネスの教育を受けた後、トンガでの農産物の輸出の可能性に関心を持った。中でも、著しい経済発展を遂げていた日本市場をターゲットと考えた。彼はビジネスの可能性を求め、関西地域への市場調査を始める。その中で、神戸の商社と交流を持ち、「冬至にカボチャを食べると健康になる（風邪をひかない）」という日本独自の慣習に目をつける。カボチャは夏野菜であるため、日本では冬至の季節になると入手が困難だ。そこで、南半球にあるトンガの地理的な特徴を生かして、冬季にカボチャを生産・輸出するという戦略を思いついた。日本からカボチャの種を入手し、トンガの農民たちに生産させた。タロイモ生産の技術に長けていたことから、比較的容易にカボチャを生産・輸出にも成功、1980年代には年間4万トンを超える輸出額にまで高まり、トンガ国内各地で、カボチャの生産・輸出で財を成した「カボチャ御殿」が建てられるようになった。セベレもこの市場開発の成功を受けて、国王から徴用され、その後トンガ王国史上初めての平民首相に就任した。

ところが、こうしたカボチャの輸出は2000年代に入ると急激に衰えていく。その理由としては、カボチャの輸出をめぐる国内外での環境の変化があげられる。国外の視点でいうと、それまで秋から冬にかけて独占状態にあった日本市場におけるトンガの地位が崩れていくことにあった。日本国内でも品種改良が進んだことから、それまで9月ころまでしか生産されなかった北海道産のカボチャが11月前半まで生産・出荷されるようになる。他方で、同じオセアニアでもニュージーランドやニューカレドニアでもカボチャの生産が行われ、同時期のライバルが増加していく。そして、日本とFTAを締結したメキシコからのカボチャの輸入が開始されたことで、トンガ産カボチャの地位は完全に瓦解することとなった。

他方、トンガ国内のカボチャ生産者・輸出業者の問題点も指摘された。カボチャの輸出が成功したことで、多くのトンガ人たちが自分たちもカボチャ市場に参入しようと、政府に対してカボチャの輸出のライセンスを求めるようになる。トンガ産カボチャの品質を保つためにはカボチャの輸出ができる農業従事者や輸出業者の生産管理などを厳格に指導しなくてはならない農業分野の行政官僚たちは、親戚縁者などのコネクションや賄賂等を通じてライセンスを乱発してしまい、トンガ国内に多くの粗製生産者・輸出業者が出現していく。その結果、日本国内でトンガ産カボチャに対する品質への疑問が高まっていき、他生産地からの拡大を受けて、輸出が激減していった。こうして２０００年代後半になると多くのカボチャ生産者は廃業し、日本への輸出も11月後半から12月半ばまでのごく限られた期間のみの輸出品へとその地位を下げていった。現在では、トンガのカボチャ生産者も日本市場から韓国・中国市場へとシフトチェンジを始めている。

一方で、日本でのカボチャ・ビジネスの成功は、その後他の農産物においても日本市場をターゲットとするモデルとして受け継がれていく。その中の一つにサトイモがあげられる。１９９０年代にニュージーランド向けのスイカの生産で成功した民間ビジネス業者であったポーシマ・アフェアキは、２０００年ごろ日本市場を調査し、日本のビジネス展示会に参加、そこで日本のサトイモに関心を示した。タロイモと生産方法がほぼ同じということもあり、サトイモの生産を日本国内の生産時期である秋から冬とずらし、春から夏に輸出することで、日本市場への参入の可能性を図った。

アフェアキは日本よりサトイモの種芋をトンガに持ち帰り、生産をはじめ、２００２年には日本と太平洋島嶼国のビジネス促進を担う国際機関である太平洋諸島センターと協力して日本のビジネス展示会に出展した。その結果、関西のスーパーマーケットチェーン店の目にとまり、農業技術や通関業務の支援を受けて、２００４年からは日本への輸出を開始した。アフェアキは、カボチャ生産の失敗を教訓として、品質管理に力を入れる。日本からピンポン玉を持ち帰り、全てのサトイモのサイズをこのボールの大きさにそろえるよう品質管理を徹底させていく。その結果、徐々にではあるが日本への輸出量を拡大させていき、最盛期で400トンを超えるまでになった。ところが、輸出を続けていく中でサトイモの連作障害が生じ、代替する他の業者がトンガになかったことから、日本のスーパーマーケットはトンガ産サトイモの輸入を取りやめることとなった。アフェアキは現在連作障害を克服することと同時に、病気に左右されないように生のサトイモの輸出に代えて、国内で加工工場を建設し、日本などの市場へ真空パックで輸出できるようにすることを目指している。このことからも品質管理と同時に、不慮の事故などに対応するため一定の生産規模も求められている。

このようにトンガでの農業生産の成功と限界の事例は、太平洋における農業ビジネスの課題を明らかにした。すなわち、端境期を利用した栽培など地理的なメリットを利用したビジネスの成功は十分に生かせる反面、継続的にビジネスを実施していくうえでは、農業従事者の品質管理などを中心とした徹底管理と同時に、不慮の事態が起きた場合でも代替策をとれるようにするなどの日本市場からのニーズに応えられるような体制づくりが不可欠である。その中で、日本国内産・他国産産品の中に埋没されないように、ニッチな市場開拓を志向することによる「代替不可能な農業生産品」を作り上げることである。現在トンガで生産され、関西の製菓会社で利用されているバニラなどは、この土地でしか生産できない風味という代替不可能性を利用した成功例であり、ここに太平洋諸島の農業生産ビジネスの成功のカギがあるように思われる。

（黒崎岳大）

コラム
10

日本のＮＧＯの活動事例

　ソロモン諸島のマライタ島で活動する特定非営利活動法人エーピーエスディー（ＡＰＳＤ）は、かつてソロモンに派遣されていた元青年海外協力隊員がある村落コミュニティと協力して２０００年に設立したＮＧＯである。ソロモンの人々が行っている移動型の焼畑耕作から、有機技術による定置型農法、養豚、養鶏、養蜂などを循環的に組み合わせた生業形態への転換を促すことを目的にしていた。

　活動のきっかけは、ソロモンで１９９８年に発生した国内紛争である。それは、同国の首都があるガダルカナル島の人々と、太平洋戦争後に主として近隣のマライタ島からガダルカナル島にやってきて住み着いた人々との間で発生した武力衝突を伴う争いであった。紛争の原因として、ソロモンの地方社会における開発の立ち遅れと収入機会の乏しさ、そして賃金労働や教育機会などを求める、地方から首都（あるいは首都のあるガダルカナル島）への人口流入が深く関係していた。そのことからエーピーエスディーは、地方村落でも現金収入を得られるようにすること（首都にやってこなくてもよい状況をつくること）、人々が日々の暮らしの中で身の回りの自然環境との共存を前提にした社会・経済活動を確立することで、国内紛争の原因を取り除こうと考えたのである。

　エーピーエスディーが具体的に行ったことは、マライタ島内に自然循環型農法を教育する学校（研修センター）を作り、主に20歳代から30歳代の若者（男女）を対象に、約10カ月間にわたり、自然循環型農法の理念、有機による畑作、稲作、養豚、養鶏、養蜂、堆肥作り、防虫・殺虫方法などに関する知識と実務を教育することであった。同時にそこは、次代を担う農村リーダーを育成する場としても捉えられていた。

島の人口増加に伴い、従来の焼畑農業では可耕地面積と人口とのバランスを維持することができず、食糧自給に支障を来しはじめていた。彼らの事業はそのような現実に対応したものとして発案された。この事業を行うにあたり、自然循環型農法を教授することのできるソロモン人インストラクターを育成すると共に、協働する村落コミュニティに隣接する土地を研修用の圃場として整備し、教室や豚小屋、鶏小屋、肥料小屋などの施設づくりを、日系企業や公的支援などを活用しながら行った。そして活動開始から5年後の２００５年に第1期研修生を受け入れ、教育活動を開始した。２００８年にはソロモン政府教育省から正式な農村訓練学校としての認可を得て、名実ともに同国の「学校」として位置づけられるようになった。２００３年から２００８年までは日本人スタッフが現地に常駐しソロモン人スタッフと共に運営業務の一端を担い、２００８年からはソロモン人スタッフのみによる運営へ移行した。２０１２年から２０１４年までは活動を点検する期間として学校を閉鎖して業務内容の改善と方向性の再確認を行い、２０１７年からは農業だけでなく、木工、電気工事、整備、配管、ビジネス、家政を含む総合技術訓練学校として現在に至っている。

エーピーエスディーの理念と活動は、そこに暮らす人々の生活を持続させることを主眼としている。ソロモンの人々が市場社会において経済成長を果たし自立することは、現実的にはかなり厳しい。それでも、人々は今を生きるために現金を必要とし、それに見合う経済活動を求めている。経済成長が夢であるがために、エーピーエスディーは人々のニーズに適う開発を人々が伝統的に利用してきた生活域内の自然との共生を通じて実現しようとしてきた。いわばそれは「持続可能な生活」の実現をめざす活動であったと言える。

（関根久雄）

50 生き続けるゴジラ
——マーシャル諸島・反核運動・被ばく・放射性廃棄物

２０１６年映画『シン・ゴジラ』が公開された。この映画のゴジラは、不法投棄された放射性廃棄物に適応進化した古代生物のよみがえりという設定である。福島原発事故を生きる今、日本が抱える問題と重ねた人が多かったに違いない。

ゴジラは、１９５４年11月に公開された映画『ゴジラ』で初めて登場するキャラクターで、水爆実験によって目覚めた古代生物である。この後、ゴジラはシリーズ化され、『シン・ゴジラ』で29作品目となるが、１９８０年代に製作されたゴジラ作品は原発が多く稼働し始め反対運動も高まりを見せた時代背景を反映して、原子力発電と関係を持たせている。

米国でもゴジラキャラクターを用いて2作品の『GODZILLA（ゴジラ）』が映画化された。１９９８年版は仏領ポリネシアにおける核実験の影響をうけて生まれたという設定で、２０１４年版は、米国内の放射性廃棄物処分場との関連で描かれている。

いうまでもなく最初のゴジラ映画製作は、１９５４年3月1日にマーシャル諸島ビキニ環礁で米国が実施した水爆実験「ブラボー」に着想を得たものだ。水爆実験ブラボーは広島の原爆の１０００倍の威力であった。核実験は、１９４６年7月1日にビキニ環礁で開始され、その後１９４８年にはエニウェトク環礁も核実験場となった。両環礁での核実験は67回にのぼり、その累計威力は広島に投下された原爆の７０００倍とされる。核実験は、国連各国代表や著名な科学者を招待してショーのように行われた。

水爆実験実施当時、付近で操業していた日本の漁船「第五福龍丸」の乗組員17名が被ばくした。この出来事は、３月16日付けの『読売新聞』でスクープされた。水爆実験の後、日本では、放射能を帯びた雨が降ったり、水揚げされた魚から放射能が検出されたりし、核実験に反対する自治体決議や一般市民による反核運動が起こった。反核運動が生まれた杉並区にあった中央気象台（現気象庁）の気象研究所（現在は茨城県つくば市）は、放射能を最初に感知した機関であり、その後現在まで放射能を測定している。

1946年にマーシャル諸島で初めて実施された核実験エイブル［出所：U.S. National Archives］

核実験から半年後に乗組員の１人が死亡し、世界各地で放射能が検知されるようになると、国際社会でも核実験に反対する機運が高まった。１９５５年7月、哲学者バートランド・ラッセルと物理学者アルベルト・アインシュタインは、核爆弾の存在に警鐘を鳴らし、国の利害関係を超えた科学者会議の開催を訴えた（ラッセル＝アインシュタイン宣言）。この宣言には、米国

核実験による放射能により住民が避難してしまったロンゲラップ環礁ラグーン（2002年）

の原爆開発に携わった研究者やノーベル賞受賞者のフレデリック・ジョリオ＝キュリーなど国際的に著名な10名の科学者も署名した。この宣言により1957年から定期的に開始された会議は、1995年にノーベル平和賞を受賞した「パグウォッシュ会議」へと発展していった。

反核意識／運動は、フォールアウト（死の灰）に対する恐怖から生み出されたが、その原動力は、将来の放射線の影響への懸念であり、実際の核実験被害者への共感ではなかった。

マーシャル諸島では、核実験による甚大な被害が起こっていた。ブラボー水爆実験では、避難させられなかったロンゲラップ・ウトリック両環礁の住民が高線量の放射線を浴び、やけど、頭痛、吐き気、脱毛など急性放射線障害を発症した。人の居住するマジュロ環礁マジュロでは、アメリカ軍は毎時2000マイクロシーベルトを計測していた。のちに、高線量の放射線を浴びた人々を中心に、出産障害、ひいてはがん・甲状腺機能低下など様々な晩発生放射線障害に見舞われることになった。1954年5月には、国連信託統治理事会に「マーシャル諸島住民より太平洋諸島に関する請願書」が提出されたが、核実験は続けられた。同月、米国人記者がマーシャル諸島に実際に赴き現地の被ばく者を初めて取材した。この内容は、6月11日付けで、広島に本社がある『中国新聞』に生活者である被害者による声として掲載された。しかしながら、マーシャル諸島の被ばく者に対する関心は日本においても高まらなかった。

国際社会がマーシャル諸島の被ばく者の存在に改めて気づくのは1970年代である。このころ、マーシャル諸島を含む米国による国連信託統治領「太平洋諸島」が独立にむけて動き出していたが、フランスによる核実験への反対運動、国際環境団体グリーンピースの設立とも相まって、マーシャル諸島の核実験被ばく者に注目が集まるようになったのである。これ以降、日本をはじめとする世界の反核運動との連帯が強まっていった。

映画『ゴジラ』は、1954年以降、現在に至るまで日本のみならず米国でもリメイクされ続けてきた。誕生のきっかけとなった水爆実験以来、核の軍拡競争、原子力発電、放射性廃棄物問題へと至る核時代のなかでゴジラは生き続けてきた。

核実験のインパクトを表象する方法は、1954年に誕生したゴジラにとどまらない。そもそも、1946年のビキニ環礁での最初の核実験後、フランスのデザイナーは、露出部分の多い水着を、核実験のインパクトになぞらえて「ビキニ」と命名して発表した。1956年に作成された米国映画『白鯨』にもビキニ環礁は登場する。マーシャル諸島の核実験は、文化的にも顕著な影響が見られる。もちろん、水爆実験の巨大なエネルギーを伝える遺構も実際に存在している。ラグーンに残る巨大なクレーターや、核実験の標的とされた戦艦サラトガや戦艦長門などの沈没船がそうである。このような核実験の遺構や文化的影響が評価され、2010年にユネスコの世界遺産に文化遺産「ビキニ環礁核実験場」として登録された。

しかし、放射能汚染により集団避難してしまったビキニ環礁に行くのは困難である。というのも、ビキニ環礁には、2週間に一度の国内線の運航スケジュールはあるものの、避難して無人となった島への利用者はほとんどいないためほぼ欠航しているからだ。

ビキニ環礁で見られる水爆実験ブラボークレーター（2011年）［撮影：杉本智子］

核実験は１９５８年に終了したが、その後現在に至るまでマーシャル諸島のクワジェリン環礁はミサイル実験の試射場として軍事利用され続けている。１９８０年代には、放射能の影響により居住できなくなったマーシャル諸島の北部環礁を、日本を含む先進国の核廃棄物の貯蔵施設にする案が、マーシャル諸島国内から出されたが、周辺各国の反対のため頓挫したこともある。

マーシャル諸島の核実験について少し知識のある日本人であれば、枝分かれしたココヤシの幹や、水爆後初めて白血病で亡くなった人物などのエピソードは、核実験の影響として科学的に認定されているわけではないが、必ず知っている。しかし、マーシャル諸島の若い世代にはそうした情報は伝わっておらず、核実験の記憶は風化しつつあるのが現状である。そのようななか、核実験の歴史を伝える若者のＮＰＯが立ち上がり、教育学博士号を持つヒルダ・ハイネ大統領（２０１９年10月現在）も、若い世代への被ばく教育に力を入れ始めている。核実験の遺産は70年以上経た現在も続いているのである。

（中原聖乃）

51 米軍基地の価値

――グアム島の住民生活とアイデンティティ

米国の領土であるグアム島には、巨大な米軍基地が島の北部と南西部に広がっている。これに島内各所の関連施設を加えれば、島の面積の3割あまりを米軍基地が占拠しているという。これらの基地と施設はフェンスで守られ、島外からの観光者はもちろん、米国籍のグアム住民たちも自由に出入りできない。

米軍基地の内側には、最新の医療機器を備えた総合病院をはじめ、高度な教育レベルで知られる高等学校、安価な商店やレストラン、そして充実したスポーツ施設や娯楽施設などがそろっている。米軍基地とは、単なる軍事施設ではない。それはフェンスに保護された「町」であり、米国の物質的な豊かさが計画的に詰め込まれた生活空間でもある。米国本土からグアム島へ派遣された軍人や軍関係者やその家族たちは、基地の内に整備された広い戸建が建ち並ぶ住宅地区か、基地の外に借り上げられた高級マンションなどに住み、基地に守られた「米国の生活」をこの島で送っている。

他方でグアム島の住民たちは、老朽化して常に満床状態の公立病院、教員も校舎も慢性的に不足しているため進学希望者の全員を受け入れられない高等学校、大型台風が来るたびに停電と断水を数日から数週間も強いられる脆弱なライフラインなど、問題が山積した離島の生活に悩みを抱えながら、

「米国の僻地」を生きている。

グアム島は東京都の23区よりも1割ほど小さい、あるいは日本の淡路島とほぼ同じ面積（544平方キロメートル）の島だが、その約3割を占めるフェンスの「内側」とその残りの「外側」では、まったく違う二つの「米国」が併存している。

それでもグアム島では、米軍基地の撤去や廃止を求める住民運動は、まず起こらない。ときに基地の過度な優遇措置や一般住民生活との格差を非難する声が上がることがあっても、それが基地への反対運動に結びつくことはなく、また選挙の争点になることもない。

そうしたグアム島の状況を理解するためには、基地関連の産業が島の経済の約3割を稼ぎ出していること、同じく雇用の約4割を創出していること、そして米国本土から多額の租借費や補助金が流入していることなど、いわゆる政治的、経済的理由を数え上げるだけでは不十分だろう。そこには歴史的、文化的な理由も、深く作用しているためである。それゆえグアム島と米軍基地の関係史を概観し、その社会的価値を考えてみたい。

グアム島と米軍の出会いは、1898年の米西戦争にはじまる。米国とスペインが戦ったこの戦争の結果、同島はキューバやフィリピンとともに米国領土となった。それまで3世紀あまり、グアム島はスペインの植民地として長く支配されていた。グアムの先住民であるチャモロ人は、紀元前に東南アジアから渡来したとされる民族だが、スペイン統治時代にさまざまなレベルで混交が進んだ。その結果、いまでもグアム島にはスペイン文化が色濃く刻印されており、たとえばチャモロ人の大半がパロモ、ロドリゲス、サンチェス、ゲレーロなどスペイン起源の姓をいまも名乗っている。

スペインはグアム島を含むマリアナ諸島の全域を植民地としていたが、グアム島だけが米国に譲渡され、他の周辺の島々から切り離された。米国領土となったグアム島では、米海軍の提督が同島の知事を兼任し、いわば太平洋に浮かぶ「沈まぬ戦艦」あるいは米海軍の寄港地としてのみ期待された。

グアム島のアンダーセン空軍基地
［出所：U.S. Air Force photo/ Tech. Sgt. Jason Robertson］

グアム島の米国における役割が再定義され、その価値が急上昇していった転機は、太平洋戦争によってもたらされた。まず1941年に日本軍がグアム島を占領し、「大宮島」という名に改称して統治した。日本軍はチャモロ人たちを使役し、島の中央部に飛行場を築き、また海岸に港を整備した。だが1944年にグアム島を奪還した米軍は、日本軍の飛行場を延伸して日本本土を空爆するための前線基地を整え、太平洋を横断する大型艦船が停泊するための軍港を拡張した。

そうして太平洋戦争をきっかけに軍事的価値を認められたグアム島は、アジアに睨みを利かす米国の重要な戦略拠点として位置付けられた。グアム島の米軍基地は朝鮮戦争やベトナム戦争などのたびに拡充され、湾岸戦争やイラク戦争などでも大きな役割を担った。21世紀に入ると、沖縄の普天間基地を拠点とする米国海兵隊がグアム島へ移転する計画が発表され、さらに基地機能を強化する公共事業がはじまった。まもなく海兵隊の移転計画は暗礁に乗り上げたが、しかし海兵隊員とその家族を受け入れるための関連工事は、着々と島の各所で進められていった。

　こうしてグアム島の米軍基地は、太平洋戦争から今日まで拡大と増強の一途を辿ってきた。それはグアムの住民の多くが望んできたことでもある。既述のように、グアム島は他のマリアナ諸島と同じくスペインの植民地だったが、19世紀末に米国に割譲され、他の島々と切り離された。ならば米国の一員として生きる道があったかといえば、同島の住民には米国籍が与えられず、その知事は任命制で米海軍の将校が兼任する状況が、太平洋戦争を経て１９５０年まで続いた。同年にグアム住民は米国籍を得て、知事や地方議員の選挙を開始できたが、それからさらに半世紀あまり経た現在も、グアム住民には米国大統領の選挙に投票する権利も、米国連邦議会に議員を選出する権利も与えられていない。グアム島は米国の「州」ではなく「未編入領土」であり、いわば半人前の植民地として１００年あまり置かれてきた。

　こうした歴史を持つグアム島では、拡大し続ける米軍基地は「お荷物」でも「必要悪」でもなく、むしろマリアナ諸島そしてミクロネシア地域におけるグアム島の「米国らしさ」を象徴する中心《センター》であり、そして米国社会における同島の存在価値を証明するアイデンティティとなってきた。そのため、どれほど実生活の不利益や不公平を強いられても、あるいは島外からやってきた米兵による犯罪や差別が繰り返されても、米軍基地の撤廃や移転を求める声がグアム島で支持を集めることは難しい。

　経済的、政治的、そして軍事的な視点では見えてこない社会的な価値が、グアム島の米軍基地にはある。


（山口　誠）

52 文化遺産保護の国際協力
――ナンマトル遺跡の世界遺産登録

ミクロネシア連邦ポーンペイ島にあるナンマトル（ナン・マドール）遺跡は、玄武岩などの巨石によって構築された大小95もの人工島が、さしわたし1500メートル×800メートルの範囲に広がっている巨石文化の遺構で、しばしば「南海のヴェニス」とも形容される。口承伝承や考古学的な研究成果によると、西暦500年頃に最初の人工島の建設が始まり、西暦1500年頃にはポーンペイ全島を支配したシャウテレウル王朝の首都として栄えたが、西暦1600年頃に王朝は滅亡し、その後は「呪われた都」として放棄されたといわれている。この遺跡は2016年に「ナン・マドール――東ミクロネシアの儀式の中心地」としてユネスコ世界文化遺産に登録されたが、その申請にあたっては、日本の専門家たちによる支援の力が大きかった。

もともと太平洋地域において世界文化遺産に登録された物件の数は、世界の他の地域に比べて著しく少なかった。2018年現在、世界文化遺産の数は845件であるのに対し、オーストラリアとニュージーランドを除いた太平洋の国々では6件にすぎない。そのうち、フィジーの「レヴカの歴史的港町」とマーシャル諸島の「ビキニ環礁核実験場」は近代以降の遺産、パラオの「ロックアイランド群と南ラグーン」は自然遺産とあわせた複合遺産であるため、太平洋地域の伝統文化に関連した遺

ナンマトル遺跡の人工島と水路の様子（2017年）

産は、ナンマトル遺跡に加えて、パプアニューギニアの「クックの初期農業遺跡」とヴァヌアツの「ロイ・マタ首長の領地」しかない。

しかし太平洋地域には、モアイ像で有名なイースター島の巨石文化の遺跡があり、「ラパ・ヌイ国立公園」として世界文化遺産に登録されている。しかしながらイースター島はチリの領土であるため、ユネスコの地域区分ではラテンアメリカの遺産として登録されている。また仏領ポリネシアのライアテア島にある「タプタプアテア」も、フランスによる登録のため、ユネスコの地域区分ではヨーロッパ・北米地域の遺産とされてしまっている。

このように太平洋地域における文化遺産の存在はこれまで過小評価されてきたため、ナンマトル遺跡の世界文化遺産への登録は、ミクロネシア連邦政府にとっては長年の悲願であった。しかし登録に向けては解決すべき課題も山積していた。まず遺跡そのものが長年にわたって人の手が加わらない状況であったため、遺構の石組みが崩落したり、水路が泥によって埋没したりといった、物理的な毀損が進んでいるという状況があった。加えて、そうした遺跡を保存・管理していくためのマスタープランが未整備であった。とりわけ、遺跡の所有権をめぐって現地住民との間に意見の食い違いがあったため、それを解決することが必要であった。

そのためミクロネシア連邦政府は、2010年にユネスコを通じて日本の文化遺産国際協力コンソーシアムにナンマトル遺跡の保存と活用についての国際支援を要請した。それを受けて、それまで20年以上にもわたってナンマトル遺跡の調査研究をおこなってきた日本人考古学者の片岡修教授をはじめ、東京文化財研究所や奈良文化財研究所、さらには民間企業や民間NPOなど様々な機関や団体の専門家が協力し、オールジャパンの体制による支援事業がおこなわれるようになったのである。

具体的な支援の内容としては、遺跡周辺の地域住民を招いてのコンサルテーション・ミーティングの開催や、現地政府の文化財担当者を対象とした能力構築プログラムの実施、遺跡の保存状況のモニタリング現地調査、ナンマトル遺跡周辺海域の海底地形図の作成、ミクロネシア連邦政府教育大臣を日本に招聘しての意見交換、さらには世界遺産申請書作成に関する具体的なアドバイスなどが含まれる。

こうした支援の甲斐もあり、2016年7月にトルコのイスタンブールで開催された第40回ユネスコ世界遺産委員会においてナンマトル遺跡は世界文化遺産として登録された。しかし同時に、「危機にさらされている世界遺産リスト（危機遺産）」にも記載されることとなった。その理由としては、遺跡の崩壊がかなり進行していることに加え、遺跡の保存管理計画（マスタープラン）が未だ十分なものではないということも挙げられる。

そのためナンマトル遺跡は引き続き国際社会の支援を必要としている。それを受けて日本政府は、遺跡の近くにビジターセンターを建設するための資金援助をおこなうことを決定した。ビジターセンターは、遺跡の案内所や遺物の展示施設として用いられるほか、遺跡ガイドの拠点として活用されることも期待されている。

現地住民を招いてのコンサルテーション・ミーティングで報告をおこなう筆者（2011年）［撮影：城野誠治］

筆者も、日本によるナンマトル遺跡の支援事業に専門家として当初から関わってきた。その中で感じたことは、太平洋地域における文化遺産保護は一朝一夕には進まない、ということであった。

小規模な国（マイクロステート）が多い太平洋地域において、文化遺産に割くことのできる人員や資金は限られている。そうした状況の中で、国際的な水準にのっとって遺産を保存していくのはやはり大変なことである。技術的な面に関しては、日本をはじめとする国際社会の支援は引き続き求められるだろう。

しかし遺産の保存が外国からの支援頼りになってしまう状況は決して好ましくないだろう。遺産を守っていく主体はあくまで現地の人々である。彼らが自分たちの力で持続的に遺産を守っていく仕組みを作ることが重要であり、そのためには現地の人々への「技術移転」と「能力構築（キャパシティ・ビルディング）」へと、支援の方向性を転換していくべきであろう。

ミクロネシア連邦において現地の文化財の担当者と話をしたところ、意外なことに現地の国民の間でもナンマトル遺跡のことをよく知らない人たちが多いのだという。それも無理のない話で、例えばナンマトル遺跡のことについて現地語で書かれた本もなければ、学校教育の中で取り上げられることもほとんどないという。自分の国の文化遺産のことをよく知らなければ、自分たちの文化遺産を誇りにして守っていこうという気分も醸成されてこないだろう。

その意味で、遠回りかもしれないが、現地の学校教育の中で文化遺産について教えていくことが、現地の人々が主体となった持続的な文化遺産保護の仕組みを作ることにつながっていくのではないかと思う。こうした教育面における支援もまた、日本が貢献しうる国際協力の分野ではないかと考えている。

（石村　智）

53 伝統建築を起点とした防災と伝統技術の発展的継承

――ヴァヌアツ・タンナ島での取り組み

2015年3月13から14日にかけて、第3回国連防災世界会議が仙台で開催されていたとき、サイクロンパムはヴァヌアツ共和国に甚大な被害をもたらしていた。当時のヴァヌアツ共和国大統領は、同会議の場で国際社会に向けて支援を訴えた。京都大学防災研究所は、サイクロンパムがヴァヌアツ共和国に上陸する前からその勢力と動きに注目し、発災後にも情報収集を継続、4月21日から30日にかけて同国エファテ島およびタンナ島で被害調査を行った。首都ポートヴィラが位置するエファテ島においては、低層（5階建て程度）の鉄筋コンクリート造建物、トタン屋根にコンクリートブロック壁の住宅、草木を用いて建設された住宅に顕著な被害が見られた。タンナ島においても同様の被害が見られた一方で、タンナ島では一般的な草木で構成された住宅の多くは仮復旧し、甚大な被害を受けたにもかかわらず、多くの島民は過度な悲壮感に打ちひしがれることもなく穏やかな生活を取り戻しつつあった。また、地元住民へのヒアリング調査において、同島の伝統的建築様式であるニマラタンに避難することで、サイクロンを無事にやり過ごしたという証言が複数得られた。タンナ島では伝統的な防災技術が生きていることは驚きであった。これをきっかけに、2016年9月から今日に至るまでの京都大学の研究チームとタンナ島ミドルブッシュエリアの住民との協働が始まり、伝統建築様式ニマラタンを高度化していくというプロジェクトのアイデアが生まれることとなった。本章は、サイクロンパムが結び付けた縁についての報告である。

外来建築による在来建築の置き換えが自然災害に対して脆弱な国や地域で進行している。しかしながら、防災を意図して導入された外来建築技術は必ずしも防災につながっていない。これは、サイクロンパムによっても確認されたことであり、プロジェクトの開始にあたってまずこれを現地住民と共有した。一方、外来建設技術の背景には、在来建築の建設に必要な樹木の入手が困難になっていること、建設にあたっては多くの労働力が必要なこと、生活様式の変化などの環境的な要因も影響している。高度化ニマラタンの設計にあたっては、これらの課題を包括的に解決することを念頭に地元住民と京都大学で知恵を絞ることとなった。

伝統建築ニマラタン（2017年）

高度化ニマラタンのデザイン起こしは京都大学と地元住民双方の知見を共有する形で進められた。京都大学側からは科学的な見解および住民たちのニーズを解決できるであろう日本の在来建築手法を提供、住民側からは従来の建築現場から得た知見、季節による自然環境の変化、サイクロンパム被災経験時の課題や改善点等の共有が行われた。これらの情報やアイデアに、現地にて行った従来建築の柱杭抵抗力を測る実験および植物蔓を用いた結合部分強度を試す実験等の結果を踏まえ、科学的に最大級のサイクロンにも耐え得る、快適な住環境を追求した高度化ニマラタンのデザインが完成した。

この新デザインの高度化ニマラタンでは、今までサイクロン時に屋根が飛ばされないよう、避難者が梁をつかんで耐えていた代わりに、人が床に座るだけで体重が構造材へ加重される床（ウエイトフロア）を提案、梁をつかむ必要がなくなることで屋根を高く設計することが可能となり、採光性や煮炊時の煙充満の課題が大きく改善された。またこの床によりサイクロン時の建物内への雨水侵入や冠水も同時に解決された。さらに小型のニマラタンを防災備蓄庫兼非常用トイレとして高度化ニマラタンに併設することを提案し、被災後の家屋修理用屋根資材や非常食等を保管する他、避難時の老人や女性、障害者の利便性を考慮した。構造面のみならず被災後の迅速な復旧や社会的弱者対応も視野に入れた運用面も含む案となった。

新しいアイデアに溢れた高度化ニマラタンの試作は、住民たちの期待の高さから日々活気に溢れていた。皆、その日の作業や新しいアイデアに触れるのが楽しみで、毎日、日の出とともに村から少し離れた現場のある学校へ向かい私たちの到着を待ってくれていた。長さが6メートル近く、重さが400キログラムはありそうな木を森から切り出し、人力で現場まで引き、木の繊維から縄を綯《な》い、屋根材のヤシの葉を編んだ。一緒に汗を流しながら作業し、交代で賄いを作り同じ釜の飯を食べる日々を通じ、タンナ人は日本人の準備や確認に対する細やかさに驚き、日本人は道具がなくてもその場で課題を解決できるタンナ人の発想力と圧倒的な体力に驚きながら互いに信頼感を高めていった。完成した高度化ニマラタンは災害時の耐風性はもとより、使い心地はまさに快適そのもので、避難時を想定し子供たちも含めた住民約50名で実際に使用し食事を煮炊してみたが、収容力、快適性、利便性全てにおいて参加者全員が大満足する出来となった。

ニマラタン建設のための樹木を運んでいるところ（2017年）

第1号の高度化ニマラタンが建設された次の年の乾季には、プロジェクトに参加した四つの各集落で、それぞれの「高度化ニマラタン」が住民らの手によって建てられた。これら高度化ニマラタンはサイクロンの襲来時に避難所としての機能を備えるだけでなく、日常的にコミュニティの拠点となるようにと、観光客向けの土産物販売所、祭事用の道具などを保管するミュージアム、ウーマンコミュニティセンター、自然資源管理センターとして各々利用されている。近代化や貨幣経済の影響を受け村落の自然環境や生活が変容するなか、生活やニーズに即した利活用方法を見出し使われ続けることが、維持継承につながり、サイクロンへの備えにもなっていくだろう。

また、プロジェクトを契機とし、住民が主体となった活動が広がっている。持続的なニマラタン建設の課題の一つが建築資材の確保である。人口の増加、商業用作物の栽培による畑作地の拡大、建材販売を目的とした樹木伐採によって森林資源が減少しており、プロジェクトにおいても、特に主構造材に最適な建材を村内で採取できず、豊富な森林を有する島北部から入手していた。プロジェクト終了時に各村に1名ずつ自然資源管理者を任命するとともに、自然資源管理センターを拠点として、州の森林局と連携し、主構造材として最適なナマルの木（ヴァヌアツで入手可能な最も硬質な樹種といわれる）の苗木の育成を開始した。同地域で持続的なニマラタン建設に必要な樹木数を算出し、最終的には600本の育樹を目指している。また、プロジェクトの建設メンバー18名が中心となり、ニマラタンの高度化、技術の維持・継承を目的としたSTGNA（Southern Traditional Green Nima Association）を設立した。STGNAは、島内のいくつかの村落より高度化ニマラタンの建設への要請を受けており、住民が主体となった島内各地への普及が期待される。

京都大学の研究チームとタンナ島ミドルブッシュエリアの住民は、双方の知見を共有し学び合い、共に新たな解を探り、協働を積み重ね、これらの活動を実現してきた。その関係は今も続いておりニマラタンの発展的な維持継承に取り組んでいる。ヴァヌアツにおける学びはヴァヌアツに還元されるものにとどまらない。ニマラタンを通じて学んだヴァヌアツの防災は、自然と共生するヴァヌアツの人々の暮らしのなかに息づき、自然災害にしなやかに対応する姿であった。私たちの住む日本もまた自然災害が多発する国の一つである。これまで、自然災害による被害をより軽減し、より迅速な復旧・復興を実現するために努力を積み重ねてきた。しかし、科学技術の発展に伴い、自然災害を抑え込もうとするようなハード対策一辺倒ではなかっただろうか。自然と人との親密な関わりのなかで培われてきたヴァヌアツ式の防災が、これからの日本の防災を考えるきっかけとなることを願いたい。

（西嶋一欽／中村遂彦／藤枝絢子）

54 トンガ王室と皇室
――やんごとなき国際親善

トンガ王国はその名の通り、立憲君主制を採用し、国王が統治する国家である。民主化が進み、その権限の一部は政府に移譲された今もなお、国王は最終的な意思決定者として国の頂点に君臨している。トンガでは国王以下に王族、貴族、平民というピラミッド型の社会階層が維持されていて、33ある貴族の称号はそれぞれに紐づいた土地とともに代々受け継がれている。国王ジョージ・トゥポウ五世（1948～2012）が新設した土地に紐づかない八つの一代貴族の称号は世襲制ではなく、称号を与えられた本人のみが一代限りの貴族として名乗ることが許されている。

トンガ王室の系譜は神話に登場する空の神タンガロアの息子、トゥイ・トンガにまで遡る。トゥイとはトンガ語で王を意味し、トンガは南を意味する。トゥイ・トンガは長らくトンガ全土を治めていたが、1600年前後には宗教的な職務を担うトゥイ・トンガ、政治的な職務を担うトゥイ・ハアタカラウア、トゥイ・トンガへの貢物の管理などを担うトゥイ・カノクポルの三王朝の体制が作られた。

三王朝は次第に競い合うようになったが、1700年代の後半にトゥイ・ハアタカラウアが潰え、1865年にはトゥイ・トンガが崩御したことを受け、トゥイ・カノクポルはトンガ全土を治める唯一の国王となった。この第19代トゥイ・カノクポルは、キリスト教の洗礼を機にキング・ジョージを名乗っていたが、王位の継承に際しトゥポウ姓を名乗り、ジョージ・トゥポウ一世（1797～1893）となった。このときから、トンガ国王は伝統に則ったトゥイ・カノクポルを継承すると同時に、王室としてのトゥポウ家の名を受け継ぐようになった。国内外を問わず、トンガ国王について言及する際には一般的に「トゥポウ」が用いられ、伝統行事を除き、「トゥイ・カノクポル」が用いられることは稀である。2015年に戴冠式が執り行われた現国王トゥポウ六世は、第24代トゥイ・カノクポルにあたる。

トンガ王室は先々代の国王トゥポウ四世から三代にわたり日本の皇室と交流を深めてきた。トゥポウ四世（1918～2006）は幼少期よりトンガでビジネスを興した日系企業（第20章参照）を通して日本文化に親しんでおり、国王となってからは国内で相撲（第55章参照）やそろばんの普及に尽力するなど親日家として知られた。1973年に同国王が来日して当時の天皇と皇后（昭和天皇と香淳皇后）に面会して以来、現在に至るまでトンガ王室と日本の皇室は親密な関係にあり、双方の往来もある。外務省の1982年以降の記録では、国王トゥポウ四世は7回、国王トゥポウ五世は13回、国王トゥポウ六世（1959～）は3回公式に訪日しているが、非公式なものも含めるとその数はさらに増える。皇太子時代にトゥポウ五世は外務・国防大臣を、トゥポウ六世は首相や日本を兼轄する初代トンガ大使を務めていたため、政治的な用務を主な目的とした訪日も含まれるものの、訪日に際しては皇室関係者とも接見し、親交を深めてきた。

トゥポウトア・ウルカララ皇太子（トゥポウ六世の長男）もトンガ外務省での研修中であった201

2年に日本の外務省による戦略的実務者招へいの枠組みで初めて訪日し、日本についての知見を深めるために政府機関等で研修を受けるとともに、秋篠宮同妃、常陸宮同妃と面会している。また、薨去に際して執り行われた寛仁親王の「権舎二十日祭の儀」と「墓所二十日祭の儀」の同日には寛仁親王邸を訪れ、長女である彬子女王に弔意を伝えた。寛仁親王は1968年から1970年までその叔父にあたる秩父宮雍仁親王もかつて学んだイギリスのオックスフォード大学に留学し、積極的に現地での交流に努めており、その際に同じく国際法を学ぶために同大学に留学していたトゥポウトア皇太子（後のトゥポウ五世）とも知り合い、それ以降親交があった。

戴冠式後のパレードで沿道の国民に手を振るトゥポウ六世国王同妃両陛下（2015年）

皇室関連儀式にも王室からの出席者が来日している。1989年の昭和天皇の崩御に伴い執り行われた大喪の礼にはトゥポウ四世国王とハラエヴァル・マタアホ・アホメエ王妃が、その翌年の明仁皇太子（当時）の即位の礼にはトゥポウ四世の長女、サーロテ・ピロレブ・マフィレオ・トゥイタ王女が出席した。2019年10月に執り行われた現在の天皇の「即位礼正殿の儀」には、トゥポウ六世国王とナナシパウウ・トゥクアホ王妃が招待を受けて出席した。

第三国で行われた式典でも交流が持たれており、2

トゥポウ六世国王陛下の戴冠式会場でピロレブ王女殿下と挨拶をされる徳仁親王と雅子妃（2015年）

００６年にタイ王国で行われたプーミポンアドゥンラヤデート国王の即位60周年記念式典の際に同国を訪問していた当時の天皇と皇后（現在の明仁上皇と美智子上皇后）は、同じく式典に参列していたトゥポウトア皇太子（後のトゥポウ五世）と懇談し、当時ニュージーランドの病院に入院中であったトゥポウ四世の容態について尋ねた。帰国後にはトゥポウ四世に宛てた見舞いの書簡が送られ、それを孫が枕元で読み上げたという。

　日本の皇室からのトンガ訪問は、２００４年に国際親善のためにトンガを含む太平洋島嶼国より招待された秋篠宮文仁親王が訪問して、２０１２年のトゥポウ五世の崩御の折には常陸宮正仁親王と華子妃が国葬に参列した。特に皇太子徳仁親王（当時）は２００６年のトゥポウ四世国王の国葬、２００８年のトゥポウ五世の戴冠式など３回訪問されている。

　２０１５年のトゥポウ六世の戴冠式には徳仁親王とともに、海外公務は約2年ぶりとなる雅子妃も同行したため、日本のメディアからも注目を集め、その取材クルーの多さは現地メディアでも驚きをもって報じられた。戴冠式を前に雅子妃に贈られたサーロテ三世王女章大十字章は、外国人としては他に英国のエリザベス二世女王とブータンのワンチュク国王へのみ贈られている勲章である。徳仁親王には2008年のトゥポウ五世の戴冠式の際に最高位の王冠勲章一等勲爵士が贈られており、ご夫妻は日本とトンガの勲章を身に着けて式典に参列した。トゥポウ六世は、日本から皇太子夫妻の訪問が決まると非常に喜び、万全の準備を指示したと伝えられており、トゥポウトア・ウルカララ皇太子とシナイタカラ・トゥクアホ妃がご夫妻で出迎えや見送りのために空港まで出向き、滞在中はいつも皇太子ご夫妻の側にいて心配りをしていたことからもそれがうかがえる。戴冠式が執り行われた教会では、参列者は壇上の玉座と向かい合うように着席したが、徳仁親王と雅子妃の席は壇上の玉座の両脇に設けられた王族と同じ席の最前列でピロレブ王女の隣に用意された。トンガの家族制度では、女性が男性よりも高位であるとされており、ピロレブ王女はトゥポウ六世の姉にあたるため、王族の中でも特に尊敬される地位にある。他国からも王族が参列する中、その王女と並ぶ席が日本の皇族にのみ用意されたことは、トンガ王室が皇室との関係を非常に大切にしていることを表している。皇太子ご夫妻もこの滞在中のトンガ王室との交流を非常に喜び、帰国後に文書で出された感想では、国王・王妃をはじめとするトンガ王室とトンガ政府関係者のもてなしに対する感謝の言葉が述べられた。

こうした王室と皇室の親善は、両国の友好関係に大きく寄与している。

（北原卓也）

55 トンガ人スポーツ選手の活躍
――昭和の力士、令和のラグビー日本代表

トンガを含むポリネシアの人々は、世界的に見て大きく屈強な体格をしており、トンガ国王トゥポウ四世（1918～2006）自身も世界で最も大きな国王としてギネスブックに登録されたこともあるほど大柄な体軀の持ち主であった。こうした恵まれた体はラグビーをはじめとするスポーツで活かされ、多くのトップアスリートを輩出している。その中でも、日本でトンガ人スポーツ選手が最初に注目を集めたのは相撲であった。

トンガ人力士誕生のきっかけとなったのは、親日家だった国王トゥポウ四世だった。国王は訪日された際にご覧になられた相撲を大そう気に入り、トンガの国技にしたいというアイデアまで持つようになった。その国王たっての希望で、1974年には朝日山親方が部屋の力士とともにトンガを訪れ、トンガの若者に相撲の稽古をつける機会が設けられた。さらに、そこで稽古を受けた若者が国王の命で朝日山部屋に入門し、日本で力士となった。

1974年当時、日本の角界ではすでにハワイ出身の高見山（先住ハワイ系の両親）が外国出身力士として初めての関脇となり活躍していたが、そこにトンガにちなんだ四股名を付けられた福ノ島（最高位幕下27枚目）、南ノ島（同幕下37枚目）、椰子ノ島（同幕下53枚目）、日ノ出島（同三段目34枚目）が初土俵

に上がり、翌年には後から合流した幸ノ島（同三段目36枚目）と友ノ島（同序二段18枚目）も加えた6名がトンガ人力士として番付表に名を連ねることとなった。トンガ人力士らは南ノ島の三段目優勝をはじめ福ノ島や椰子ノ島らも2年足らずで幕下までスピード昇進するなど、今後の活躍が期待されていた。しかし、1975年の朝日山親方の急逝に端を発した部屋の継承騒動が起こり、トンガ人力士は全員引退することを決断した。

朝日山親方との思い出の写真は今も南ノ島の家に飾られている（2011年）

トンガ国王の依頼で預かった力士の廃業は日本の国会でも取り上げられ、二国間の国際親善関係に水を差すのではないかと危惧されたが、日本相撲協会がトンガへ特使を派遣し国王に直接説明して理解を得た。引退後のトンガ人力士たちはそれぞれの道を歩み、福ノ島と幸ノ島はそれぞれプリンス・トンガ、トンガ・ジョンのリングネームでプロレスラーとしてデビューし、日本やアメリカを中心に活躍した。南ノ島はトンガに戻り警察官となったが、トンガ国内で相撲の指導にもあたり、世界ジュニア相撲選手権大会に選手を率いて参加したほか、国内イベントで相撲のデモンストレーションを披露する機会もあった。南ノ島の家には、今もおかみさんから譲り受けた16代目朝日山部屋の看板が掲げられている。

1990年代になると、外国人力士で初めて大関となった小錦（サモア系の両親）、同じく初めて横綱に上り詰めた曙（先住ハワイ系の両親）やこれに続いて横綱となった武蔵丸（トンガ系の父とサモア系の母）などハワイ出身のポリネシア系力士が角界で活躍した。

２０００年代には再びトンガから南ノ島の息子らも二代目南ノ島（最高位幕下21枚目）、久ノ海（同三段目1枚目）として角界入りしたがすでに廃業しており、２０１９年3月時点で唯一のポリネシア系力士は武蔵丸の甥、武蔵國だけである。

相撲に次いでトンガ人スポーツ選手が日本で注目を集めたのはラグビーであった。現在、日本のラグビー界では、日本代表から高校ラグビーまでトンガ出身の選手が多数活躍しているが、そのはじまりはそろばん留学であった。トゥポウ四世国王は、そろばんを通じて数字に強くなることが経済発展につながるとの考えから、自国の教育にそろばんを取り入れることを検討していた。

１９７５年、大東文化大学の教員であった中野俊雄は、ラグビー部の新人部長としてニュージーランド遠征を引率していたが、ラグビーは素人であったことと想像以上の気温の低さに、チームは監督に任せ、一人隣国のトンガへ行くことにした。トンガを選んだのは、近隣の暖かい場所というのが主な理由だったが、商業簿記が専門でそろばんの指導者でもあった中野は、以前新聞でトンガ国王の写真に大きな指導用のそろばんが写っているのを見て、その国に興味や親しみを感じていた。トンガ行きの機中では、たまたま教育省の次官と隣り合わせ、国王が相撲やそろばん教育に熱心であるという会話の中で自身がそろばんの指導者であると伝えると、次官はトンガに到着するやいなや国王にそれを報告し、国王はすぐに会いたいと中野を王宮へ招いた。それがきっかけで、中野はトンガでそろばんの指導を始め、しばらくは中野自身がトンガへ赴き指導をするという時期が続いた。そうしたなか、中野は国王からトンガ人のそろばん指導者を育てるために日本で留学生を受け入れてほしいとの依頼を受けた。

1980年、受け入れの体制を整えた中野は、母国から遠く離れた日本で生活する留学生のホームシック対策としてトンガで盛んなラグビーをさせることを思いついた。それはラグビー部の部長だった中野にとっては、部の強化にもつながる一石二鳥のアイデアだった。そこで、留学生の選抜に際して「成績優秀な者とラグビーができる者」という条件を出し、国王自ら選んだのが、ノフォムリ・タウモエフォラウとホポイ・タイオネの二人だった。二人の活躍で大東文化大学のラグビー部は躍進し、彼らに続いて1985年に留学してきたシナリ・ラトゥとワテソニ・ナモアの時代には大学選手権で二度の優勝を果たすまでになった。

彼ら留学生のパイオニア世代は誰もそろばん教師としてトンガに帰国することはなかったが、ラグビー選手として大学から社会人、さらには日本代表で活躍することで、日本のラグビー界の成長に貢献するとともにトンガ人選手の地位を確立し、後進にラグビー留学という新たな道筋を開拓することとなった。現在ではトンガからのラグビー留学生は大学だけでなく中学・高校でも受け入れられるようになり、その地域も全国に広がっている。日本代表でもトンガ出身選手は常連で、主要な社会人チームでも欠かせない戦力となっている。外国人の出場枠の制限にとらわれずにプレーできるため、活躍の場を広げる戦略として日本国籍を取得する選手も少なくない。2019年に日本で実施されたラグビーワールドカップでは、トンガで出生またはトンガの血筋を引く選手としては、中島イシレリ（日本国籍取得）、アサエリ・愛・ヴァル（日本国籍取得）、ウヴェ・ヘル（日本国籍取得）、アマナキ・レレ

在日トンガコミュニティによるラグビーワールドカップ2019壮行会に出席する日本代表選手（2019年）

イ・マフィ、ウィリアム・トゥポウ、アタアタ・モエアキオラ、ロマノ・レメキ（日本国籍取得）の7選手が日本代表として選出され、チームの躍進に貢献した。

家族のためにラグビー選手として成功することを夢見る若者にとって、日本への留学は大きなチャンスである一方、日本語の壁などにより学業についていけなくなることもあり、ある意味ではラグビーで成功しなければいけないという追い込まれた状況に置かれているともいえる。十分な説明がないまま日本に連れてこられる場合もあり、戸惑うことも多いが、先輩トンガ人選手からのアドバイスや同年代の選手との情報交換、日本人の友人や支援者の協力を得て様々な困難を乗り越えている。

（北原卓也）

56 小笠原に伝播した歌

――時間と空間を超えたミクロネシアの混淆文化

1830年、ハワイ諸島オアフ島から無人島だった小笠原諸島に欧米人5名と太平洋諸島出身者20名が入植した。以来、小笠原諸島は捕鯨船の薪水・食料補給地となり、世界各地から船舶乗組員、季節労働者、女性たちなどが訪れ、その一部が定住した。1876年、明治政府の領有宣言後は、八丈島の開拓農民等の入植が本格化した。20世紀前半には父島が南洋航路寄港地となり、ミクロネシアへの出稼ぎ労働者を輩出した。太平洋戦争は、日本本土への強制疎開と戦後アメリカ合衆国の施政権下での島民の分断を引き起こした。1968年小笠原諸島は日本に返還されたが、50年以上が経った現在でも硫黄島、北硫黄島の元住民の帰島問題は解決していない。このように、小笠原諸島は、太平洋をめぐる植民地主義との接触領域としての歴史を歩んできた。そして、基層文化を形成する間もなく、太平洋を渡ってきた漂着文化の上に、戦前戦後の日本およびアメリカの要素を積層し、独自の混合文化を築いてきたのである。そのなかに、太平洋諸島の文化的要素が含まれる点は、注目に価する。ここでは、ミクロネシアから小笠原諸島に伝播した歌をとりあげて、両者の交流史を知る手がかりとしたい。

最も初期に太平洋諸島から小笠原諸島にもたらされた歌を考えるヒントになるのが、『タウティー

歌いながら踊る南洋踊り（2007年）［提供：南洋踊り保存会］

ネ』というグアム起源ともいわれる歌である。女性が子供をあやすために、「タウティキ、ウティーネ、タウティーネ、タウティーネ、タウマイ、タウティーネ」と高低2〜3音を使ってリズミックに唱える歌だが、この音楽様式は西洋との接触以前から太平洋諸島にあったものである。『タウティーネ』の伝播の時期は不明であるが、太平洋諸島出身の女性たちは、故郷の子守唄や遊び歌をうたって子育てしたであろう。しかし、そのほとんどは、記録されずに失われた。

一方、公的な場で披露された歌は、残りやすかった。その代表が、『ウラメ』『ウワドロ』『ギダイ』『夜明け前』『締め踊りの歌』（後に『アフタイラン』）の5曲である。これらは、「南洋踊り」を踊りながらメドレーでうたう踊り歌である。南洋踊りは「行進踊り」の一種で、踊りの前後に「レフト、ライト」等の号令と行進の動作を含む。行進踊りの原型は、20世紀初頭西洋の軍事訓練等を模倣して東ミクロネシアで生まれた。それが中央カロリン諸島から北マリアナ諸島に移住したカロリニアンにも伝わって、「マース」と呼ばれるようになった。1920年代後半～1930年代初め頃、出稼ぎ先のサイパンで大流行していたマースを覚えて、父島に持ち帰った一人がジョサイア・ゴンザレス（1899～1935）であった。他にも、『アフタイワン（土人の恋の歌）』『ボンボンボンボンボコジャラ』等のカロリニアンの歌が伝わったが、踊り歌とならなかったことから伝承が途絶えつつある。

南洋踊りの踊り歌のうち、日本語の『夜明け前』の歌詞以外は発音が著しく変化してしまい、カロリン語との同定は困難である。しかし、戦前の資料と照合すると、『ウワドロ』の元歌がカロリニアンの『ウアトロフィ』であったことが明らかである。また、『ギダイ』と共通するメロディーが、カロリニアンの踊り歌『Hitome tomodachi』に使われていることも、伝播の経緯を裏付ける。『ギダイ』の歌詞はすべてカロリン語だが、逆に『Hitome tomodachi』では「ひと目友だち」「ちょっといらっしゃい」など、日本語が一部使われていることは興味深い。

南洋踊りの踊り歌以外で、公的な場でよくうたわれてきたのが、『丸木舟』『おやどのために』『レモン林』『パラオの5丁目』の4曲である。そのきっかけは、1987年東京都指定無形民俗文化財（小笠原の民謡）に定められたことであった。これらは日本語の歌詞からなることから、当初「小笠原でつくられたもの」と分類されていた。その後、ミクロネシアからもたらされた日本語歌謡だと知られるようになり、返還30周年頃を境に慣習的に「小笠原古謡」と呼ばれている。ただし、『丸木舟』は、歌詞、曲調、伝播の経緯も残りの3曲とは異なり、また最近になって異名同曲の存在が指摘されている。

『おやどのために』『レモン林』『パラオの5丁目』の3曲は、瀬堀エーブル（1928～2003）が

『レモン林』をうたう瀬堀エーブル氏（2000年）

1950年代サイパンで出会ったパラオの青年から習って伝えた。いずれも、西洋音楽的なリズム、メロディー、ハーモニーからなるが、太平洋諸島で好まれる音程や音の進行も含まれる。また、歌詞には少しぎこちない日本語表現が含まれる。

たとえば、『おやどのために』の歌詞は、次の通りである。

1. おやどのために　こんなになった　だけれど　しかたなく　やめましょうね
2. みなさん　わたしがわるかったら　わるく思わないで　ゆるしてね

パラオの伝承者によると、『おやどのために』を創作したのは、戦前パラオ離島のアンガウル島にリン鉱石採掘労働に来ていたチューク人で、「おやどの」は「おやどの（親殿）の」「の」1文字が欠落したものだという。パラオにも『Oyano yurusanu（親のゆるさぬ）』という日本語歌謡があるから、『おやどのために』は「親殿のために（思いが遂げられない）」だという解釈が成り立つ。南洋踊りの踊り歌『夜明け前』も、同じくアンガウル島経由で伝わったチューク人の歌だとされる。同曲は、パラオやヤップでは『夜が明け前』『どしてもひどいです』『飛んでいく』といったタイトルで知られている。

『パラオの5丁目』の元歌は、パラオでは『コロールの5丁目』と呼ばれている。コロールの町で寄宿生活をしていたチューク出身の木工徒弟養成所の学生が、「かわいい娘さん」に恋心を抱いて創作した歌だとされる。パラオでは娘さんの正体が知られており、チュークでは創作した青年の見当がついている。『レモン林』の歌詞には、語呂合わせのために「カボボ kopwopwoud（結婚する）」というポーンペイ語の単語が使われている。元歌は、ポーンペイでは『レモングラス』と呼ばれており、キチ村の女性が日本人警察官との別れに際して創作したといわれる。

日本統治下のミクロネシアにはたくさんの日本人が渡ったが、同時にミクロネシアの人々同士の交流の機会も増えた。そこで、言葉の壁を越えて相互の思いを伝えるために、共通語となった日本語で歌が創作された。そのごく一部は、南下政策の拠点となった小笠原諸島にも伝播し、歴史の荒波をかいくぐって人々の共感を呼んだ。小笠原の人々にとって、ミクロネシア起源の意味不明の語やぎこちない日本語、特徴的な音程は、かえって魅力的に感じられた。共通性を有しながらも「不完全」であったことで、ミクロネシアから伝播した歌は時間と空間を超えた。そこに、ミクロネシアの混淆文化のしたたかさがあったともいえよう。

（小西潤子）

57 日系サモア人アーティスト、ユキ・キハラ

――太平洋のポストコロニアルアートのパイオニア

1975年2月3日にサモア独立国に生まれたユキ・キハラは、サモアと日本の血を引く、影響力のあるコンテンポラリー・アーティストである。書籍、写真、ファッションからパフォーマンス、ダンス、ビデオ作品、インスタレーションまでの多岐にわたるメディアを通して、太平洋地域の植民地支配、人種やジェンダー、霊性そして性の政治性などのテーマに挑戦し、歴史を単一的に語ることを批判している。

ユキのサモア人の母親は、1973年に将来の父親がサモアのウポル島でＪＩＣＡのボランティアをしているときに出会った。父親の仕事の都合により、キハラは幼少期をインドネシアのジャカルタ（1975～1980年）と大阪市住吉区（1980～1988年）で過ごし、1988年に父親の再度の転勤に伴い一家でサモアに戻った。その後、彼らはサモアで日本食レストランを開業し、15年間経営している。

キハラにとって日本での生活はつらい日々であったという。学校では「変わっている」といじめられ、家庭では両親の不仲やホームシックにかかった母の姿を目にして心を痛めた。また、家父長的で性的役割分担意識が強い日本社会での暮らしにも苦しんだという。こうした体験が、帝国主義、人種、

ジェンダーなどと関わる社会や歴史に対する問題意識を育むきっかけとなった。

1990年代、キハラはニュージーランド・ウェリントンの全寮制高校で過ごし、その後マッセー大学でファッションのデザインと技術を学んだ。ファッションに関する実験的作品「グラフィティ・ドレス」（1995年）は、ニュージーランド国立博物館（テ・パパ・トンガレワ）に所蔵されるなど、キハラに初期の成功をもたらした。また、企業ロゴを活用しながら、ジェンダーや人種差別への意識の啓発を狙う「ロゴ・ジャミング」という作品もよく知られている。

2000年以降、キハラはアーティストとしての活動を中心に活躍している。写真シリーズ『ファーファーフィネ――女性のように』（2005年）では、男女という二元的な性の捉え方や、植民地時代のサモア人の写真にみられるステレオタイプに挑戦している。植民地の肖像にしばしば登場する処女のイメージを、キハラが自ら被写体となりながら、既存の植民地主義的な性表象を転倒した作品である。この作品はサモア文化に存在するファーファーフィネ（第三の性と呼ばれる男女とは別の文化的な性別）の視点から捉え直すものでもあり、国際的なアート界から称賛を受けた。これにより、キハラはニューヨークのメトロポリタン美術館で初めて個展を開いたサモア系アーティストとなった。

ユキ・キハラ［撮影：Scott Lowe］

長年ニュージーランドを主な活動拠点としていたキハラだが、2010年以降はサモアに戻って制作を続けている。サモアへの帰還を通して、キハラは、グローバルなアート市場を目指すのではなく、先住民の視点から彼らにとっての深刻な問題にも触れるような、太平洋地域のローカルなアート制作推進の唱導者となった。

2012年、キハラは『カルチャー・フォー・セール』というタイトルで、インタラクティブ動画とライブパフォーマンスによる革新的なインスタレーションを制作した。19世紀に太平洋諸島民を含む先住民の人々が「人間動物園」に展示されたという、衝撃的な歴史的事実への関心を促す作品だ。この作品は、観客が自動販売機にコインを入れると、伝統的な衣装を身に着けたサモア人が踊り出すというもので、今日、先住民文化が観光産業などによって商業化されている現状を批評している。

キハラの最も重要なプロジェクトの一つは、架空のキャラクター「サロメ」となった自身をとりあげた写真とパフォーマンスの作品シリーズだ。サロメとはヴィクトリア朝の喪服に身を包んだサモア人女性で、植民地主義、家父長的権力、気候変動が与えるトラウマ的悪影響を人格化した存在だ。気候変動が引き起こす問題の一例である2009年にサモアを襲った津波については、キハラのビデオ作品『ガル・アフィ――炎の波』でも扱われている。喪服を身に着け、サモアの古典的な振り付けのダンスを踊り、夢うつつのようにゆっくりと動きながら重なり合うキハラのイメージは、すさまじい津波の動きを表現している。この作品は、ニュージーランドにおいて名誉あるウォーレス・アート賞を2012年に受賞した。

ジェンダーとセクシュアリティへの意識高揚に関しても、キハラは積極的に取り組んでいる。旅行

Yuki Kihara, *After Tsunami Galu Afi, Lalomanu*（2013年）
（"Where do we come from? What are we? Where are we going?" シリーズより）
［提供：Courtesy of Yuki Kihara and Milford Galleries Dunedin, New Zealand］

作家やドキュメンタリー映画作家、人類学者など島外の人々が太平洋諸島民にしばしば向けるエキゾティックで植民地主義的な眼差しに強く抵抗している。例えば、ビデオ作品『最初の印象――ポール・ゴーギャン』（2018年）では、サモアのファーファフィネが登場し、太平洋の女性ののどかなエロスを描いたフランスの画家ゴーギャンの絵画を批評する。同年に彼女は、仲間のアーティストとともに『サモア人クィアの生活』という著作を出版したが、これはファーファーフィネが自分の言葉でサモア社会の内実を語った史上初の記録である。

キハラの最近の関心の一つは、オセアニアにおける日本の存在や影響を確認する活動だ。『サモア島の歌』（2019年）という作品は、サモアと日本の伝統を結ぶプロジェクトの一例だ。シアポというサモアの樹皮布（タパ）で繊細な日本の着物を作ることで、日本とサモア（そして太平洋地域）との文化的ギャップを架橋することを目指している。この作品のタイトルは、小学校の音楽の教科書にとりあげられた人気の高い日本の歌の題名を借りている。歌詞のなかでサモアは幸せな人々が暮らす天国という紋切り型で描かれているが、キハラは、日本の伝統的な衣装をサモアの技術を使って作ることで、18世紀以来の植民地主義的な眼差しを転倒し、日本と太平洋の島々の間にある忘れられたつながりを喚起することを目指している。

キハラは、日常という表面の下に隠された問題を提起することで、グローバルなアートの議論に貢献することを目指している。同時に、彼女は太平洋の人々、特にサモアの人々を最も重要な観衆とするアートの制作に取り組んでいる。彼女は自分の作品を通じて、今日のサモア人共同体にとって喫緊の課題への関心を高めようとしているのだ。活動家になるつもりはないが、彼女の作品は、観衆を魅惑すると同時に、観衆に権力を与えることを意図している。

キハラの作品は、アジア太平洋トリエンナーレ（2002年）、オークランド・トリエンナーレ（2009年）、サカハン・クインクエニアル（2013年）、米国ユタ美術館（2013年）、大邱写真ビエンナーレ（2014年）、第1回ホノルル・ビエンナーレ（2017年）、バンコク・ビエンナーレ（2018年）など、世界中のさまざまな国際的展覧会における重要な位置を占めている。彼女は、太平洋のアーティストや学者の作品をキュレーションし、ニュージーランド、オーストラリア、アメリカ、オランダ、ドイツ、セネガルなど多数の国々に滞在してレクチャーやワークショップを行っている。

（グレッグ・ドボルザーク）

コラム 11

日系人の音楽活動

太平洋の芸術家としてひろく日本とかかわりのある人物として、ユキ・キハラが紹介されたが、ここでは、とくに音楽関係に焦点を絞って他の人々も紹介したい。

おそらくそうした人物の中で一番有名なのは、『フラガール』のテーマソングを担当したことでも知られるジェイク・シマブクロであろう。彼は日本人移民の多かったハワイにおける日本にゆかりのある歌手である。エリア・スタディーズシリーズの『ハワイを知るための60章』（山本真鳥、山田亨編著、2013年）にも関連するコラムが掲載されている。その記事とシマブクロ自身のホームページを参照にすると、ハワイのホノルルで育った彼は、母親から基礎を教わると4歳から楽器を演奏し始めたという。彼自身は、ハワイ出身者として知られている。しかし名前からわかるように日本と関係のある人物である。実際に日系アメリカ人兵士にささげる歌も作っているとのことである。

ここでは、もうひとりせっかくの機会なので別の太平洋の国における日本にゆかりのある音楽家を紹介したい。フィジーのフレディ・カドである。フレディ・カドは、1995年にフィジーで結成されたバンド、ブラック・ローズのメンバーであった。その人気はフィジーにとどまらず、太平洋でひろく名を知られている。いまでも、ディヴァインというバンドに関わり、ヴィティ・レヴ島の空港の町であるナンディをベースに音楽活動を続けている。フィジーに伝統的な音楽と現代的音楽をアレンジするなど、様々な音楽に挑戦を続けている。

彼が日本と出自のうえでかかわりがあることは、フィジーに住む人にとっては知る人ぞ知る事実だ。私もフィジーに滞在中に小耳に挟んだことがある。またたとえば、彼の名前はカドであるが、そもそもフィジー語ではない。フィジー語であれば、カンドと発音されるはずだからである。カドと呼ばれているのは、この名前が日本語の名字からきているからに他ならない。

ただし筆者の見る限り、本人がとりたててそのことを公言しているわけでもなく、音楽作品にそうした伝記的要素が反映されているわけでもない。彼は現地での著名人であるのでさまざまなインタビューを受けているが、それらのなかで特にこうした出自について言及されている様子もない。そうしたことを考慮すると、自身のアイデンティティとしては、先住系フィジー人なのではないかと考えられる。

フィジーのカド一家は、日本とフィジーのそれぞれの子孫を巻き込んでファミリー・リユニオンを行ったこともあった。そして、そのことは新聞記事で取り上げられていた。その際に関係者によって作成された資料ともども確認すると、カドはもともと第一次世界大戦後にフィジーへと渡った日本人移民の縁者ということらしい。日本との関係は、意外なところにも潜んでいるといえよう。

（丹羽典生）

58 観光にみるハワイと日本とのかかわり

——爆弾投下から花火献花へ

旅は飛行機に乗ったときから始まっていると言われるように、日本発ハワイ行きのハワイアン航空の機内では、日系移民のタキタニ（滝谷）ファミリーが考案したとされる「ハワイアン・ホースト」のマカダミアナッツ・チョコレートが配られ、そのチョコと軽食用のパンは、日系移民のカワカミ・ファミリーが展開するアロハ・シャツ・ブランド「イオラニ」の布で包まれていた。そして、機内誌『Hana Hou!』（2009年8／9月号）では、沖縄系二世の戯曲家・作家であるジョン・ヒロシ・シロタ（城田）の代表作で、真珠湾攻撃後の移民一家をめぐる悲劇を喜劇として描いた『Lucky Come Hawaii』（1965年）の特集記事が掲載されていた。到着先ホノルルの空港は、2017年から、ハワイ出身で日系人初の連邦上院議員にちなみダニエル・K・イノウエ国際空港とよばれている（第41章参照）。このように、ハワイ行き機内のアイテムや空港名にも、ハワイと日本、日米、日系・沖縄系移民などとの関わりが見いだせる。

日本軍によるハワイの真珠湾攻撃以降、ハワイと日本のあいだには、大きな隔たりができた。第二次世界大戦後の日本では、アメリカの進駐軍関係者相手のハワイアン音楽の演奏の需要が拡大し、学生によるハワイアン・バンドが誕生してブームとなった。1948年、岡晴夫の『憧れのハワイ航路』が大ヒットし、1950年、美空ひばりが子役で登場する映画『憧れのハワイ航路』（新東宝）が公開された。

　日本からハワイ観光への関心は、1964年4月の海外渡航の自由化を境に、しだいに高まった。1963年には、加山雄三主演の映画『ハワイの若大将』（東宝）が公開され、テレビ番組の『アップダウンクイズ』では、ハワイ旅行が10問連続正解の賞品とされた。この間、音楽や映画をかいして、「楽園ハワイ」のイメージが固定化されていった。

　自由化直後、ハワイへの7泊9日間のパック・ツアーは約38万円であった。当時の大卒男性公務員の初任給が約2万円だったため、現在の物価に換算すると、約380万円となり、実際にハワイ旅行へ行けたのは、皇室関係者や芸能人、富裕層などに限られていた。

　日本からハワイへの渡航者数は、1964年には約3万5000人、5年後には約6万5000人、10年後には38万人であった。以後、1980年頃にはドル安・円高となり、1982年には新婚旅行先が沖縄や宮崎などを抜いてハワイが1位に踊りでた。日本がバブル経済期となった1987年には100万人、1992年には150万人、1996年には200万人、そして1997年には最多の221万6000人が、ハワイを訪れた。2000年以降は、110万人から150万人台となっている。こうして、かつての「憧れのハワイ」は、日本からの海外旅行先として、もっとも身近な場所となった。

　ハワイ旅行は、団体旅行、個人旅行、修学・研修旅行、ハネムーン、フルムーン（定年退職後の夫婦旅）、ショッピングやマリン・スポーツを目的としたもの、エコ・ツアーなど、その時代の流行を反

1901年に建立されハワイ最古のホテルであるモアナ・サーフライダー・ウェスティン・リゾート＆スパの前をパレードする「REMEMBER 3.11九州フラガール」たち（「第25回ホノルル・フェスティバル」にて、2019年3月10日）

映して多種多様にアレンジされながら展開されてきている。

ここでは、近年、さかんになってきているマラソンやコンサート、フェスティバルなどの「イベント参加型ツーリズム」に着目したい。これは、観光や買い物だけでなく、団体もしくは個人による、観光地で開催されるイベントへの参加という特徴をもつ。その一例として、筆者が２０１９年3月に調査した「第25回ホノルル・フェスティバル」は、１９９５年に日米友好を目的に開始され、スポンサーには、ＪＴＢ、ハワイ州観光局、日本航空、ハワイアン航空、ヒルトンなどが名を連ねている。

ステージでの演舞やワイキキでのパレードに出るため、２０１９年は日本からは78団体が参加し、中高年世代の女性によるフラや、女子大学生のチア・ダンス、修学旅行の女子高校生３００人によるダンスのほか、阿寒アイヌ民族文化保存会や弘前ねぷた、秋田市竿燈会、福岡の大牟田大蛇山などによる伝統芸能も披露された。

創作エイサー団体の「琉球國祭り太鼓ハワイ支部」と福島出身でハワイ大学留学中の沼崎なな香さんの日舞との共演による『花は咲く』（「第25回ホノルル・フェスティバル」にて、2019年3月9日）

「REMEMBER 3・11九州フラガール」は、福岡を拠点に、フラをとおして東日本大震災などで被災した子供たちへの支援を続けてきており、カレイナニ早川（常磐音楽舞踊学院最高顧問）が振り付け、ゴダイゴのギタリスト浅野孝巳がプロデュースした『ひまわりのように～Beautiful Smile』をハワイでも演舞し、会場で販売したそのＣＤの収益金の一部を「ハワイ・レインボーキッズ・プロジェクト」などに寄付してきた。本プロジェクトは、日本航空などがスポンサーとなり、東日本大震災および東京電力福島第一原子力発電所事故で被災した地域の中学生をハワイへ招待するツアーを実施してきた。３・11以降、このような被災地からのハワイ・ツアーや、旅行先ハワイでの被災地支援という活動がくりひろげられている。

ハワイからの参加団体としては、沖縄の旧盆で舞われるエイサーと空手の型をベースに踊る「琉球國祭り太鼓ハワイ支部」のメンバーが、３・11メモリアルのため、『花は咲く』の沖縄バージョンの曲に合わせ、福島出身でハワイ大学留学中の女子大学生による日舞と共演した。演舞したハワイのメンバーには、２０１７年夏、いわきハワイ観光交流協会が主催したツアーで、津波で甚大な被害を受けた地域を訪れ、鎮魂のために海岸で『花は咲く』や『海の声』を舞った者もいる。このように被災地への公演ツアーをかいして、ハワイ、福島、沖縄とのあらたな関係性や繫がりが編みだされているのである。

ホノルル・フェスティバルは、新潟からハワイへ運ばれてきた長岡花火でフィナーレを飾った。会場で無料配布されていた日本語・英字新聞の『日刊サン 号外 25TH HONOLULU FesTivaL』には、真珠湾攻撃を指揮した山本五十六は長岡出身であり、1945年8月1日、米軍によって長岡が空撃され、敵対してきた歴史の溝を埋めるため、ホノルルと長岡の間に2012年、姉妹都市締結がなされ、以降、先の大戦における日米の犠牲者への慰霊、両市・日米間の友好関係や世界の恒久平和への願いをこめて、ワイキキで長岡花火が「献花」されていると書かれていた。

爆弾の投下と、花火の献花。太平洋で繫がっているワイキキ・ビーチや真珠湾と、津波に襲われた東北の沿岸部。そして、観光の光と影（観光拡大によるハワイの自然破壊・汚染、経済格差、先住民の権利問題など）。2019年に開催されたホノルル・フェスティバルの会場からは、さまざまな時代、地域、人々を繫げ、時に隔ててきた歴史の重なりと連なりの一部を感じとることができる。

（城田　愛）

59 太平洋の航海カヌー文化復興運動と日本人

――ペサウ号と大内青琥の冒険

現生人類はいつ、どのようにして太平洋の島々にたどり着いたのか。

これは20世紀の人類学の巨大なテーマの一つだった。もちろん遠い過去のある時点で、誰かが何らかの形の船を作り、太平洋を囲む大陸のどこかから海に乗り出していったことは間違いないが、それが筏だったのか丸木舟だったのかそれ以外のものだったのか、ユーラシア大陸から出発したのか南北アメリカ大陸から出発したのかそれ以外のどこかだったのか。これらの問題は、長い間、答えが定まらないままだったのである。

１９４７年にペルー沖から筏でポリネシアに向かったヘイエルダールは、この問いに対して「筏を使い、南米から偶然の漂流によってポリネシアにたどり着いた」という仮説を立て、実験航海を通してそれが可能であることを示そうとした。しかしながらヘイエルダールの説は学術的にいくつかの穴（例えばフンボルト海流をいかにして越えるのか、偶然の漂流ならばなぜ、漂着先で子孫を増やすことができたのか等）を指摘された他、太平洋の島々の先住民たちの誇りを傷つけるものでもあった。なぜならば、たまたま流されてやって来た人々という図式は、太平洋の先住民たちがいかにも受け身で間抜けな存在であるようなイメージに繋がるからである。

こうした漂着説を覆し、自らの強い意思と高度な技術によって先住民たちは太平洋の島々に生活の場を築いていったのである、ということを証明すべくハワイで活動していたのが、ベン・フィニーやナイノア・トンプソンらのグループである。彼・彼女らの活動は1975年にホクレア号と名付けられた復元航海カヌーを生み出し、1976年には近代の計測機器を用いない航法技術によるハワイ・タヒチ間の航海を成し遂げている。

さて、この歴史的な航海において最も重要な役割を果たしたのが、航法担当として乗り込んだピウス（通称「マウ」）・ピアイルグであった。ピアイルグは中央カロリン群島のサタワル島の住民である。サタワル島など中央カロリン群島の島々は1969年以降、伝統的な航海術の再興に積極的に取り組み、1975年にはピアイルグと並び知られた航法師レッパンがサタワル島から沖縄島までの航海を成功させている。これら伝統的航海カヌー文化の復興運動は、学術的関心もさることながら、一度は植民地における被支配階層として民族の誇りやアイデンティティの依代を失いかけた太平洋の先住民の人々の、アイデンティティ・ポリティクスという側面も非常に大きなものであった。こうした動きは太平洋各地で同時多発的に始まったものである。例えばホクレア号の最初のタヒチ航海の2年後に起草されたミクロネシア連邦の憲法の前文には、以下のような文言がある。

ミクロネシアの歴史は、人類が筏とカヌーによる探検を開始したときに始まった。ミクロネシアの民族は、人類が星々に導かれて海を渡った時代に誕生した。（拙訳）

この憲法が定められたまさにその年である1979年に、ヤップ島に現れたのが大内青琥《せいこ》（1939〜2005）である。青琥は仙台藩士大内家の末裔で、祖父は東洋大学学長を務めた仏教学者の大内青巒《せいらん》、一族には画家や仏師もおり、青琥自身も画家であった。青琥は母の死をきっかけとして妻子を残し出奔し、各地を放浪した末にヤップ島にたどり着いた。

さて、青琥の噂を聞きつけ、自宅に招いた人物がいた。老酋長ベルナルド・ガアヤンである。ガアヤンはヤップ島の航海カヌー文化が失われつつあることに強い危機感を抱いていた。広く知られているように、ヤップ島にはライと呼ばれる、巨大な円盤状に成形された石材（いわゆる石貨）を製作し、日本における茶道具や刀剣に似た性格を持つ威信財として所有したり贈与したりする文化がある。これらライの製作に使用される石材はパラオから輸送されたものである。その輸送手段は当然、航海カヌーだったのであり、ヤップ州の州旗のデザインの二大構成要素であるライと航海カヌーこそヤップ島のアイデンティティの依代なのだ。だが、1980年頃のヤップ島において、航海カヌー文化は消え去ろうとしていた。

もちろん、ピアイルグやレッパンら中央カロリン群島の航法師たちは活発に活動しており、彼らはヤップ島にもしばしば立ち寄ってはいたものの、ヤップ島民から見れば離島民はよそ者であり、差別の対象であった。離島民の活躍はヤップ島民のアイデンティティ・ポリティクスには寄与しないのである。そこで、ガアヤンは人生最後の仕事として、亡き親友と約束した大きな航海カヌーを建造したいと願っており、その過程を記録してくれる人物を探していたのだった。

青琥はこの役割を快諾し、ガアヤンの盟友タマグヨロンとともに航海カヌー、ペサウ号の建造に乗り出した。1980年のことである。この航海カヌーは1983年に完成し、1986年に小笠原までの航海を行った（現在は兵庫県の園田学園が所蔵）。航海技術という点でさすがにヤップ島民は離島民に及ばず、各種の近代技術の支援を受けての航海であった。なお、ガアヤンは後に日本のNPOアルバトロスクラブの支援を受けて再び航海カヌーを建造し、1994年にヤップ島からパラオまで航海してそこでライを製作し、ヤップ島に持ち帰るという実験航海を成功させている。この航海で航法を担当したのはピアイルグであった。

ペサウ号［撮影：大内青琥］

本章を執筆している2019年現在、太平洋の島々の間を数多くの航海カヌーが活発に行き来しており、それらは伝統文化を次世代に伝えるための洋上の教室となっている。スマートフォンとSNSを用いた航海カヌーの情報発信や情報交換も今や当たり前である。この汎太平洋的な文化復興運動の中でのヤップ島の存在感は、現状では大きなものではない。

しかしながら、伝統を学び、身に

つけ、時代に応じたアップデートを施したうえで次の世代に手渡すという営みは、一部の神話的な英雄たちだけが担うものではないし、担えるものでもない。ガアヤンとタマグヨロンは彼らの全力を尽くして、彼らの責任として伝統文化を次世代に繋ごうと努力したのであろうし、結果的にその挑戦を後押ししたのが、不思議な縁で日本からヤップ島に渡った大内青琥らだったのである。彼らの生き様に我々が学べることは多い。

青琥がヤップ島滞在中に書き記した手記類は現在、国立民族学博物館に大内青琥アーカイブとして所蔵されている（利用の詳細については国立民族学博物館にお問い合わせください）。

（加藤晃生）

60 太平洋芸術祭と「カヌーサミット」

――ユネスコ無形文化遺産に向けての課題

2016年5月にグアムで開催された第12回太平洋芸術祭において、記念すべき第1回の「カヌーサミット」が開催された。この催しは、太平洋各地でカヌー文化の復興に関わる人々が一堂に会し、互いの交流や親睦を深め、太平洋地域に共有された文化としてのカヌー文化を振興していくことを目的として開催された。集まったのは、伝統的航海術の知識・技能を持つ人々や、カヌーを建造して航海をおこなっている人々、カヌー文化の研究者、さらにはカヌー文化に関心のある様々な市民の人々で、オセアニア各地から100名あまりにおよぶ参加者があった。1日目は、グアム・ガバナーズオフィスにて会議がおこなわれ、2日目は、ハガニアの港からグアム島南部のメリッソ桟橋までを太平洋各地から集まったカヌーがデモンストレーション航海するという「カヌー・ページェント」がおこなわれた。

筆者はこのイベントの企画に当初から関わっていた。そのきっかけは、サモアにあるユネスコ大洋州事務所で文化担当官の高橋暁氏と話しているなかで、太平洋各地で共有されている文化としてのカヌー文化は、ユネスコの無形文化遺産になりうる価値があるのではないか、という話題となったことである。

「カヌー・ページェント」にてグアム島南部メリッソ桟橋に入港するカヌーの様子（2016年）

太平洋地域のカヌー文化は、アウトリガーカヌーやダブルカヌーといった特徴的なカヌーを用い、天体の運行を観測して目的地の方向や自分の位置を知る「スター・ナビゲーション」などの知識を駆使して遠洋航海をおこなう技術の総体であり、太平洋に人類が移住していくうえで欠かすことのできないものであった。移住後も、太平洋地域の人々はカヌーを用いて漁撈や交易をおこなってきた。しかし不幸なことに、その知識や技術の多くは植民地時代に失われてしまった。

しかし１９７０年代頃から、失われたカヌー文化を復興しようという動きが始まる。その端緒となったのは、１９７５年に建造され、翌年にハワイ－タヒチ間の実験航海をおこなった復元カヌー「ホクレア」と、１９７５年にミクロネシア連邦のサタワル島から沖縄までの航海に成功した伝統的航海カヌー「チェチェメニ」の存在である。これ以降、太平洋各地において、復元カヌーの建造や実験航海が次々とおこなわれるようになった。そうした一連の動きは「カヌー・ルネサンス」と呼ばれている。そして今や「カヌー・ルネサンス」は、太平洋地域の人々の文化的なアイデンティティの復興として位置付けられるようになったのである。

しかしながら、これまで太平洋各地でカヌー文化に関連した活動をしている人々が一堂に会して意見を交わす機会はほとんどなかった。カヌー文化を広く太平洋地域に共有される文化として、ゆくゆくはユネスコの無形文化遺産に登録する動きへとつなげていくためには、彼らが一致団結し、自発的に動くようになることが必要である。そこで、そのキックオフの場として、太平洋芸術祭という一大イベントで「カヌーサミット」を開催することを企画したのである。

「カヌーサミット」の企画にあたっては、筆者の所属する東京文化財研究所が文化庁から文化遺産国際協力の資金を得ることができた。また、これまで「カヌー・ルネサンス」の研究を進めてきた人類学者・後藤明教授の所属する南山大学も共催機関として参画した。さらにこれにユネスコ大洋州事務所、太平洋芸術祭の現地事務局、さらにはグアムに拠点のある複数のカヌー関係団体が参画し、これらの機関およびそこに所属する個人が尽力することにより、この「カヌーサミット」の開催にこぎつけることができ、成功裏に収めることができたのである。

今後は、継続的にカヌー文化の関係者同士の交流を促進し、最終的にはカヌー文化のユネスコ無形文化遺産への登録を果たすことが目標となる。もちろん、そこに至るまでの課題が多いこともまた事実である。

その一つとしては、第1回の「カヌーサミット」に参加することができた人々が、太平洋全体におけるカヌー文化に関わる人々のすべてではないということがある。今回の開催地はグアムであったため、どうしても参加者はミクロネシアの周辺地域の割合が多かった。しかしフィジーやヴァヌアツと

第1回「カヌーサミット」の様子（2016年）

いったメラネシア地域や、ハワイやタヒチ、ニュージーランドといったポリネシア地域からも、カヌーこそ持ってこられなかったものの会議には参加した人々もいた。今回参加できなかった人々も、今後こうしたネットワークに参加できるようにオープンな環境を作ることが必要である。

また、ユネスコ無形文化遺産登録に向けて解決すべき課題も多い。ユネスコ無形文化遺産とは、正確にはユネスコの「無形文化遺産の保護に関する条約」において「緊急に保護する必要のある無形文化遺産の一覧表」もしくは「人類の無形文化遺産の代表的な一覧表」のいずれかに記載された遺産のことを指している。そしてある遺産を一覧表に記載するように提案をおこなうことができるのは、条約の締約国に限られている。つまり申請の主体は国であり、個人や団体が申請をおこなうことはできない。

太平洋地域においては、既に多くの国が「無形文化遺産の保護に関する条約」を批准しているが、オーストラリアとニュージーランド、さらには太平洋に領土を持つアメリカとイギリスは批准に至っていない。とりわけ、カヌー文化復興の重要な拠点であるハワイとグアムはアメリカに属しているため、ハワイとグアムのカヌー文化はそもそもユネスコ無形文化遺産に登録する道が、現段階では閉ざされているのである。また、太平洋地域に影響力を持ち、重要な支援国でもあるオーストラリアとニュージーランドの両国も未批准であるため、こと無形文化遺産に関しては両国からの支援を受けにくいという状況にもある。

現状としては、条約を批准しているミクロネシア連邦やフィジー、サモアといった国々ならば申請をおこなうことができる。ただこの条約の良いところは、複数の締約国が共同で一つの遺産を申請する「多国籍提案」が可能であることである。世界の他の地域では、例えば「鷹狩り」がサウジアラビアやアラブ首長国連邦、スペイン、韓国など18カ国による多国籍提案の遺産として「人類の無形文化遺産の代表的な一覧表」に記載されている。

「多国籍提案」は、それに参画する締約国を後で追加することも可能である。そのため、既に条約を批准しているミクロネシア連邦やフィジー、サモアといった複数の締約国がまずカヌー文化を「多国籍提案」により申請し、将来的にアメリカが条約を批准した段階で、ハワイやグアムのカヌー文化もそこに加わることを目指すのが現実的かもしれない。

しかし太平洋の国々の中で、ユネスコ無形文化遺産に登録された遺産を持つ国は現状ではヴァヌアツとトンガの2カ国に限られている。太平洋の多くの国々は、ユネスコ無形文化遺産の申請にたずさわった経験が少なく、そのノウハウに乏しい。一方で日本は、無形文化財の保存に関して多くの経験を有し、「無形文化遺産の保護に関する条約」の設立にも深く関わった。無形文化遺産に関する国際協力で、日本が貢献していくことができる余地は今後十分にあるだろう。

（石村　智）

引用・参考文献（［　］は該当章・コラムを示す）

芥川龍之介編『近代日本文藝読本 第一集』誠進社、1981年（『近代日本文藝讀本』興文社、1925年）［コラム1］

浅野豊美『南洋群島と帝国・国際秩序』慈学社出版、2007年［12］

安細和彦『私のラバさん酋長の娘――遙かなるマーシャル諸島』駱駝舎、2017年［7］

飯田耕二郎『ハワイ日系人の歴史地理』ナカニシヤ出版、2003年［21］

石上正夫『日本人よ忘るなかれ――南洋の民と皇国教育』大月書店、1983年［15］

石上正夫『大本営に見すてられた楽園――玉砕と原爆の島テニアン』桜井書店、2001年［32］

石川栄吉『日本人のオセアニア発見』平凡社、1992年［5］

石川友紀「フイジー諸島における日本人契約移民（1894～1895）について――広島県移民を例として」『移住研究』14、1977年［9］

石原俊『近代日本と小笠原諸島――移動民の島々と帝国』平凡社、2007年［56］

石村智「パラオにおける戦争の『記憶』と『遺跡』――戦没者遺骨収集と考古学」『金大考古』66、2010年［35］

石村智「パラオにおける戦争遺跡と日本統治時代の遺構の調査」『奈良文化財研究所紀要』57－3、奈良文化財研究所、2010年［35］

石村智「戦争遺跡を問い直す（3）楽園と戦争の考古学――パラオにおける水中戦争遺跡の調査」『考古学研究』57－3、2010年［37］

石村智「南海のヴェニス――ナン・マドール遺跡」印東道子編『ミクロネシアを知るための60章【第2版】』明石書店、2015年［52］

石村智「南洋群島の水中戦争遺跡――パラオの事例」林田憲三編『水中文化遺産――海から蘇る歴史』勉誠出版、2017年［37］

今泉裕美子「第5部2章1節 南洋」『沖縄県史 各論編 第5巻 近代』沖縄県教育員会、2011年［13］

今村圭介・ロング、ダニエル『パラオにおける日本語の諸相』ひつじ書房、2019年［56］

王堂フランクリン・篠遠和子『図説ハワイ日本人史 1885～1924』BPビショップ博物館出版局、1985年［21］

大熊良一『小笠原諸島異国船来航記』近藤出版社、1985年［4］

大林太良『日本神話の起源』徳間文庫、1990年［1］

大林太良『神話の系譜――日本神話の源流をさぐる』講談社学

術文庫、1991年［1］
岡谷公二『南海漂泊』河出書房新社、1990年［16］
小川和美「太平洋島嶼地域における産業開発――経済自立への挑戦（特集太平洋島嶼国の持続的開発と国際関係）」『アジ研ワールドトレンド』№244、2016年［49］
沖田行司『ハワイ日系移民の教育史――日米文化、その出会いと相剋』ミネルヴァ書房、1997年［21］
小野林太郎『海の人類史――東南アジア・オセアニア海域の考古学』（増補改訂版）、雄山閣、2018年［2］
海部陽介『日本人はどこから来たのか？』文藝春秋、2016年［2］
カマチョ、キース・L（西村明・町泰樹訳）『戦禍を記念する――グアム・サイパンの歴史と記憶』岩波書店、2016年［34］
川村湊『南洋・樺太の日本文学』筑摩書房、1994年［コラム2］
喜早哲『うたのふるさと紀行』日本放送出版協会、1986年［コラム3］
木村一信『昭和作家の〈南洋行〉』世界思想社、2004年［17］
熊谷圭知、片山一道編『朝倉世界地理講座　大地と人間の物語15　オセアニア』朝倉書店、2010年［年表］
栗林徳五郎『アベマーマの守備隊長』かもがわ出版、1995年［28］
黒崎岳大『マーシャル諸島の政治史――米軍基地・ビキニ環礁核実験・自由連合協定』明石書店、2013年［47］
黒崎岳大「日本の対太平洋島嶼国外交戦略の変遷と課題――各ドナー国による外交方針との比較と『太平洋・島サミット』の変容を中心に」『太平洋諸島研究』№1、2013年［44］
黒崎岳大『太平洋島嶼国と日本の貿易・投資・観光』太平洋協会・太平洋諸島研究所、2014年［49］
黒崎岳大・今泉慎也編『太平洋島嶼地域における国際秩序の変容と再構築』アジア経済研究所、2016年［44］
ゴオガン、ポール（前川堅市訳）『ノア・ノア――タヒチ紀行』岩波文庫、1932年［コラム4］
厚生省社会・援護局援護50年史編集委員会監修『援護50年史』ぎょうせい、1997年［36］
高知新聞社編『夢は赤道に――南洋に雄飛した土佐の男の物語』高知新聞社、1998年［7］
後藤明『南島の神話』中公文庫、2002年［1］
後藤明『海を渡ったモンゴロイド』講談社、2003年［1］
後藤明『カメハメハ大王』勉誠出版、2008年［4］
後藤明「オセアニア航海カヌー文化の復興――ホクレア号と日本」吉岡政德監修『オセアニア学』京都大学学術出版会、2009年［60］
後藤明『海から見た日本人――海人で読む日本の歴史』講談社、2010年［4］
後藤明『世界神話学入門』講談社現代新書、2017年［1］
後藤明・松原好次・塩谷亨編『ハワイ研究への招待――フィールドワークから見える新しいハワイ像』関西学院出版会、2004年［58］
小林泉『ミクロネシア独立国家への軌跡――見つづけた島々の

30年』太平洋諸島地域研究所、2006年［43］
小林泉『南の島の日本人』産経新聞出版、2010年［43］
小林忠雄『ニュー・カレドニア島の日本人――契約移民の歴史（第二版）』ヌメア友の会、1980年［19］
小松正之『世界と日本の漁業管理――政策・経営と改革』成山堂書店、2016年［47］
斉藤成也『日本人の源流――核DNA解析でたどる』河出書房新社、2017年［3］
崎山満『DNAでたどる日本人10万年の旅――多様なヒト・言語・文化はどこから来たのか？』昭和堂、2008年［3］
塩田光喜編『グローバル化のオセアニア』アジア経済研究所、2010年［44］
篠田謙一『日本人になった祖先たち――DNAから解明するその多元的構造』NHK出版、2007年［3］
清水元『アジア海人の思想と行動――松浦党・からゆきさん・南進論者』NTT出版、1997年［10］
清水久夫『土方久功正伝』東宣出版、2016年［16］
清水久夫「1930年代コロール（パラオ）における『土地問題』」『跡見学園女子大学文学部紀要』第53号、2018年［16］
下嶋哲朗『非業の生者たち――集団自決 サイパンから満洲へ』岩波書店、2012年［31］
社会科学レファレンスVol.2編集委員会編『海底鉱物資源調査・開発関連産業の海外進出に向けて――太平洋諸島を中心に（SIP『次世代海洋資源調査技術』社会科学レファレンスVol.2）』国立海洋研究開発法人海洋研究開発機構次世代海洋資源調査技術研究開発プロジェクトチーム、2018年［47］
シャーロッド、ロバート（中野五郎訳）『タラワ――恐るべき戦闘の記録』光文社、1950年［28］
鈴木啓編『アロハ年鑑 2011年～2013年版 第15版』ハワイ報知社、2011年［21］
畝川憲之「トンガ農業の開発課題と可能性――かぼちゃの事例研究より」『太平洋諸島研究』№2、2014年［49］
関根久雄「もうひとつの戦争――島の人びとにとっての日本軍」吉岡政德・石森大知編『南太平洋を知るための58章』明石書店、2010年［25］
高山純『南太平洋の民族誌――江戸時代日本漂流民のみた世界』雄山閣、1991年［4］
高山純『南海の大探検家鈴木経勲――その虚像と実像』三一書房、1995年［7］
高山純『江戸時代ハワイ漂流記――「夷蛮漂流帰国録」の検証』三一書房、1997年［4］
田辺尚雄『南洋・台湾・沖縄音楽紀行 東洋音楽選書五』音楽之友社、1968年［7］
辻子実『侵略神社――靖国思想を考えるために』新幹社、2003年［15］
津田睦美『マブイの往来――ニューカレドニア－日本 引き裂かれた家族と戦争の記憶』人文書院、2009年［19］
等松春夫『日本帝国と委任統治――南洋群島をめぐる国際政治 1914－1947』名古屋大学出版会、2011年［12］
冨井正憲、中島三千男、大坪潤子、サイモン・ジョン「旧南洋群島の神社跡地調査報告」神奈川大学21世紀COEプログラ

ム研究推進会議『年報　人類文化研究のための非文字資料の体系化』（2）、2005年［15］
冨山一郎『戦場の記憶』日本経済評論社、1995年［31］
長岡拓也・石村智・片岡修「ミクロネシアの巨石遺跡ナンマトルの研究の現状と世界遺産への登録について」『古代文化』68－4、2017年［52］
中島敦『中島敦全集2』ちくま文庫、1993年［17］
中島三千男『海外神社跡地の景観変容――さまざまな現在（いま）』御茶の水書房、2013年［15］
中本博皓「フィジーの『日本人契約移民』失敗の考察」『環境創造』17、2013年［9］
野村進『日本領サイパン島の一万日』岩波書店、2005年［13］
橋本正志『中島敦の〈南洋行〉に関する研究』おうふう、2016年［17］
浜井和史『海外戦没者の戦後史』吉川弘文館、2014年［36］
土方久功著、須藤健一・清水久夫編『土方久功日記Ⅴ』〈国立民族学博物館調査報告124〉国立民族学博物館、2014年［コラム4］
平岡昭利『アホウドリと「帝国日本」の拡大――南洋の島々への進出から侵略へ』明石書店、2012年［6］
平岡昭利『アホウドリを追った日本人――一攫千金の夢と南洋進出』岩波新書、2015年［6］
平塚柾緒『玉砕の島々――サイパン・グアム・ペリリュー・硫黄島』洋泉社、2015年［30］
フィフィイ、J／キージング、R・M（関根久雄訳）『豚泥棒から国会議員へ』中山書店、1994年［25］
藤井真一「戦争の周縁で――ガダルカナル島の『戦い』と民衆の平和」『季刊民族学』153、2015年［39］
藤井真一「平和実践としての逃げること――ソロモン諸島ガダルカナル島北東部の人びとによる二つの戦いへの対応」『南方文化』43、2017年［25］
船坂弘『新装版　英霊の絶叫――玉砕島アンガウル戦記』光人社NF文庫、2014年［34］
『別冊歴史読本98　太平洋戦跡慰霊総覧』新人物往来社、1998年［34］
細川周平「南洋西洋音楽の日本化・大衆化」『ミュージックマガジン』1992年10月号［コラム3］
ホワイト、Gほか編（小柏葉子監訳）『ビッグ・デス――ソロモン人が回想する第二次世界大戦』現代史料出版、1999年。［25、26］
松岡静雄『中央カロリン語の研究』郷土研究社、1928年［56］
三尾裕子・遠藤央・植野弘子編『帝国日本の記憶――台湾・旧南洋群島における外来政権の重層化と脱植民地化』慶應義塾大学出版会、2016年［43］
宮本常一『忘れられた日本人』岩波書店、1984年［9］
森亜紀子『複数の旋律を聞く――沖縄・南洋群島に生きたひとびとの声と生』新月舎、2016年（非売品）［31］
森亜紀子『はじまりの光景――日本統治下南洋群島に暮らした沖縄移民の語りから』新月舎、2017年（非売品）［31］

矢口祐人『憧れのハワイ――日本人のハワイ観』中央公論新社、2011年〔58〕
矢口祐人・森茂岳雄・中山京子編『入門 ハワイ・真珠湾の記憶――もうひとつのハワイガイド』明石書店、2007年〔40〕
矢口祐人・森茂岳雄・中山京子編『真珠湾を語る――歴史・記憶・教育』東京大学出版会、2011年〔40〕
安井眞奈美「太平洋芸術祭にみるアイデンティティの創造」吉岡政德監修『オセアニア学』京都大学学術出版会、2009年〔60〕
矢内原忠雄『南洋群島の研究』岩波書店、1935年〔12〕
柳田国男『海上の道』岩波書店、1978年（筑摩書房、1961年）〔コラム1〕
矢野暢『「南進」の系譜』中公新書、1975年〔5〕
山口誠『グアムと日本人――戦争を埋立てた楽園』岩波新書、2007年〔34〕
高井祥平「『ダクダク踊り』考証」『自由の空に――旧制高知高等学校外史』南冥会・高知高等学校同窓会、1982年〔7〕
山本真鳥編『オセアニア史（新版 世界各国史27）』山川出版社、2000年〔年表〕
山本真鳥・山田亨編著『ハワイを知るための60章』明石書店、2013年〔58〕
山本悠子『パラオの心にふれて――思い出の中の「日本」』サンパウロ、2018年〔42〕
米山裕・河原典史編『日本人の国際移動と太平洋世界――日系移民の近現代史』文理閣、2015年〔19〕
米山リサ『暴力・戦争・リドレス――多文化主義のポリティクス』岩波書店、2003年〔32〕
読売新聞大阪本社社会部編『タラワ――新聞記者が語りつぐ戦争2』新風書房、1991年〔28〕
ロティ、ピエル（津田穣訳）『ロティの結婚』岩波文庫、1937年〔コラム4〕
ロング、ダニエル編著『小笠原学ことはじめ』南方新社、2002年〔56〕
ロング、ダニエル・橋本直幸編著『小笠原ことばしゃべる辞典』南方新社、2005年〔56〕

Bennet, Judith, "Germs or Rations? Beriberi and the Japanese Labor Experiment in Colonial Fiji and Queensland." *Pacific Studies* 24 (3/4), 2001.〔9〕
Dawson, Bee, *Laucala Bay: The RNZAF in Fiji 1939 to 1967.* Penguin Random House New Zealand, 2017.〔27〕
Dixon, Roland B., *Mythology of All Races*, Vol. 9: Oceanic. Cooper Square Publishers, New York, 1916.〔1〕
Farrell, Don A., *Tinian: A Brief History.* Pacific Historic Parks, 2012.〔32〕
Farrell, Don A., *Tinian and the Bomb: Project Alberta and Operation Centerboard.* Micronesian Productions, 2018.〔32〕
Gillion, Kenneth L., *Fiji's Indian Migrants: A History to the End of Indenture in 1920.* Melbourne: Oxford University Press, 1962.
Howe, K. R., *Where the Waves Fall: a New South Sea Islanders*

History from first Settlement to Colonial Rule. University of Hawai'i Press, Honolulu, 1984. [4]

Lasaqa, I. Q., *Melanesians' Choice: Tadhimboko Participation in the Solomon Islands Cash Economy*, New Guinea Research Bulletin no. 46, Port Moresby & Canberra: New Guinea Research Unit, the Australian National University, 1972. [25]

Lowry, Robert, *Fortress Fiji: Holding the Line in the Pacific War, 1939-45,* Sutton, N.S.W.: R.W. Lowry, 2006. [27]

Mita, Maki ed., *Palauan Children under Japanese Rule: Their Oral Histories.* Senri Ethnological Reports No.87, 2009. [42]

Poyer, Lyn, and Suzanne Falgout, Laurence Marshall Carucci, *Typhoon of War*, University of Hawai'i Press, 2001. [30]

Sudo, Naoto, *Nanyo-Orientalism: Japanese Representations of the Pacific*, Cambria Press, 2010. [24]

Tuten-Puckett, Katharyn (ed.), *We Drank Our Tears: Memories of Battles for Saipan and Tinian as Told by Our Elders*, Pacific STAR Center for Young Writes Saipan, Commonwealth of Northern Mariana Islands, 2004. [30]

Zeleneitz, Marty, and Hisafumi Saito, "The Kilenge and the War: An Observer Effect on Stories from the Past." In White, Geoffrey M. and Lindstrom, Lamont (eds.), *The Pacific Theater: Island Representations of World War II*, University of Hawaii Press, 1989. [コラム7]

太平洋諸島の歴史を知るための参考図書（入手しやすい単行本を中心に）

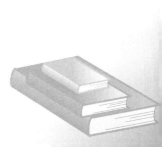

浅野豊美『南洋群島と帝国・国際秩序』慈学社出版、２００７年。

石上正夫『日本人よ忘るなかれ――南洋の民と皇国教育』大月書店、１９８３年。

石川栄吉『大本営に見すてられた楽園―玉砕と原爆の島テニアン』桜井書店、２００１年。

石川栄吉『南太平洋物語――キャプテン・クックは何を見たか』力富書房、１９８４年。

石川栄吉『日本人のオセアニア発見』平凡社、１９９２年。

石川栄吉編『オセアニア世界の伝統と変貌（民族の世界史14）』山川出版社、１９８７年。

石原俊『〈群島〉の歴史社会学――小笠原諸島・硫黄島、日本・アメリカ、そして太平洋世界（現代社会学ライブラリー12）』弘文堂、２０１３年。

石原俊『硫黄島――国策に翻弄された１３０年』中公新書、２０１９年。

石村智『ラピタ人の考古学』溪水社、２０１１年。

井上亮『忘れられた島々――「南洋群島」の現代史』平凡社新書、２０１５年。

今泉裕美子・柳沢遊・木村健二編著『日本帝国崩壊期「引揚げ」の比較研究――国際関係と地域の視点から』日本経済評論社、２０１６年。

印東道子『オセアニア――暮らしの考古学』朝日新聞社、２００２年。

印東道子『島に住む人類――オセアニアの楽園創世記』臨川書店、２０１７年。

遠藤央・印東道子・梅崎昌裕・中澤港・窪田幸子・風間計博編『オセアニア学』京都大学学術出版会、２００９年。

大内青琥『おじいさんのはじめての航海』理論社、１９８９年。

大川史織『マーシャル、父の戦場――ある日本兵の日記をめぐる歴史実践』みずき書林、２０１８年。

大塚柳太郎・印東道子・片山一道編『島嶼に生きる（オセアニア１）』東京大学出版会、１９９３年。

大塚柳太郎編『モンゴロイドの地球２ 南太平洋との出会い』東京大学出版会、１９９５年。

片山一道『海のモンゴロイド――ポリネシア人の祖先をもとめて』吉川弘文館、２００２年。

カマチョ、キース・L（西村明・町泰樹訳）『戦禍を記念する――グアム・サイパンの歴史と記憶』岩波書店、２０１６年。

河合利光編『オセアニアの現在――持続と変容の民族誌』人文書院、２００２年。

川村湊『海を渡った日本語――植民地の「国語」の時間』青土社、１９９４年。

キージング、ロジャー・M（青柳まちこ監訳）『マライタ島のエロタ老人』ホルト・サウンダース・ジャパン、１９８５年。

「消えゆく太平洋戦争の戦跡」編集委員会編『消えゆく太平洋戦争の戦跡』山川出版社、２０１７年。

クセルク、ウィル（加藤晃生訳）『星の航海術をもとめて――ホクレア号の33日』青土社、２００６年。

熊谷圭知・片山一道編『朝倉世界地理講座 大地と人間の物語　オセアニア』朝倉書店、２０１０年。

栗原俊雄『遺骨――戦没者三一〇万人の戦後史』岩波新書、２０１５年。

黒崎岳大・今泉慎也編『太平洋島嶼地域における国際秩序の変容と再構築』アジア経済研究所、２０１６年。

黒崎岳大『マーシャル諸島の政治史――米軍基地・ビキニ環礁核実験・自由連合協定』明石書店、２０１３年。

ゴーガン、ポール（前川堅市訳）『ノア・ノア――タヒチ紀行』岩波文庫、１９６０年。

後藤明『海を渡ったモンゴロイド――太平洋と日本への道』講談社、２００３年。

後藤明『南島の神話』中公文庫BIBLIO、２００２年。

小林泉『太平洋島嶼諸国論』東信堂、１９９４年。

小林泉『南の島の日本人――もうひとつの戦後史』産経新聞出版、２０１０年。

小林忠雄『ニュー・カレドニア島の日本人――契約移民の歴史』ヌメア友の会・緑地社、１９８０年。

小野林太郎・長津一史・印東道子編『海民の移動誌――西太平洋のネットワーク社会』昭和堂、２０１８年。

小野林太郎『海の人類史――東南アジア・オセアニア海域の考古学〈増補改訂版〉』雄山閣、2018年。

高知新聞社編『夢は赤道に――南洋に雄飛した土佐の男の物語』高知新聞社、1998年。

坂野徹『〈島〉の科学者――パラオ熱帯生物研究所と帝国日本の南洋研究』勁草書房、2019年。

佐藤幸男編『世界史のなかの太平洋（太平洋世界叢書1）』国際書院、1998年。

塩田光喜編『海洋島嶼国家の原像と変貌』アジア経済研究所、1996年。

四條真也『ハワイアン・プライド――今を生きるハワイ人の民族誌』教友社、2019年。

篠遠喜彦・荒俣宏『楽園考古学――ポリネシアを掘る』平凡社、1994年。

清水昭俊・吉岡政德編『近代に生きる（オセアニア3）』東京大学出版会、1993年。

清水久夫『土方久功正伝――日本のゴーギャンと呼ばれた男』東宣出版、2016年。

ショー、I・ヘンリー（宇都宮直賢訳）『タラワ――米海兵隊と恐怖の島』光人社、1998年。

白水繁彦編『多文化社会ハワイのリアリティー――民族間交渉と文化創生』御茶の水書房、2011年。

白水繁彦編『ハワイにおけるアイデンティティ表象――多文化社会の語り・踊り・祭り』御茶の水書房、2015年。

須藤健一・崎山理・秋道智彌編『伝統に生きる（オセアニア2）』東京大学出版会、1993年。

高山純『南太平洋の民族誌――江戸時代日本漂流民のみた世界』雄山閣出版、1991年。

高山純『南海の大探検家鈴木経勲――その虚像と実像』三一書房、1995年。

田中弘之『幕末の小笠原――欧米の捕鯨船で栄えた緑の島』中公新書、1997年。

辻子実『侵略神社――靖国思想を考えるために』新幹社、2003年。

津田睦美『マブイの往来――ニューカレドニア－日本　引き裂かれた家族と戦争の記憶』人文書院、2009年
鶴見良行『バナナと日本人』岩波新書、1982年。

等松春夫『日本帝国と委任統治――南洋群島をめぐる国際政治　1914－1947』名古屋大学出版会、2011年。

中島敦『南洋通信　増補新版』中公文庫、2019年。

中島三千男『海外神社跡地の景観変容――さまざまな現在』御茶の水書房、2013年。

永田由利子『オーストラリア日系人強制収容の記録――知られざる太平洋戦争』高文研、2002年。

中原聖乃『放射能難民から生活圏再生へ――マーシャルからフクシマへの伝言』法律文化社、2012年。

波平恵美子『日本人の死のかたち 伝統儀礼から靖国まで』朝日選書、2004年。

楢崎修一郎『骨が語る兵士の最期』筑摩選書、2018年。

野村進『日本領サイパン島の一万日』岩波書店、2005年。

橋本正志『中島敦の〈南洋行〉に関する研究』おうふう、2016年。

浜井和史『海外戦没者の戦後史』吉川弘文館、2014年。

比嘉夏子『贈与とふるまいの人類学――トンガ王国の〈経済〉実践』京都大学学術出版会、2016年。

土方久功『土方久功著作集』（1～8巻）三一書房、1990～1993年
平岡昭利『アホウドリと「帝国」日本の拡大――南洋の島々への進出から侵略へ』明石書店、2012年。

平岡昭利『アホウドリを追った日本人――一攫千金の夢と南洋進出』岩波新書、2015年。

フィフィイ、ジョナサン／キージング、ロジャー・M（関根久雄訳）『豚泥棒から国会議員へ』中山書店、1994年。

船坂弘『新装版　英霊の絶叫―玉砕島アンガウル戦記』光人社NF文庫、2014年。

ベルウッド、ピーター『太平洋――東南アジアとオセアニアの人類史』植木武、服部研二訳、法政大学出版局、2015年。

ホワイト、ジェフリーほか編（小柏葉子監訳）『ビッグ・デス――ソロモン人が回想する第二次世界大戦』現代史料出版、1999年。

前川啓治・棚橋訓編『オセアニア（講座世界の先住民族 ファースト・ピープルズの現在 第9巻）』明石書店、2005年。

増田義郎『太平洋――開かれた海の歴史』集英社、2004年。

マラ、カミセセ（小林泉・都丸潤子・東裕訳）『パシフィック・ウェイ――フィジー大統領回顧録』慶應義塾大学出版会、2000年。

諸星大二郎・佐藤健寿『世界伝奇行――パプアニューギニア・マッドメン編（限定版）』河出書房新社、2019年。

矢口祐人・森茂岳雄・中山京子『真珠湾を語る――歴史、記憶、教育』東京大学出版会、2011年。

矢口祐人『ハワイの歴史と文化――悲劇と誇りのモザイクの中で』中公新書、2002年。

柳田国男『海上の道』角川ソフィア文庫、2013年／岩波文庫、1978年。

柳田国男『海南小記』角川ソフィア文庫、2013年。

柳田国男『故郷七十年』講談社、2016年。

矢野暢『「南進」の系譜』中公新書、1975年。

矢野暢『日本の南洋史観』中公新書、1979年。

山川徹『国境を越えたスクラム――ラグビー日本代表になった外国人選手たち』中央公論新社、2019年。

山口徹編『アイランドスケープ・ヒストリーズ――島景観が架橋する歴史生態学と歴史人類学』風響社、2019年。

山口誠『グアムと日本人――戦争を埋立てた楽園』岩波新書、2007年。

山口洋兒編『日本統治下ミクロネシア文献目録』風響社、2000年。

山崎敬一・やまだようこ・山崎晶子・池田佳子・小林亜子編『日本人と日系人の物語――会話分析・ナラティヴ・語られた歴史』世織書房、2016年
山本真鳥編『オセアニア史（新版 世界各国史27）』山川出版社、2000年。

山本悠子『パラオの心にふれて――思い出の中の「日本」』サンパウロ、2018年
好井裕明『ゴジラ・モスラ・原水爆――特撮映画の社会学』せりか書房、2007年。

吉岡政德・石森大知編著『南太平洋を知るための58章――メラネシア・ポリネシア』明石書店、2010年。

米山裕・河原典史編著『日本人の国際移動と太平洋世界――日系移民の近現代史』文理閣、2015年。

ロング、ダニエル編著『小笠原学ことはじめ（小笠原シリーズ1）』南方新社、2002年。

ワースレイ、ピーター（吉田正紀訳）『千年王国と未開社会――メラネシアのカーゴ・カルト運動』紀伊國屋書店、1981年。

年代	事項
2006	トンガ国王・トゥポウ4世死去
	トンガにおいて政治改革要求に端を発した暴動発生
2009	日本がトンガに大使館を設置
	サモア沖地震の発生
2011	1998年にフィジー共和国からフィジー諸島共和国へと国名を変更していたが、再びフィジー共和国となる
2013	ソロモン諸島沖地震の発生
2014	パプアニューギニアにて、液化天然ガス（LNG）の日本向け船積みの開始
	フィジーがイギリス連邦に復帰（2009年9月にメンバー資格停止を受けていた）
2015	天皇のパラオ共和国訪問
2016	第1回カヌーサミット開催
	ナンマトル遺跡の世界遺産認定
2018	ニューカレドニアで、フランスからの独立の是非を問う住民投票（独立反対が過半数となる）

参考文献：
山本真鳥編『オセアニア史（新版 世界各国史27）』山川出版社、2000年
熊谷圭知・片山一道編『朝倉世界地理講座 大地と人間の物語15 オセアニア』朝倉書店、2010年

年代	事項
1976	ハワイからタヒチに向けて、ホクレア号が出帆
1978	7月7日ソロモン諸島の独立
	10月1日エリス諸島がツバルとして独立
1979	7月12日ギルバート諸島がキリバス共和国として独立
	ミクロネシア連邦とマーシャル諸島共和国が自治政府を樹立
1980	7月30日ニューヘブリデス諸島がヴァヌアツ共和国として独立
1981	南太平洋フォーラム年次会議にて、放射性廃棄物の日本本国での投棄を求める最終声明の採択
1986	11月3日ミクロネシア連邦が、米国との自由連合協定により独立
	10月21日マーシャル諸島の独立
	北マリアナ諸島がアメリカのコモンウェルスになる
1987	フィジーにおいてクーデタの発生
1988	パプアニューギニアのブーゲンヴィル島で、パングナ鉱山の権益をめぐる問題からブーゲンヴィル紛争と呼ばれる武力闘争が勃発
1989	太平洋諸島フォーラム年次会議にて、大規模流し網魚の中止などを盛り込む「タラワ宣言」が採択
1993	ハワイ王朝転覆100周年。アメリカ大統領がハワイに公式に謝罪
1994	10月1日パラオ共和国の独立
1995	フランス政府によるムルロア環礁とファンガタウファ環礁における核実験の再開宣言に対し、近隣の太平洋諸国が反発
1997	西サモアからサモア独立国に国名変更
	日本が南太平洋フォーラムと共同で太平洋・島サミットを主催
1998	ソロモン諸島のガダルカナル島にて地元住民と近隣のマライタ島民との間で、武装集団による紛争が発生
1999	ニューカレドニア、1998年のヌメア協定を経て、フランスの特別共同体となる
2000	シドニーオリンピックの開催
	南太平洋フォーラムが太平洋諸島フォーラム（PIF）に改称
2003	日本が第3回太平洋・島サミットを主催。「沖縄イニシアティブ」を採択
	太平洋諸島フォーラム加盟国の警察・軍隊からなるソロモン地域支援ミッションの派遣
2005	天皇のサイパン訪問

年代	事項
1944	オーストラリア・カウラの日本人暴動
1945	第二次世界大戦終了
1946	アメリカがマーシャル諸島ビキニ環礁の住民を無人島へ強制移住させ、水爆実験を開始 ニューカレドニア、フランス領ポリネシアがフランスの海外領土となる（その後、ニューカレドニアは1999年に特別共同体となり、フランス領ポリネシアは2003年に海外準県となる）
1947	国連の太平洋諸島信託統治領の一部として、アメリカがミクロネシアを統治 オランダ、イギリス、フランス、アメリカ、オーストラリア、ニュージーランドの６カ国が南太平洋委員会を設立 旧日本領の南洋群島が「国連信託統治領太平洋諸島」となり、アメリカの支配下に入る
1949	オーストラリア領パプアと委任統治領ニューギニアが統合。行政中心地をポートモレスビーに置く
1952	ニューカレドニアで発掘された土器がラピタ土器と命名される 日本による第一次遺骨収集開始
1954	アメリカの水爆実験にてロンゲラップ環礁の住民が被爆。第五福竜丸も被爆 『ゴジラ』第一作が公開
1959	1月1日ハワイがアメリカ合衆国の州となる
1962	西サモアが太平洋島嶼地域で最初に独立
1965	クック諸島が自治領となる
1968	1月31日ナウル共和国がイギリス、オーストラリア、ニュージーランド３国の国連信託統治領から独立
1970	6月4日トンガの独立 10月10日フィジーの独立
1971	14の太平洋島嶼諸国とオーストラリア、ニュージーランドが南太平洋フォーラム（SPF）を結成
1972	横井庄一がグアムより帰国
1974	ニウエが内政自治権を獲得し、ニュージーランドとの自由連合に移行
1975	9月16日パプアニューギニアの独立

年代	事項
1921	松江春次が南洋興発株式会社を創設
1922	日本政府、軍制から民政への移管完了。パラオのコロールに南洋庁設置
1924	ハワイにおいて排日移民法が成立。再渡航者、ハワイ出生者、旅行者を除く日本人はすべてハワイ入国を禁止される
1929	土方久功がパラオに滞在
1933	日本が国際連盟から脱退を宣言
	南洋群島において日本が同化政策を推進。海軍省製作の南洋群島の宣伝映画『海の生命線』が全国で映写。漫画『冒険ダン吉』の連載開始。矢内原忠雄の南洋群島視察
1935	日本が国際連盟離脱
1936	南洋庁が南洋拓殖株式会社をパラオに創設
1937	日中戦争勃発。南洋群島において「皇民化教育」の徹底
1939	第二次世界大戦勃発。オーストラリア参戦
	日本帝国海軍、南洋群島で軍事基地の建設を開始
	第二次世界大戦にニュージーランド参戦
1940	パラオ、チューク、マーシャルの島々で飛行場などの日本の軍事基地が完成
1941	12月7日（ハワイ時間）真珠湾攻撃
	中島敦がパラオに赴任
1942	(1月23日）日本軍がビスマーク諸島のラバウルに上陸。以降、海軍による「民政」を実施
	日本軍のオーストラリア・ダーウィン爆撃の始まり
	(4月）オーストラリア陸軍がパプアとニューギニアの両植民地の軍政機構を統合。本部をポートモレスビーに置く
	日本軍がバナバ島を占領。マーシャル、キャロライン諸島へバナバ人を強制移住させる
	日本軍がナウルを占領
1943	日本軍、ガダルカナル島を含むソロモン諸島から撤退
	水木しげるがラバウルに上陸
1944	アメリカ軍がチュークで日本の戦艦や輸送船を多数撃沈、サイパン・テニアン両島占領。サイパン島で日本人多数死亡。アメリカ軍のグァム奪還、パラオ攻撃。パラオ諸島のアンガウルとペリリュー両島で日本軍玉砕

◉太平洋諸島の歴史 略年表

年代	事項
5~6万年前	人類が太平洋に進出
6000 ~1万年前	ニューギニア高地で農耕の開始
3500年前頃	ラピタ人がビスマーク諸島に進出
1513	スペイン人バルボアがパナマ地峡南部のサンミゲル湾に到着。太平洋を「発見」
1520	スペイン人マゼランの太平洋横断
1642	オランダ人タスマンがインド洋を経てタスマニアに到着
1768	イギリス人クックがエンデヴァー号に乗りプリマスから出帆（第1回航海）
1842	タヒチがフランス保護領となる
1853	ニューカレドニアがフランス領となる
1864	ニューカレドニアでニッケル鉱脈発見
1868	ハワイに最初の日本人移民が到着
1874	フィジーが主権をイギリスに委譲
1875	トンガ国王トゥポウ２世が憲法を起草、立憲君主制を確立
1885	ドイツがマーシャル諸島を保護領化
	日本がハワイ王国との間に移民条約を締結。官約移民の開始
1888	イギリスがクック諸島を植民地化
1893	クーデタによりハワイ王国が倒壊。翌年、ハワイ共和国の樹立
1898	ハワイ共和国がアメリカ合衆国に併合
1899	サモア諸島の東西分割。西側はドイツ、東側はアメリカの保護領となる
	ソロモン諸島のすべての島々がイギリス領に編入
1901	オーストラリア連邦が成立。12月23日には連邦議会で移住制限法が承認される（狭義の白豪主義の開始）
1906	ニューヘブリデス諸島がイギリスとフランスの共同統治領になる
1914	第一次世界大戦勃発。日本はドイツよりミクロネシアの島々を占領
1920	ニュージーランドで移民制限法令が出される
	旧ドイツ植民地が国際連盟の委任統治領として分割。西サモアはニュージーランド、ニューギニア北東部はオーストラリア、ドイツ領ミクロネシアは日本による統治が決定

山口　誠（やまぐち・まこと）［38, 51］
獨協大学外国語学部教授。博士（社会情報学）。
専門分野：観光研究、メディア研究、歴史社会学
主な著作：『グアムと日本人』（岩波新書、2007年）、『ニッポンの海外旅行』（ちくま新書、2010年）、『客室乗務員の誕生』（仮題、岩波新書、2020年刊行予定）。

藤井真一（ふじい・しんいち）[25, 39]
日本学術振興会特別研究員PD。博士（人間科学）。
専門分野：文化人類学、平和研究、オセアニア地域研究
主な著作：「戦争の周縁で――ガダルカナル島の「戦い」と民衆の平和」（『季刊民族学』153号、2015年）、「平和実践としての逃げること――ソロモン諸島ガダルカナル島北東部の人びとによる二つの戦いへの対応」（『南方文化』43輯、2017年）、「ソロモン諸島における真実委員会と在来の紛争処理――紛争経験の証言聴取をめぐるグローバル／ローカルの緊張関係」（『文化人類学』82巻4号、2018年）。

藤枝絢子（ふじえだ・あやこ）[53]
京都大学学術研究支援室URA。博士（地球環境学）。
専門分野：地球環境学、オセアニア地域研究、人間環境設計論
主な著作："Potentials of Fijian Traditional Housing to Cope with Natural Disasters in Rural Fiji." *Journal of Disaster Research*, 8(1), 2013（共著）、「フィジー伝統木造建築・ブレにみる在来建築技術に関する調査研究――適正技術開発センターにおけるブレ建設プロジェクトを事例として」（『日本建築学会計画系論文集』81巻724号、2016年、共著）。

三田　貴（みた・たかし）[42]
京都産業大学国際関係学部教授。Ph. D.（Political Science）。
専門分野：比較政治学、太平洋諸島地域研究
主な著作：「住民と協働する未来学的実践――パラオにおける気候変動への対応から」（松島泰勝編著『民際学の展開――方法論、人権、地域、環境からの視座』晃洋書房、2012年）、「パラオ――自由連合協定をめぐる対立と社会不安」（丹羽典生・石森大知編『現代オセアニアの〈紛争〉――脱植民地期以降のフィールドから』昭和堂、2013年）、「第51章　世界に誇る非核憲法――小さな国の大きな『武器』」など（印東道子編著『ミクロネシアを知るための60章【第2版】』明石書店、2015年）。

森　亜紀子（もり・あきこ）[13, 30, 31, コラム6]
同志社大学〈奄美－沖縄－琉球〉研究センター研究員
専門分野：沖縄近現代史、南洋群島研究、オーラルヒストリー
主な著作：『複数の旋律を聞く――沖縄・南洋群島に生きたひとびとの声と生』（新月舎、2016年、非売品）、『はじまりの光景――日本統治下南洋群島に暮らした沖縄移民の語りから』（新月舎、2017年、非売品）、"A History of the Excluded : Rethinking the Sugar Industry in the Northern Mariana Islands under Japanese Rule," *Historische Anthropologie*, volume 27.（2019年12月刊行予定）

矢口祐人（やぐち・ゆうじん）[40]
東京大学大学院情報学環教授。Ph.D.
専門分野：アメリカ研究
主な著作：『ハワイの歴史と文化』（中公新書、2002年）、『真珠湾を語る――歴史、記憶、教育』（東京大学出版会 2011年、共編著）、『奇妙なアメリカ』（新潮選書、2014年）。

西嶋一欽（にしじま・かずよし）[53]
京都大学防災研究所准教授。博士。
専門分野：風工学、自然災害リスク分析
主 な 著 作：“Concept of decision graphical framework for optimizing adaptation of civil infrastructure to a changing climate.” *Structure and Infrastructure Engineering*, 12(4), 2015,「気候変動と生存の基盤――在来知と科学の協働」（『学術の動向』2018年8月号）、“Housing Resilience to Wind-Induced Damage in Developing Countries.” *Climate Adaptation Engineering*, Elsevier, 2019.

西野亮太（にしの・りょうた）[24]
The University of the South Pacific（南太平洋大学）上級講師。博士（歴史）。
専門分野：紀行文学史、戦争記憶、歴史教科書
主 な 著 作：*Changing Histories: Japanese and South African Textbooks in Comparison, 1945–1995*, Studies in International Textbook Research 129, V&R unipress, Götingen, 2011; “Pacific Islanders Experience the Pacific War: Informants as Historians and Story Tellers,” *Asia-Pacific Journal, Japan Focus.* 15:22, http://apjjf.org/2017/20/Nishino.html, 2017; “Better Late than Never? Mizuki Shigeru’s Trans-war Reflections on Journeys to New Britain Island, ” *Japan Review* 32（国際日本文化研究センター、2019年）。

＊**丹羽典生**（にわ・のりお）[9, 27, コラム5, コラム11]
編著者紹介を参照。

橋本正志（はしもと・まさし）[17, コラム4]
別府大学文学部准教授。博士（文学）。
専門分野：日本近代文学、中島敦研究
主な著作：『ひたむきな人々――近代小説の情熱家たち』（龜鳴屋、2009年、共編著）、『芥川と犀星』（おうふう、2012年、共編著）、『中島敦の〈南洋行〉に関する研究』（おうふう、2016年）。

平岡昭利（ひらおか・あきとし）[6]
下関市立大学経済学部名誉教授。博士（文学）。
専門分野：人文地理学、歴史地理学
主な著作：『アホウドリと「帝国」日本の拡大――南洋の島々への進出から侵略へ』（明石書店、2012年）、『アホウドリを追った日本人――一攫千金の夢と南洋進出』（岩波新書、2015年）、『図説日本の島―― 76の魅力ある島々の営み』（朝倉書店、2018年、共編著）。

深田淳太郎（ふかだ・じゅんたろう）[36]
三重大学人文学部准教授。博士（社会学）
専門分野：文化人類学、オセアニア地域研究
主な著作：『現実批判の人類学―― 新世代のエスノグラフィへ』（世界思想社、2011年、共著）、『文化人類学の思考法』（世界思想社、2019年、共著）。

関根久雄（せきね・ひさお）［45, コラム10］
筑波大学人文社会系教授。博士（文学）。
専門分野：文化人類学、開発人類学、オセアニア地域研究
主な著作：『地域的近代を生きるソロモン諸島――紛争・開発・「自律的依存」』（筑波大学出版会、2015年）、『実践と感情――開発人類学の新展開』（春風社、2015年）、『青年海外協力隊は何をもたらしたか――開発協力とグローバル人材育成50年の成果』（ミネルヴァ書房、2018年、共著）。

田所聖志（たどころ・きよし）［48, コラム8］
秋田大学大学院国際資源学研究科准教授。博士（社会人類学）。
専門分野：文化人類学、オセアニア地域研究、医療人類学
主な著作：『秩序の構造――ニューギニア山地民における人間関係の社会人類学』（東京大学出版会、2014年）、「高齢者集落における社会的紐帯と健康状態の関連への文化人類学からのアプローチ――秋田県男鹿市A地区B集落での予備調査から」（『日本赤十字秋田看護大学・日本赤十字秋田短期大学紀要』21号、2017年、共著）、「地域包括ケアにおける『互助』概念と贈与のパラドックス――互酬性を手がかりに」（『日本健康学会誌』84巻6号、2018年）。

永田由利子（ながた・ゆりこ）［33］
オーストラリア・クイーンズランド大学言語文化学科客員上級研究員。博士（歴史）。
専門分野：オーストラリア日系人強制収容、日本語教育
主な著作：*Unwanted Aliens: Japanese Internment in Australia during WW2*, University Queensland Press, Brisbane 1996,『オーストラリア日本人強制収容の記録――知られざる太平洋戦争』（高文研、2002年）、「捕虜となったダイバーたち」（村井吉敬・内海愛子・飯笹佐代子編『海境を越える人々――真珠とナマコとアラフラ海』コモンズ、2016年）。

中原聖乃（なかはら・さとえ）［14, 50］
総合地球環境学研究所研究員。博士（学術）。
専門分野：文化人類学、平和学
主な著作：『マーシャル諸島ハンドブック――小さな島国の文化・歴史・政治』（凱風社、2007年、共編著）、『放射能難民から生活圏再生へ――マーシャルからフクシマへの伝言』（法律文化社、2012年）、"Overcoming Nuclear Tragedy: The Case of the Rongelap People in the Marshall Islands Suffered from H-Bomb Test." *Japanese Review of Cultural Anthropology,* vol.14, 2014.

中村遂彦（なかむら・ゆきひこ）［53］
一般社団法人御蔵島観光協会職員。 学士（農業資源経済学）。
専門分野：自然資源管理、バヌアツ・タンナ島研究
主な著作：「既存の自動販売機を調査に活用ヤンバルクイナの生態把握を目指す」（日経BP環境経営フォーラム編『70の企業事例でみる生物多様性読本』日経BP、2010年）。

坂野　徹（さかの・とおる）［10］
日本大学経済学部教授。博士（学術）。
専門分野：科学史、フィールドワーク史
主な著作：『帝国日本と人類学者── 1884－1952年』（勁草書房、2005年）、『フィールドワークの戦後史──宮本常一と九学会連合』（吉川弘文館、2012年）、『〈島〉の科学者──パラオ熱帯生物研究所と帝国日本の南洋研究』（勁草書房、2019年）。

四條真也（しじょう・まさや）［8, 22, 41］
首都大学東京社会人類学教室客員研究員。博士（学術）。
専門分野：社会人類学、ハワイ研究、沖縄・奄美研究
主な著作：『ハワイを知るための60章』（明石書店、2013年、共著）、「制度の中の『伝統』──アメリカの養子縁組制度における『ハーナイ』の機能に関する一考」（『文化人類学』第79-2号、2014年）、『ハワイアン・プライド──今を生きるハワイ人の民族誌』（教友社、2019年）。

清水久夫（しみず・ひさお）［16］
法政大学・跡見学園女子大学非常勤講師
専門分野：博物館学、土方久功研究
主な著作：『博物館学Q&A』（慶友社、2005年）、『土方久功日記Ⅰ～Ⅴ』（国立民族学博物館、2010～2014年、共編）、『土方久功正伝』（東宣出版、2016年）、「中島敦『南島譚』とその素材としての『土方久功日記』」（『跡見学園女子大学文学部紀要』第52号、2017年）。

城田　愛（しろた・ちか）［21, 58］
大分県立芸術文化短期大学国際総合学科教員。博士（人間・環境学）。
専門分野：文化人類学、ハワイ・沖縄研究
主な著作：「ハワイ日系・沖縄系移民の家族が織りなす『物と物語』への文化人類学的アプローチ」（山崎敬一他編『日本人と日系人の物語──会話分析・ナラティヴ・語られた歴史』世織書房、2016年）、「ボン・ダンスにエイサー──ローカル化した日系・沖縄系の文化」（山本真鳥他編『ハワイを知るための60章』明石書店、2013年）。

菅沼文乃（すがぬま・あやの）［コラム１］
南山大学人類学研究所非常勤研究員。博士（人類学）。
専門分野：文化人類学、老年者研究、沖縄地域研究
主な著作：『〈老い〉の営みの人類学──沖縄都市部の老年者たち』（森話社、2017年）、「お年寄りと出会う、老いと出会う」（神本秀爾・岡本圭史編『ラウンドアバウト──フィールドワークという交差点』集広社、2019年）、「宮古島から那覇市への戦後移住に関する研究──辻・若狭に居住する移住経験者を事例とする調査報告」（『人類学研究所研究論集 第７号〔定着／非定着の人類学──「ホーム」とは何か〕』南山大学人類学研究所、2019年）。

グレッグ・ドボルザーク（Greg Dvorak）［57, コラム2, コラム3］
早稲田大学国際学術院（国際教養学部・大学院国際コミュニケーション研究科）准教授。博士（歴史・カルチュラルスタディーズ）。
専門分野：オセアニア地域研究、ミリタリズムの研究、美術史、ジェンダー
主な著作：「マーシャル諸島のひとびと――潮に逆らって闘う」（テッサ・モーリス－スズキ編『ひとびとの精神史（第2巻）朝鮮の戦争 1950年代』岩波書店、2015年）、*Coral and Concrete: Remembering Kwajalein Atoll between Japan, America, and the Marshall Islands* (University of Hawai'i Press, 2018).

黒崎岳大（くろさき・たけひろ）［43, 44, 47, 49］
東海大学現代教養センター講師。博士（文学）。
専門分野：文化人類学、オセアニア政治経済学
主な著作：『マーシャル諸島の政治史――米軍基地・ビキニ環礁核実験・自由連合協定』（明石書店、2013年）、『太平洋島嶼国と日本の貿易・投資・観光』（太平洋協会、2014年）、『太平洋島嶼地域における国際秩序の変容と再構築』（アジア経済研究所、2016年、共編著）。

後藤　明（ごとう・あきら）［1, 4］
南山大学人部学部教授。Ph.D.（人類学）。
専門分野：海洋人類学、天文人類学
主な著作：『南島の神話』（中公文庫、2002年）、『海を渡ったモンゴロイド』（講談社、2003年）、『ハワイ研究への招待』（関西学院大学出版会、2004年、共編著）、『土器の民族考古学』（同成社、2007年、共編著）、『カメハメハ大王』（勉誠出版、2008年）、『海から見た日本人』（講談社、2010年）、『世界神話学入門』（講談社現代新書、2017年）、『天文の考古学』（同成社、2017年）。

小西潤子（こにし・じゅんこ）［56］
沖縄県立芸術大学教授。博士（文学）。
専門分野：民族音楽学、ミクロネシア・小笠原・沖縄音楽芸能研究
主な著作：『音楽表現のフィールド２』（東京堂出版、2010年、共著）、『ミクロネシアを知るための58章【第２版】』（明石書店、2015年、共著）、『日本ネシア論』（藤原書店、2019年、共著）。

小林　誠（こばやし・まこと）［29, 46］
東京経済大学コミュニケーション学部准教授。博士（社会人類学）。
専門分野：文化人類学、オセアニア地域研究
主な著作：『南太平洋を知るための58章――メラネシア・ポリネシア』（明石書店、2010年、共著）、『探求の民族誌――ポリネシア・ツバルの神話と首長制をめぐって』（御茶の水書房、2018年）、『アイランドスケープ・ヒストリーズ――島景観が架橋する歴史生態学と歴史人類学』（風響社、2019年、共著）。

大石太郎（おおいし・たろう）［19］
関西学院大学国際学部教授。博士（理学）。
専門分野：人文地理学
主な著作：『日本人の国際移動と太平洋世界――日系移民の近現代史』（文理閣、2015年、分担執筆）、『世界と日本の移民エスニック集団とホスト社会――日本社会の多文化化に向けたエスニック・コンフリクト研究』（明石書店、2016年、分担執筆）、『ツーリズムの地理学――観光から考える地域の魅力』（二宮書店、2018年、分担執筆）。

小野林太郎（おの・りんたろう）［2, 3］
国立民族学博物館准教授。博士（地域研究）。
専門分野：海洋考古学、東南アジア・オセアニア地域研究
主な著作：『海域世界の地域研究――海民と漁撈の民族考古学』（京都大学学術出版会、2011年）、『海の人類史――東南アジア・オセアニア海域の考古学〈増補改訂版〉』（雄山閣、2018年）、『海民の移動誌――西太平洋のネットワーク社会』（昭和堂、2018年、共編著）。

風間計博（かざま・かずひろ）［28］
京都大学大学院人間・環境学研究科教授。博士（文学）。
専門分野：人類学、オセアニア社会研究
主な著作：『窮乏の民族誌――中部太平洋・キリバス南部環礁の社会生活』（大学教育出版、2003年）、『共在の論理と倫理――家族・民・まなざしの人類学』（はる書房、2012年、共編著）、『交錯と共生の人類学――オセアニアにおけるマイノリティと主流社会』（ナカニシヤ出版、2017年、編著）。

加藤晃生（かとう・こうせい）［59］
コンサルタント。博士（比較文明学）。
専門分野：芸術社会学、地域社会学
主な著作：ウィル・クセルク『星の航海術をもとめて――ホクレア号の33日』（青土社、2006年、翻訳）、倉本智明編『手招くフリーク――文化と表現の障害学』（生活書院、2010年、共著）、「ポリネシアのメタファーとしての『CORONA』」（『ユリイカ2012年1月増刊号：総特集＠石川直樹　エベレストから路地裏までを駆ける魂』青土社、2011年）。

北原卓也（きたはら・たくや）［20, 54, 55］
早稲田大学文化構想学部複合文化論系助手
専門分野：文化人類学、地域研究（トンガ王国）
主な著作：「在日トンガ人ラグビー選手の日本社会でのポジション」（『環境創造』第13号、大東文化大学環境創造学会、2010年）、「文化接触の場としての労働空間――在トンガ王国日系企業の事例から」（前川啓治編『カルチュラル・インターフェースの人類学――「読み換え」から「書き換え」の実践へ』新曜社、2012年）、「第二次世界大戦前のトンガにおける日本人の足跡」（『太平洋諸島研究』第4号、太平洋諸島学会、2016年、葉室和親・青柳まちことの共著）。

◉ **執筆者紹介**（50音順、＊は編著者、［　］内は担当章）

新井　隆（あらい・りゅう）［15］
一橋大学大学院社会学研究科博士後期課程。工学院大学非常勤講師。修士（社会学）。
専門分野：日本近現代史、アメリカ史、太平洋諸島研究
主な著作：「グアムにおける戦争の記憶の表象――追悼・慰霊の場から考える」（『日本オセアニア学会ニューズレター』第111号、2015年）、「グアムにおける追悼・慰霊の空間――「想起の場」としての戦跡を考える」（渡辺尚志編『アーカイブズの現在・未来・可能性を考える――歴史研究と歴史教育の現場から』法政大学出版局、2016年）。

飯髙伸五（いいたか・しんご）［5, 7, 12, 32, 34］
高知県立大学文化学部准教授。博士（社会人類学）。
専門分野：文化人類学、オセアニア地域研究
主な著作：『帝国日本の記憶――台湾・旧南洋群島における外来政権の重層化と脱植民地化』（慶應義塾大学出版会、2016年、分担執筆）、*Leisure and Death: An Anthropological Tour of Risk, Death, and Dying*（University Press of Colorado, 2018, 分担執筆）、『アイランドスケープ・ヒストリーズ――島景観が架橋する歴史生態学と歴史人類学』（風響社、2019年、分担執筆）。

石村　智（いしむら・とも）［35, 37, 52, 60］
独立行政法人国立文化財機構 東京文化財研究所 無形文化遺産部 音声映像記録研究室長。博士（文学）。
専門分野：文化遺産学
主な著作：『ラピタ人の考古学』（溪水社、2011年）、『よみがえる古代の港――古地形を復元する』（吉川弘文館、2017年）。

＊**石森大知**（いしもり・だいち）［26, コラム7, コラム9］
編著者紹介を参照。

岩本洋光（いわもと・ひろみつ）［11, 18, 23］
在パプアニューギニア日本大使館一等書記官。Ph.D.（Pacific History）。
専攻分野：日本・パプアニューギニア関係史、パプアニューギニア政治経済
主な著作：*Nanshin: Japanese settlers in Papua and New Guinea 1890-1949* (Australian National University, 1999), “The Japanese occupation of Rabaul, 1942-1945,” Yukio Toyoda and Hank Nelson (eds.) *The Pacific War in Papua New Guinea: Memories and Realities* (Rikkyo University Centre of Asian Area Studies, 2006)、「ウェストミンスター型とビックマン型政治――パプアニューギニア現代政治の分水嶺」（丹羽典生編『〈紛争〉の比較民族誌――グローバル化におけるオセアニアの暴力・民族対立・政治的混乱』春風社、2016年）。

◉ 編著者紹介

石森大知（いしもり・だいち）
神戸大学大学院国際文化学研究科准教授。博士（学術）。
専門分野：文化人類学、オセアニア地域研究
主な著作：『南太平洋を知るための58章――メラネシア ポリネシア』（明石書店、2010年、共編著）、『生ける神の創造力――ソロモン諸島クリスチャン・フェローシップ教会の民族誌』（世界思想社、2011年）、『宗教と開発の人類学――グローバル化するポスト世俗主義と開発言説』（春風社、2019年、共編著）。

丹羽典生（にわ・のりお）
国立民族学博物館准教授。博士（社会人類学）。
専門分野：社会人類学、オセアニア地域研究
主な著作：『脱伝統としての開発――フィジー・ラミ運動の歴史人類学』（明石書店、2009年）、『〈紛争〉の比較民族誌――グローバル化におけるオセアニアの暴力・民族対立・政治的混乱』（春風社、2016年、編著）、『宗教と開発の人類学――グローバル化するポスト世俗主義と開発言説』（春風社、2019年、共編著）。

エリア・スタディーズ　176
〈ヒストリー〉
太平洋諸島の歴史を知るための60章
——日本とのかかわり

2019年12月31日　初版第1刷発行

編著者　石 森 大 知
丹 羽 典 生
発行者　大 江 道 雅
発行所　株式会社明石書店
〒101-0021 東京都千代田区外神田6-9-5
電話 03（5818）1171
FAX 03（5818）1174
振替　00100-7-24505
http://www.akashi.co.jp/
装丁／組版　明石書店デザイン室
印刷／製本　日経印刷株式会社

（定価はカバーに表示してあります）　ISBN978-4-7503-4909-1

エリア・スタディーズ

1 現代アメリカ社会を知るための60章
明石紀雄、川島浩平 編著

2 イタリアを知るための62章【第2版】
村上義和 編著

3 イギリスを旅する35章
辻野功 編著

4 モンゴルを知るための65章【第2版】
金岡秀郎 著

5 パリ・フランスを知るための44章
梅本洋一、大里俊晴、木下長宏 編著

6 現代韓国を知るための60章【第2版】
石坂浩一、福島みのり 編著

7 オーストラリアを知るための58章【第3版】
越智道雄 著

8 現代中国を知るための52章【第6版】
藤野彰 編著

9 ネパールを知るための60章
日本ネパール協会 編

10 アメリカの歴史を知るための63章【第3版】
富田虎男、鵜月裕典、佐藤円 編著

11 現代フィリピンを知るための61章【第2版】
大野拓司、寺田勇文 編著

12 ポルトガルを知るための55章【第2版】
村上義和、池俊介 編著

13 北欧を知るための43章
武田龍夫 著

14 ブラジルを知るための56章【第2版】
アンジェロ・イシ 著

15 ドイツを知るための60章
早川東三、工藤幹巳 編著

16 ポーランドを知るための60章
渡辺克義 編著

17 シンガポールを知るための65章【第4版】
田村慶子 編著

18 現代ドイツを知るための62章【第2版】
浜本隆志、髙橋憲 編著

19 ウィーン・オーストリアを知るための57章【第2版】
広瀬佳一、今井顕 編著

20 ハンガリーを知るための60章【第2版】 ドナウの宝石
羽場久美子 編著

21 現代ロシアを知るための60章【第2版】
下斗米伸夫、島田博 編著

22 21世紀アメリカ社会を知るための67章
明石紀雄 監修　赤尾千波、大類久恵、小塩和人、落合明子、川島浩平、高野泰 編

23 スペインを知るための60章
野々山真輝帆 著

24 キューバを知るための52章
後藤政子、樋口聡 編著

25 カナダを知るための60章
綾部恒雄、飯野正子 編著

26 中央アジアを知るための60章【第2版】
宇山智彦 編著

27 チェコとスロヴァキアを知るための56章【第2版】
薩摩秀登 編著

28 現代ドイツの社会・文化を知るための48章
田村光彰、村上和光、岩淵正明 編著

29 インドを知るための50章
重松伸司、三田昌彦 編著

30 タイを知るための72章【第2版】
綾部真雄 編著

31 パキスタンを知るための60章
広瀬崇子、山根聡、小田尚也 編著

32 バングラデシュを知るための66章【第3版】
大橋正明、村山真弓、日下部尚徳、安達淳哉 編著

33 イギリスを知るための65章【第2版】
近藤久雄、細川祐子、阿部美春 編著

34 現代台湾を知るための60章【第2版】
亜洲奈みづほ 著

35 ペルーを知るための66章【第2版】
細谷広美 編著

エリア・スタディーズ

36 **マラウィを知るための45章【第2版】**
栗田和明 著

37 **コスタリカを知るための60章【第2版】**
国本伊代 編著

38 **チベットを知るための50章**
石濱裕美子 編著

39 **現代ベトナムを知るための60章【第2版】**
今井昭夫、岩井美佐紀 編著

40 **インドネシアを知るための50章**
村井吉敬、佐伯奈津子 編著

41 **エルサルバドル、ホンジュラス、ニカラグアを知るための45章**
田中高 編著

42 **パナマを知るための70章【第2版】**
国本伊代 編著

43 **イランを知るための65章**
岡田恵美子、北原圭一、鈴木珠里 編著

44 **アイルランドを知るための70章【第3版】**
海老島均、山下理恵子 編著

45 **メキシコを知るための60章**
吉田栄人 編著

46 **中国の暮らしと文化を知るための40章**
東洋文化研究会 編

47 **現代ブータンを知るための60章【第2版】**
平山修一 著

48 **バルカンを知るための66章【第2版】**
柴宜弘 編著

49 **現代イタリアを知るための44章**
村上義和 編著

50 **アルゼンチンを知るための54章**
アルベルト松本 著

51 **ミクロネシアを知るための60章【第2版】**
印東道子 編著

52 **アメリカのヒスパニック＝ラティーノ社会を知るための55章**
大泉光一、牛島万 編著

53 **北朝鮮を知るための55章【第2版】**
石坂浩一 編著

54 **ボリビアを知るための73章【第2版】**
真鍋周三 編著

55 **コーカサスを知るための60章**
北川誠一、前田弘毅、廣瀬陽子、吉村貴之 編著

56 **カンボジアを知るための62章【第2版】**
上田広美、岡田知子 編著

57 **エクアドルを知るための60章【第2版】**
新木秀和 編著

58 **タンザニアを知るための60章【第2版】**
栗田和明、根本利通 編著

59 **リビアを知るための60章**
塩尻和子 著

60 **東ティモールを知るための50章**
山田満 編著

61 **グアテマラを知るための67章【第2版】**
桜井三枝子 編著

62 **オランダを知るための60章**
長坂寿久 著

63 **モロッコを知るための65章**
私市正年、佐藤健太郎 編著

64 **サウジアラビアを知るための63章【第2版】**
中村覚 編著

65 **韓国の歴史を知るための66章**
金両基 編著

66 **ルーマニアを知るための60章**
六鹿茂夫 編著

67 **現代インドを知るための60章**
広瀬崇子、近藤正規、井上恭子、南埜猛 編著

68 **エチオピアを知るための50章**
岡倉登志 編著

69 **フィンランドを知るための44章**
百瀬宏、石野裕子 編著

70 **ニュージーランドを知るための63章**
青柳まちこ 編著

71 **ベルギーを知るための52章**
小川秀樹 編著

エリア・スタディーズ

72 ケベックを知るための54章
小畑精和、竹中豊 編著

73 アルジェリアを知るための62章
私市正年 編著

74 アルメニアを知るための65章
中島偉晴、メラニア・バグダサリヤン 編著

75 スウェーデンを知るための60章
村井誠人 編著

76 デンマークを知るための68章
村井誠人 編著

77 最新ドイツ事情を知るための50章
浜本隆志、柳原初樹 著

78 セネガルとカーボベルデを知るための60章
小川了 編著

79 南アフリカを知るための60章
峯陽一 編著

80 エルサルバドルを知るための55章
細野昭雄、田中高 編著

81 チュニジアを知るための60章
鷹木恵子 編著

82 南太平洋を知るための58章 メラネシア ポリネシア
吉岡政德、石森大知 編著

83 現代カナダを知るための57章
飯野正子、竹中豊 編著

84 現代フランス社会を知るための62章
三浦信孝、西山教行 編著

85 ラオスを知るための60章
菊池陽子、鈴木玲子、阿部健一 編著

86 パラグアイを知るための50章
田島久歳、武田和久 編著

87 中国の歴史を知るための60章
並木頼壽、杉山文彦 編著

88 スペインのガリシアを知るための50章
坂東省次、桑原真夫、浅香武和 編著

89 アラブ首長国連邦（UAE）を知るための60章
細井長 編著

90 コロンビアを知るための60章
二村久則 編著

91 現代メキシコを知るための70章【第2版】
国本伊代 編著

92 ガーナを知るための47章
高根務、山田肖子 編著

93 ウガンダを知るための53章
吉田昌夫、白石壮一郎 編著

94 ケルトを旅する52章 イギリス・アイルランド
永田喜文 著

95 トルコを知るための53章
大村幸弘、永田雄三、内藤正典 編著

96 イタリアを旅する24章
内田俊秀 編著

97 大統領選からアメリカを知るための57章
越智道雄 著

98 現代バスクを知るための50章
萩尾生、吉田浩美 編著

99 ボツワナを知るための52章
池谷和信 編著

100 ロンドンを旅する60章
川成洋、石原孝哉 編著

101 ケニアを知るための55章
松田素二、津田みわ 編著

102 ニューヨークからアメリカを知るための76章
越智道雄 編著

103 カリフォルニアからアメリカを知るための54章
越智道雄 著

104 イスラエルを知るための62章【第2版】
立山良司 編著

105 グアム・サイパン・マリアナ諸島を知るための54章
中山京子 編著

106 中国のムスリムを知るための60章
中国ムスリム研究会 編

107 現代エジプトを知るための60章
鈴木恵美 編著

エリア・スタディーズ

●世界歴史叢書●

国連開発計画(UNDP)の歴史
国連は世界の不平等にどう立ち向かってきたか
クレイグ・N・マーフィー 著　峯陽一、小山田英治 監訳
内山智絵、石髙真吾、福田州平、坂田有弥、
岡野英之、山田佳代 訳
◎8800円

大河が伝えたベンガルの歴史
「物語」から読む南アジア交易圏
鈴木喜久子 著
◎3800円

パキスタン政治史
民主国家への苦難の道
中野勝一 著
◎4800円

バングラデシュ建国の父
シェーク・ムジブル・ロホマン回想録
シェーク・ムジブル・ロホマン 著　渡辺一弘 訳
◎7200円

ガンディー
現代インド社会との対話
同時代人に見るその思想・運動の衝撃
内藤雅雄 著
◎4300円

黒海の歴史
ユーラシア地政学の要諦における文明世界
チャールズ・キング 著　前田弘毅 監訳
居阪僚子、仲田公輔、浜田華練、岩永尚子、
保苅俊行、三上陽一 訳
◎4800円

米墨戦争前夜のアラモ砦事件とテキサス分離独立
アメリカ膨張主義の序幕とメキシコ
牛島万 著
◎3800円

テュルクの歴史
古代から近現代まで
カーター・V・フィンドリー 著
小松久男 監訳　佐々木紳 訳
◎5500円

バスク地方の歴史
先史時代から現代まで
マヌエル・モンテロ 著　萩尾生 訳
◎4200円

リトアニアの歴史
アルフォンサス・エイディンタス、アルフレダス・ブンブラウスカス、
アンタナス・クラカウスカス、ミンダウガス・タモシャイティス 著
梶さやか、重松尚 訳
◎4800円

カナダ人権史
多文化共生社会はこうして築かれた
ドミニク・クレマン 著　細川道久 訳
◎3600円

ロシア正教古儀式派の歴史と文化
阪本秀昭・中澤敦夫 編著
◎5500円

ヘンリー五世
万人に愛された王か、冷酷な侵略者か
石原孝哉 著
◎3800円

近代アフガニスタンの国家形成
歴史叙述と第二次アフガン戦争前後の政治動向
登利谷正人 著
◎4800円

——◆以下続刊

〈価格は本体価格です〉

オーストラリア先住民族の主体形成と大学開放
前田耕司著
◎3800円

スタディツアーの理論と実践
オーストラリア先住民との対話から学ぶフォーラム型ツアー
友永雄吾著
◎2200円

希望 オーストラリアに来た難民と支援者の語り
多文化国家の難民受け入れと定住の歴史
アン＝マリー・ジョーデンス著　加藤めぐみ訳
◎3200円

グアム・チャモロダンスの挑戦
失われた伝統・文化を再創造する
中山京子著
◎2500円

多文化国家オーストラリアの都市先住民
アイデンティティの支配に対する交渉と抵抗
栗田梨津子著
◎4200円

海のキリスト教
太平洋島嶼諸国における宗教と政治・社会変容
大谷裕文、塩田光喜編著
◎4500円

ニューカレドニア カナク・アイデンティティの語り
ネーションの語り・共同体の語り・文化の語り
江戸淳子著
◎9500円

太平洋文明航海記
キャプテン・クックから米中の制海権をめぐる争いまで
塩田光喜著
◎2200円

ニューギニアから石斧が消えていく日
人類学者の回想録　畑中幸子著
◎3300円

オーストラリア先住民の土地権と環境管理
世界人権問題叢書 84　友永雄吾著
◎3800円

アホウドリと「帝国」日本の拡大
南洋の島々への進出から侵略へ　平岡昭利著
◎6000円

オーストラリア建国物語
リチャード・エバンズ、アレックス・ウエスト著
内藤嘉昭訳
◎2800円

入門 グアム・チャモロの歴史と文化
もうひとつのグアムガイド
中山京子、ロナルド・T・ラグァニャ著
◎1000円

消滅の危機にあるハワイ語の復権をめざして
先住民族による言語と文化の再活性化運動
松原好次編著
◎5000円

入門 ハワイ・真珠湾の記憶
もうひとつのハワイガイド
矢口祐人、森茂岳雄、中山京子著
◎600円

脱伝統としての開発
フィジー・ラミ運動の歴史人類学
丹羽典生著
◎6000円

〈価格は本体価格です〉